浙江改革开放实践的理论贡献

| 第一辑 |

徐明华 ○ 主编

ZHEJIANG
GAIGEKAIFANG
SHIJIAN DE
LILUN
GONGXIAN

中国社会科学出版社

图书在版编目（CIP）数据

浙江改革开放实践的理论贡献．第一辑／徐明华主编．—北京：中国社会科学出版社，2018.12
ISBN 978-7-5203-3597-3

Ⅰ.①浙… Ⅱ.①徐… Ⅲ.①改革开放—经验—浙江 Ⅳ.①D619.55

中国版本图书馆 CIP 数据核字（2018）第 273221 号

出 版 人	赵剑英
责任编辑	赵　丽
责任校对	李　剑
责任印制	王　超

出　　版	中国社会科学出版社
社　　址	北京鼓楼西大街甲 158 号
邮　　编	100720
网　　址	http://www.csspw.cn
发 行 部	010-84083685
门 市 部	010-84029450
经　　销	新华书店及其他书店
印　　刷	北京明恒达印务有限公司
装　　订	廊坊市广阳区广增装订厂
版　　次	2018 年 12 月第 1 版
印　　次	2018 年 12 月第 1 次印刷
开　　本	710×1000　1/16
印　　张	18.25
插　　页	2
字　　数	238 千字
定　　价	78.00 元

凡购买中国社会科学出版社图书，如有质量问题请与本社营销中心联系调换
电话：010-84083683
版权所有　侵权必究

目 录

导 论 ………………………………… 徐明华 李 华(1)

嵌入、脱嵌与引领:浙江的省市县府际关系改革及理论贡献
  ——改革开放40年的回顾与反思………… 吴金群 廖超超(19)

走向"回应—赋权"型政府
  ——改革开放以来浙江地方政府的角色
   演进 ………………………………… 汪锦军 李 悟(46)

温岭民主恳谈的制度演进与理论增长 ……… 王国勤 陶正玄(71)

改革开放以来地方政府绩效管理的探索及理论贡献
  ——杭州实践的回顾 ………………………………… 王 柳(95)

自发秩序与制度秩序
  ——温州模式研究的理论问题与理论贡献………… 白小虎(126)

"义乌发展经验"研究及其理论贡献 ……… 郑小碧 白小虎(165)

基于经济与资源环境脱钩视角的绿色发展
  路径研究 ………………………………………… 夏 勇(195)

内源渐次开放的浙江实践及理论贡献 ……………… 潘家栋(218)

专业市场发展与电子商务融合的浙江经验和理论
  贡献 ……………………………………………… 胡 赛(244)

浙江创新系统治理实践及理论贡献:基于文献
  共词的计量研究 ………………………………… 徐梦周(260)

导　论

徐明华　李　华[*]

岁月匆匆，时代变幻，历史沉淀。浙江与中国当下的成就，是改革开放40年的沉淀；改革开放40年，是中华人民共和国成立70年的新篇；中华人民共和国成立的70年，是近代以来无数梦想的实现；近代以来的中国，与悠悠五千年紧密相连。五千年历史，文明的中国，以世界的眼光凝视自身，用自己的脚步走向世界。

一　理论与实践：世界、中国、浙江

"理论"与"实践"是两个相互对应的概念，理论对应的是实践，实践对应的是理论。追根究底的话，我们可以对"理论""实践"这两个概念本身以及它们的对应性提出反思乃至质疑，但这是认识论层面的问题，属于哲学研究范畴，而非本书探究的领域。因此，在本书中，当我们提及"理论"时，自然就对应着"实践"；谈及"浙江理论总结"时，自然就对应着"浙江实践过程"；涉

---

[*] 徐明华，现任中共浙江省委党校副校长，经济学教研部教授，硕士生导师，研究方向为知识产权战略、创新管理、区域经济学、制度经济学。李华，现任中共浙江省委党校党史党建教研部讲师。

"浙江理论创新"时，自然就对应着"浙江实践突破"。

探讨改革开放40年来浙江经验的理论贡献，有一条重要主线，即"世界—中国—浙江"。本书中，不同学科对理论贡献的探讨，都暗含着这条主线。如果不暗含这条主线，那么浙江的经验就仅仅是浙江的经验。"浙江经验"就很难升华为"浙江理论"，也就很难成为"中国模式"乃至"人类文明成果"的一部分。

浙江经验基础上的理论总结之所以有意义，一方面是因为这些经验符合浙江，符合中国，是浙江和中国自己走出来的独特理论创造、创新之路。无论有意或无意、主动或被动、迅猛或缓慢，浙江在中国改革开放40年的历史里走过了一条路，也走出了一条路。当然，这走过的、走出的路不是一个回眸就能一眼望穿的，它们需要我们从历史的大时段、大方向和大趋势中仔细梳理，好好总结。我们的工作不是简单地重回过往，也不是随意地从历史的沙滩上捡拾贝壳，我们要挖掘历史的矿产，我们要在历史的矿产里找到历经时间检验永不褪色的珍宝。这些珍宝是历史的馈赠，是浙江、中国踩在时间上的坚实脚印。没有这些珍宝，我们或许只能说："我们的改革开放走过了40年"；有了这些珍宝，我们才真正可以说："改革开放的这40年里，我们走出了自己的路"。不是改革开放走过40年，所以才走出路；而是因为在走自己的路，在探索一条自己的路，改革开放才会卓有成效地走过40年，也才会长远地走下去。

另一方面，浙江经验基础上的理论总结，一定不囿于浙江，一定能为中国其他地区所认识、理解乃至学习，进而构成整体意义上的"中国道路"的组成部分；也一定不囿于中国，一定能为世界其他国家、地区所认识、理解乃至学习，进而进入人类文明体系，成为世界文明中不可或缺的独特存在。一个人把一件事做好，就能赢得别人的赞同，给别人带来启发和信心，因为"人同此心"；一个地区，一个国家把一件事做好了，也一定能赢得别的地区、国家的赞同，给它们带来启发和信心，因为"事同此理"。试想，莫言写自己山东高密老家的故事能被全世界的读者懂得乃至喜爱，那么，我们写浙江的故事，梳理浙江的理论贡献，同样可以越出浙江，甚至越出中国——至少道理上如此，至于做得好不好、做到什么程度是另一回事。

二 浙江：实践、理论与贡献

具体到我们对改革开放40年来浙江经验的理论贡献的总结和书写。

首先，是"从实践到理论"，即"说好浙江故事"，把浙江发生过的、确确实实存在的实践经验梳理好，进而，把由这些实践经验所形成的诸种理论总结好，要"说得清""说得透""说得通"。当我们说故事时，不仅在说故事，是要把故事背后蕴含的理论探索点出来；当我们谈理论时，不是在抽象地谈理论，是在浙江实践中触摸理论的脉络，抽取理论的丝线。

其次，是"从理论到贡献"，即浙江的理论既源自浙江，同时又具有跳出浙江的重要特征。也就是说，我们对改革开放40年来浙江经验的理论贡献的梳理总结，暗含着"与其他理论、地区、国家乃至文明对话"的情愫——这既是一种情愫，也是一种要求，更需要极大的能力。当然，对话并非为了对话而强拉硬扯为之，这种"可对话性"本身就是存在的。既然浙江在中国改革开放40年里的发展有目共睹，既然中国在过去40年的进步备受瞩目，那么，我们对浙江乃至对中国经验的理论总结就一定能称得上是"理论贡献"——这个"理论贡献"不是我们作为研究者的"贡献"，而是过去40年的历史、实践和无数人一起努力的成果。我们不是理论贡献的创设者，我们是其表达者。作为理论贡献的表达者，我们不想让自己对理论贡献的总结变成"一家之言"，不会停留于"自说自话"，我们要让它"可对话""可交融""可共通"，要让更多的人感受到浙江人民过去40年的奋斗和努力既产生了现实的成效，又流布出普遍性的光耀。

作为浙江、中国改革开放40年的见证者和敬畏者，我们虽满怀情感，可我们总结出的理论贡献不应定位于、停留于浅表的宣传，这些理论贡献的"可对话""可交融""可共通"特性并非刻意为之，也非盲目拔高。作为研究者，我们是冷静客观的。我们对理论贡献的总结及其"可对话""可交融""可共通"特质的信念源自我们充分而严肃的思考、研究和探索。作为理论研究者，作为理论的手艺人，我们深知：只有将文字付诸笔端，热情才有力量，才难消散。

总结改革开放40年浙江经验的理论贡献，重要的不是"就浙江经验提炼浙江理论贡献"，而是把浙江经验放到"中西方对比""道路""中国"等大背景下去理解。浙江经验何以在更大的背景下被理解与被表述，就意味着浙江40年的经历何以能成为理论及其贡献。

三　"破"与"立"：中西的对比

总结中国实践的理论，提炼中国实践的理论贡献时，需要直面两个挑战，一个是"西方教条主义"，另一个是"中国经验主义"。

"西方教条主义"是指我们有意无意、或多或少会受到西方概念、理论和模式的影响，这种影响虽可理解为"补课需要"，然而，久而久之的"补课"很容易使我们身陷西方的概念、理论和模式之中而不自知。西方的概念、理论和模式源自西方，我们可以学习、领会乃至借用，可是，如果我们没有自己的立足点，便很容易受其主导，很容易在对中国的研究中产生"西方教条主义"问题。

"中国经验主义"实质就是"中国做了，可仅仅是做了而已""我们有故事，却不会讲故事"……中国的历史、经历和发展是有目共睹的，可理论上、概念上和模式上，如果我们停留于经验本身，如果我们陷入"中国经验主义"，如果我们无法在学术上给中国一个说法和解答，那么，中国的历史、经历和发展的真正光辉仍不够强烈。

要总结、提炼浙江改革开放以来的理论贡献，需要破除"西方理论""西方概念"和"西方模式"的束缚——这种破除并不是对人类文明共同成果的盲目否定，而是着眼于反思对西方理论、概念和模式的简单化运用和教条式遵循。要破除西方理论、概念和模式在中国的简单化运用、教条式遵循，需要的不是否定本身，而是要回到西方理论、西方概念和西方模式的缘起与起点。

以政治为例，政治的概念、理论、模式和道路可能各有不同、纷繁复杂，可无论西方、中国还是浙江，政治的起点都是一样的。政治是一种公共生活，一切政治的主题皆是：公共生活何以可能以及如何更好。

现代政治学产生于西方，这一现实不可避免地造成了西方政治学解释框架在世界范围内的某种主导地位，西方用产生于西方的解释框架理解其自身，也顺其自然地沿用西方的解释框架来理解非西方国家。这其中，比较典型的概念和理论就是"政治发展"，即认为西方是"政治已经发展了"，而非西方是"政治是需要发展的"，"政治发展"概念和理论进入了西方作为过来人对非西方世界的评判逻辑，"政治发展"进而成了西方世界不太需要，对非西方世界而言又非常必要的政治概念和政治理论。

除此之外，非西方国家在其政治学的形成和发展中，基于"补课"需要,也或多或少主动进入了西方政治学的逻辑、概念体系中。这既产生了重要的理论成果和现实效果,与此同时,又不可避免地造成了西方政治学的某种"教条化"——这种"教条化"的特点和问题在于:用西方的概念、理论切割非西方世界中的政治现实,把现实扭曲为理论的形状,进而用理论重塑现实。其结果,很容易造成理论与现实的脱节,造成非西方世界在理论与现实的并驾齐驱中对自我道路的迷失。

政治就是一种公共生活,就是通过合理、合法的秩序构建起来的人们的公共生活。从这个"原初意义"上看,回到这个政治的缘起与起点,美国的政治、中国的政治、浙江的政治乃至南美某个国家的政治,本质上有其共通性——虽然在这共通性基础上,人对政治的理解有所差别,政治生活的具体展开、运转方式也各有不同。

总结浙江改革开放 40 年来政治经验的理论贡献,我们不必囿于、停留于差异性的争论,我们不妨回到政治的缘起、起点和"原初意义":美国人通过美国的民主过美国的公共政治生活,中国人、浙江人通过中国的、浙江的方式过自己的公共政治生活。

人皆需要公共政治生活,任何国家和地区也都离不开公共政治生活,如果我们回到人对公共政治生活的本质需要,回到任何国家和地区对公共政治生活的本质需要,如果也能适当抛开利益局限和价值的偏见,那么,我们将会看到人、国家和地区之间更多的共通性乃至共同性。这种共通性、共同性,是在不同的人群和时空中寻觅若隐若现的内在勾连。

回到政治作为公共生活的缘起和起点,回到政治的"原初意义",并且立足于此,我们在梳理、总结浙江政治经验的理论贡献乃至中国特色社会主义政治模式、政治道路时,就不容易陷入西方理论、概念和模式的简单化运用、教条式遵循。与此同时,我们对浙江政治经验的梳理、审视、总结和提炼就能超越浙江，从而进到中国政治的模式与道路，进到人类政治生活的共同主题和共同命运中去。由此，地域性与世界性、个体性与共通性、特殊性与普遍性实现了某种融合，当这种融合形成了，浙江经验的价值与意蕴，浙江经验的理论贡献也便不难寻觅，也就变得毋庸置疑和自然而然了。

哪里都有政治，哪里都在经历政治，怎么称呼它不重要，重要的是了解、梳理、理解以及展现它。政治学研究如果"概念先行""理论先行"，则我们在"概念""理论"上就很难不受西方的影响，这自然也就导致我们陷入"概念的泥泞"，陷入"理论之争"，从而忽略了我们是在研究政治本身，而不是用概念研究政治。同样，浙江改革开放40年政治经验的理论总结需要概念，也要上升为概念，却不能"概念先行"，我们需要与浙江40年的政治经验一起回到政治作为公共生活的这一缘起、起点和"原初意义"，进而在此缘起、起点和"原初意义"上总结、提炼属于浙江、中国乃至世界的理论贡献。

总之，回到政治的起点，就能从中国、浙江的政治实践里"平地起理论"，而不会陷在"概念的泥泞里"和"西方的半道上"。

四 理论之光："擀面杖"的启示

一切的一切，都是由时间造就的。浙江改革开放走过40年，这40年是确确实实的时间，浙江在这40年里付出了自己的努力，取得了自己的成就。浙江经过的40年，是浙江现实走过的40年，是浙江经验形成、凝练和丰富的40年。当然，也是理论在浙江这片土地上更充分显露的40年。任何实践，尤其是取得有目共睹成效的实践，都是对理论的丰富，也即都是理论本身的进一步成形，是理论成其为理论、完善为理论并散发恒久光芒的过程。

理论一直在发光，只是等待发现。

当我们走进一个村子，走进一位村民家里，我们看到厨房的墙上挂着一根用了几十年的擀面杖。这根擀面杖看起来可能很不起眼，只是日常生活中总会用到的一个普通用具。可是，如果我们的身份是民俗学家、民艺学家，那么，这根蕴含着时间、故事和烟火味的擀面杖就是一个珍贵的物件，就是一个器物。如果能从这根看似毫不起眼的、日常所用的擀面杖上看到农民生活、农村生活的变迁以及人的生命经验，那么，这根擀面杖依旧只是根擀面杖，却又不仅仅是一根擀面杖了。

既然有擀面杖，就有桌子、椅子、竹篮、锄头、火钳……既然有一个村子，一个厨房，就有一个镇子，一个城市，一个地区乃至一个国家……东西有很多、地方有很多，重要的不是某个东西和某个地方本身，而是用什么眼光、什么方式去看这些东西和这些地方，怎么理解这些东西和这些地方。

过去的40年，浙江的这片土地上有太多"擀面杖""桌子""椅子""竹篮""锄头"和"火钳"了，我们不仅要找到这些物件，更要找到这些东西所代表的、所渗透出来的东西。

过去的40年，中国这片土地上也有太多"村子""厨房""镇子""城市"乃至"浙江"，我们不仅要看到这些地方，不仅要深入这些地方，更要总结出、表述出这些地方的意味与意义。

经验是时间赋予的，经验背后所代表的、渗透的价值是人向时间的索取，是人对时间的贡献。过去的40年，浙江走过的改革开放之路上有太多的经验，我们需要珍视、梳理这些经验，进而看到这些经验背后更深的东西，看到这些经验所代表的、所渗透出来的东西，即需要将这些经验上升为理论，种种具有突破性、开创性、指导性的理论。

五 回应、回溯、回归

总结改革开放40年的浙江经验，并且把这种经验总结、提炼为具有创新意义和贡献价值的理论，这需要我们把改革开放40年来的浙江经验放到理论的主题中去。把浙江经验置入理论的主题中，是学科、学术和学者在浙江时空和大地上的探索过程。

经验之所以能成为理论，可以成就理论贡献，一个基本的衡量标准就在于经验回应了一些根本问题，即经验之手打开了、明晰了一些根本问题，进而有助于我们更好地理解、思索和解决这些根本问题——这些根本问题既是浙江、中国经历的，也是人类需要共同面对的。

人类社会发展至今，从不同的理论角度或者学科层面来看，存在一些共同问题，一些相似而根本的问题。让经验之手打开、明晰根本问题，就是让经验回到一些根本问题中去。政治的经验回到政治的根本问题中去，经济的经验回到经济的根本问题中去，文化的经验回到文化的根本问题中去……

回到不是回避，而是回溯和回归，是回溯、回归之后的面对与承担；回溯、回归不是后退，而是更好地前行。

对学科、学术和学者而言，重要的不是挑选现实经验，而是以理论的胸怀接纳现实经验。只在挑选现实经验的学科、学术和学者流露出了自身的无力感，接纳现实经验的学科、学术和学者才是真正强大而有生命力的。

如果一种现实经验无法被学科、学术和学者及其理论胸怀接纳，那这并不是现实经验的问题，而是学科、学术和学者及其理论本身的局限。而当学科、学术和学者及其理论无法解释、说明以及推动现实经验时，这也就预示着真正的创新与突破的到来。

六 市场化、现代社会：浙江改革开放的坐标与对照

从时间节点来看，浙江的"市场化"是中国最先。把浙江的"市场化"放到西方社会发展历程中去，其时间节点类似欧美资本主义社会形成时期。当然，这只是一个大致的类比，这样的类比不能过度解读，其目的是要说明：浙江的、中国过去 40 年的经历，既不是独一无二的，也不是偶然的。

"市场化"并非西方所独有，只是西方早先经历过而已。"市场化"是一种普遍趋势，是整个人类历史自然演进的过程，是整个人类世界自然进入的整体过程。从根本上说，"市场化"的过程，就是人类从传统走向现代的过程，就是人类的现代化进程，就是人类建立现代社会，形成现代政治机制，营造现代生活方式的过程。

中国的改革开放，从根本上说，是一个市场化的过程。这里的"市场化"不仅仅是指改革开放引入了市场机制，并且这种市场机制在整个中国资源配置中占据主导地位——这只是改革开放"市场化"的具体化和外在体现而已，对中国的改革开放而言，更为根本意义上的"市场化"是指中国社会和人们生活的根本转型。改革开放的"市场化"引发的社会转型，具体表现为市场机制在社会资源配置、社会关系中的重要性和主导性的凸显，更深入地看，"市场化"给中国社会带来的转型是超越资源配置和社会关系意义上的更为根本性的转型。

"市场化"具体表现为市场机制的引入，市场在社会资源分配中作用的出现和凸显。不过，"市场化"还是一个更加宏观的概念，

即"社会的市场化",也即"市场社会"的形成。

"市场社会",就是"现代社会",这是马克思最为重要的理论发现和理论贡献之一。马克思深刻地洞悉到:随着社会的市场化,随着市场社会的建立,整个人类逐渐进入了一种新的社会形态、政治形态和生活形态。这种新的社会、政治和生活形态是前所未有的,它带来的影响也是巨大而深刻的。马克思是从市场社会、现代社会的层面去反思资本主义社会的,马克思认为资本主义社会的形成意味着人类社会的根本变革,与此同时,他也认为对资本主义社会本身的革命性变革是必要、迫切和必然的。这种革命性的变革是对市场社会、现代社会和资本主义社会的超越,是社会主义的革命,其未来是共产主义。

从马克思的理论回到中国和浙江的改革开放,我们需要看到:浙江走入"市场化",现象上看是机制、手段意义上的"市场化",其背后,则是浙江社会的根本转型,即从"计划社会"走向"现代社会"。当然,这一意义上"市场社会""现代社会"并不是西方意义上的,而是中国特色的,是中国共产党领导下的,既具有现代性的普遍特征,又遵循着马克思主义的方向,是在社会主义道路上朝着未来共产主义社会行进的。

(一) 马克思主义与西方

相比于其他地区,西方国家较早地经历了走入"现代社会"的过程,这就是西方资本主义社会和资本主义制度的建立过程。马克思的立论以及马克思主义,就是基于对西方社会由"传统(封建)社会""传统国家"迈向"现代(资本主义)社会""现代国家"的观察、思考和批判而形成的。马克思深刻洞察到西方社会巨大而深刻的转型,意识到随着这一转型,西方资本主义社会以及资本主义政治制度的逐渐确立。更为重要的是,马克思指出西方资本主义现代国家、资本主义政治制度只是维护西方资本主义不合理的现代社会的工具，对资本主义社会制度的革命必然要推翻资本主义政治、国家和资产阶级的统治。

美国著名学者弗朗西斯·福山那本著名的《历史的终结及最后的人》的立论刚好与马克思的思路相反。福山认为，西方进入资本主义社会，在自由市场机制基础上建立起自由民主政治制度是人类社会发展的未来，甚至是"终极版本"。

改革开放意味着中国共产党需要自己的道路、理论、制度和文化引领和驾驭现代市场经济这匹在全世界奔腾不息，推动着世界运转的骏马。现代市场经济是一匹骏马，是一匹谁都可以试着去骑，却不是谁都能驾驭的烈马。

在那个东欧社会主义开始风雨飘摇的1989年之夏，弗朗西斯·福山那篇著名的《历史的终结？》问世，在福山的"历史终结论"中，西方自由民主制度是驾驭现代市场经济这匹烈马最好、最优乃至最后的选择。在福山的逻辑中，西方自由民主制度之所以意味着"历史的终结"，不仅仅在于这种制度本身的合理性，更在于这种制度能够驾驭这匹在全世界奔腾，推动当今世界运转的现代市场经济烈马。

"历史的终结"意味着福山宣告：以代议制、选举、政党轮替为核心和代表的西方自由民主制度是驾驭现代市场经济这匹世所共需、无所不及以及在全世界奔跑的烈马的最好、最优、最后乃至唯一的骑手。

当这匹现代市场经济的烈马开始在1978年的浙江和中国奔跑时，以"党的领导"为根本原则、为核心的中国政治为何能又如何能驾驭这匹马，马克思、恩格斯似乎没说够，苏东的前车似乎不足为鉴。

把"西方自由民主制度＋现代市场经济"这个"历史终结论"

的逻辑转换成"党的领导+现代市场经济"这个中国特色的理论、制度、道路和文化自信,这不是一个简单的问题。

中国走的是马克思主义的道路,中国走的马克思主义道路与元典的马克思主义设想,与苏联的马克思主义道路,又有所区别。不过,站在当今往回看,中国和西方一样,都走过了从"传统社会"迈向"现代社会"的基本道路。只不过,这个基本道路的相似性下,又存在深刻的本质区别——正是相似的道路,才让中国与西方可以对比;正是相似道路的深刻而本质的差异,才让中国走出了自己的模式,才让"中国特色社会主义"成形。

(二) 中国与浙江

中国现代社会、现代国家的初步形成是19世纪末20世纪初的事情,不过,其后经历了很多波折。从以孙中山为代表的革命努力到中国共产党领导下的社会革命的成功和新中国的建立,中国现代国家初步建成。可是,新中国建立后的中国社会,既不是一般意义上的"传统社会",又不是"现代社会",而是一个"计划社会"。

改革开放后,中国开始从"计划社会"逐步迈入"市场社会"("现代社会"),中国迈入"市场社会"的根本标志当然就是市场机制的出现,市场机制逐步代替计划手段,成为主导社会运行和发展的轴心机制。

这个过程当然是漫长而艰难的,最大的困难可能来自"意识形态",即在"社会主义与市场"这一问题上的争论。按照以前的理解,市场是资本主义的东西,新中国建立后,基本消灭了市场,这是"革命成果",可到了改革开放后,又重新引入市场机制,这是不是在"倒退",甚至是社会性质的"变脸"?在这个关键问题上,邓小平同志高瞻远瞩,指出"市场"资本主义能用,社会主义也能用。"不管黑猫白猫,会捉老鼠就是好猫",中国作为社会主义国家,需要市场,也完全能够建立起中国特色社会主义市场经济,进而真正推进改革开放,真正实现中国的发展。

邓小平同志高瞻远瞩的理论设想,或曰"邓小平理论",引发了中国大地上的变革,也在中国大地上被不断实现——广东、上海和浙江走在了最前头。

中国改革开放从"计划"走向"市场",浙江走在了前头的前头。浙江的"前头的前头"不是浙江改革开放后发展迅速之现象,而是这一现象背后,浙江这块土地对市场经济、中国特色社会主义市场经济体制、中国市场社会、现代社会的成形所起到的带头、引领和创制的重要作用。

由此,"市场"从资本主义的"专属"变为"社会主义"的"同样需要",社会主义同样用得好市场。中国特色社会主义市场经济的确立、发展和深化,在中国社会主义发展中具有里程碑意义,由此,中国特色社会主义得到了深化,真正走上了一条合理、稳定和有效的路子。改革开放40年来,这条路虽然走得艰难,可走出了一片天地,走出了中国的繁荣和强大。浙江,是中国改革开放路子走得最早,最敏锐,也是走得卓有成效之地。

(三) 浙江—中国—中国特色社会主义—西方

通过上述梳理,我们能清晰地看到一条"浙江—中国—中国特色社会主义—西方"的脉络,理出这个脉络,浙江改革开放后的一举一动,才不仅仅是浙江的,更是中国的和中国特色社会主义的,因而是可以与西方发展模式、西方文明对照和对话的。

1978年,中国共产党突破意识形态的教条,打开了现代市场经济的闸门。这个闸门正是在浙江率先打开的,从这个开放闸门里涌入浙江大地和中国大地的新的、热的、活力的、科学的、技术的和资本的浪潮席卷并且改变了浙江、中国乃至世界。身处浪潮中心的中国共产党，用整整40年探索破解着弗朗西斯·福山"西方自由民主制度＋现代市场经济"的历史终结论魔咒，也用整整40年的努力塑造着"党的领导＋现代市场经济"这个中国特色的理论、制度、道路和文化自信之路。

七　改革开放40年浙江经验的理论贡献：多学科的展开

我们不是在"一片荒芜"的土地上进行"理论总结"，我们总结改革开放40年浙江的理论创新，是基于浙江这40年的实际，是对这40年实践所孕育出的诸多知识化和理论化的既有尝试的再一次的学术审视、学术总结、学术分析和学术概括。

在《嵌入、脱嵌与引领：浙江的省市县府际关系改革及理论贡献——改革开放40年的回顾与反思》一文中，吴金群、廖超超指出，改革开放40年来，浙江的省市县府际关系改革，既"嵌入"中国的大一统体制之中，但又常常具有"脱嵌"甚至触发一统体制变革的重要意义。

在《走向"回应—赋权"型政府——改革开放以来浙江地方政府的角色演进》一文中，汪锦军、李悟指出，地方政府在改革开放以来的中国发展中扮演着关键性的角色。改革开放以来浙江的发展历程提供了理解地方政府的重要样本。浙江地方政府在发展中既遵循一般的地方政府理论解释，也展现出了独有的气质特征。与一般性理论认知不同的是，浙江政府在发展中逐步呈现"回应—赋权"型政府的特征：政府的行为逻辑表现出更多的自下而上的特征，地方政府有很强的回应社会的主动性。政府主动向下级政府、向市场与社会赋权，并逐渐形成了特有的地方政府运行机制和职权结构。

在《温岭民主恳谈的制度演进与理论增长》一文中，王国勤重点阐述了发生于浙江的民主恳谈会在制度演进过程中所产生的知识增长效应，如：温岭民主恳谈研究推进了中国民主发展道路理论，温岭民主恳谈研究发展了协商民主理论自身一些重要议题，温岭民主恳谈研究推进了制度变迁理论等。

在《改革开放以来地方政府绩效管理的探索及理论贡献——杭州实践的回顾》一文中，王柳基于绩效管理的杭州模式，回顾了改革开放40年来地方政府绩效管理的创新和探索，厘清了政府绩效管理研究的脉络与趋势，并在理论和实践的对话中对新时代政府绩效管理研究的使命作出了理论回应。

在《自发秩序与制度秩序——温州模式研究的理论问题与理论贡献》一文中，白小虎运用文献比较的方法，选取了温州模式研究中引用率较高的大量文献，以区域发展为研究对象梳理制度与发展的整体研究，以产业集群、城市化、民间金融、商会等微观结构变迁为研究对象梳理了温州模式的多侧面研究，将"自发秩序"和"制度秩序"的切换总结为市场化改革和发展转型过程中的共性问题，指出温州模式的三十多年的研究，为理论界提供了观察中国市场化改革的原发原生的中国样本，自下而上的自发秩序是温州模式先行启动市场化改革的特殊性一面，对其他区域的改革有启发意义。

在《"义乌发展经验"的实践与理论贡献》一文中，郑小碧和白小虎把义乌发展经验在实践层面划分为"市场与产业联动发展""政府与市场制度扩展""社会治理的其他领域"三大主要领域，并梳理了相关研究文献。"义乌发展经验"高度概括，内涵丰富，蕴含了政府积极有为，市场（企业）、社会和政府三方协同探索治理机制的市场经济社会发育成长的一般机制。通过文献的比较和梳理，本文发现义乌的市场秩序扩展和治理机制的完善，源头是在劳动分工，将劳动分工思想与现代经济学的分析框架相结合，新兴古典的超边际研究框架在义乌研究中得到了发扬光大，对市场发育与区域发展的经济社会机制有深刻而又普遍的解释力。

在《基于经济与资源环境脱钩视角的绿色发展路径研究》一文中，夏勇指出学界对于绿色发展的认识随着资源环境问题愈演愈烈而逐步深化，贯穿既有绿色发展理念以及相关环境政策演变的中心思想，是强调经济增长与资源消耗脱钩。脱钩理论与方法，适合讨论经济—环境关系问题，适用于评判绿色发展。文章基于浙江经验，拓展了脱钩理论的适用边界，并使用脱钩指数搭建起连接抽象的"绿色发展"理念与可供操作的政策措施之间的桥梁，使脱钩理论成为研究绿色发展模式的理论支撑与突破口。

在《内源渐次开放的浙江实践及理论贡献》一文中，潘家栋提出浙江对外开放属于内源渐次开放，以民营企业为主体，先区域开放后国际开放，指出学术界关于浙江对外开放的研究主要聚焦于出口与投资两大层面，但其研究核心依旧聚焦于浙江对外开放的比较优势。基于此，文章通过对浙江实践相关研究成果的收集整理，作出了相应的理论回顾，总结了相应的理论创新与理论贡献。

在《专业市场发展与电子商务融合的浙江经验和理论贡献》一文中，胡赛指出，改革开放 40 年来，电子商务在与浙江小商品贸易的碰撞中，加快了专业市场跟电子商务的结合步伐，提升了区域的整体竞争力。文章从专业市场跟电子商务结合发展的层面出发，回看浙江区域市场跟产业融合发展模式，并总结专业市场和产业集群互动发展较为复杂的表现形式，梳理了改革开放以来理论界对浙江发展的经验以其理论贡献，在专业市场跟电子商务的共同发展上作出了自己的理论努力。

在《浙江创新系统治理实践及理论贡献：基于文献共词的计量研究》一文中，徐梦周指出，21 世纪以来特别是金融危机之后，传统产业的供求关系发生了根本性改变，创新成为区域发展的核心驱动力。文章把浙江实践放在区域创新系统治理的理论视野中，通过系统梳理学术界近10年来对浙江创新发展及创新体系治理的关注，系统探讨了浙江实践反映出怎样的普适性、特殊性问题，给理论界带来了哪些新议题，又形成了哪些新视角以及还存在哪些有待探索的研究空间。

本书的10篇文章，是我们立足40年来浙江现实历程中生长出来的"民生故事""舆论视点""决策理念"和"学术概括"，分别从公共管理、政治学、经济学、工商管理等不同学科出发，以不同视角梳理、总结和彰显浙江改革开放40年来的理论贡献，由此对浙江改革开放乃至中国改革开放的40年做一个回望。

当然，这回望的眼光，是指向未来的。

致谢：

在本书的策划和创作过程中，很多专家给予了我们殷切的鼓励和有力的支持，他们是清华大学景跃进教授，浙江大学余逊达教授、陈国权教授、郎友兴教授、苏振华副教授，浙江社会科学杂志社社长俞伯灵研究员，华东理工大学熊万胜教授，杭州师范大学卢福营教授、赵光勇副教授等，谨此致谢。

嵌入、脱嵌与引领：浙江的省市县府际关系改革及理论贡献[*]

——改革开放 40 年的回顾与反思

吴金群　廖超超[**]

从 1978 年开始，中国开启以分权化为导向的政治经济体制改革，促进了经济社会的快速发展，但也在一定程度上造成了地方主义、部门主义和市场分割等地方治理的碎片化问题。[①] 20 世纪 90 年代的分税制改革导致地方财权不断上移，而具体事权逐渐下放，造成了地方政府财权与事权配置的结构失衡。同时，在经济全球化浪潮中，地方（特别是大都市区）的经济转型升级和政府职能转变面临国际竞争的巨大挑战。纵观 40 年来中国省市县府际关系的改革，不仅是对这些实践挑战的制度回应，而

---

[*] 本文为国家社科基金一般项目"中国大都市区行政区划改革的风险及其防范研究"（18BGL204）及浙江大学文科教师教学科研发展专项项目阶段性成果。

[**] 吴金群，经济学博士，浙江大学公共管理学院副教授，博士生导师，主要从事城市与区域治理、行政区划与政府间关系等领域的研究。廖超超，浙江大学公共管理学院博士研究生。

① 燕继荣：《分权改革与国家治理：中国经验分析》，《学习与探索》2015 年第 1 期。

且也对相关理论的探讨起到了极其重要的推动作用。本文立足于省市县府际关系改革的浙江实践,在深入阐述40年改革历程的基础上,对基于浙江省府际关系改革而提出的相关理论进行提炼总结,并在与西方理论的对话中,丰富新时代中国特色的国家和地方治理理论。

一 "嵌入"于一统体制的省市县府际关系改革

改革开放40年来,中国始终存在权威体制与有效治理之间的矛盾。而且,这一矛盾无法得到根本性解决,只能在动态中寻找某种暂时的平衡。[①] 一方面,权威体制强调政府政策安排上的整体性和统一性;另一方面,中国的幅员辽阔、地域差异巨大,地方治理具有纷繁复杂的多样性。因而,统一的政策安排难以兼顾地方治理的多样性,地方政府会在政策执行过程中作出各种各样的"变通"。一统体制与地方治理多样性之间的张力,始终伴随着中国的国家和地方治理实践。地方政府常常通过改革创新来突破两者之间的矛盾,而中央政府往往选择一定底线基础上的容忍。如果地方政府的创新成功了,中央政府可以总结推广其经验并加以制度化。如果地方政府的创新失败了,中央政府可以利用其权威随时叫停或通过"运动式治理"集中整治地方的"种种乱象"。

纵观省市县府际关系改革的过程,市管县和省管县这两种制度经常"纠缠"在一起,于不同的地方以各自的逻辑在中心或边缘滋

---

① 周雪光:《权威体制与有效治理:当代中国国家治理的制度逻辑》,《开放时代》2011年第10期。

长，而作为主流制度的省管县或市管县则此起彼伏地交叠出现。[①] 新中国成立初期，省直接管理县（市）是地方政府的主流制度。1982 年，中共中央 51 号文件发出《改革地区体制，实行市领导县体制的通知》，随后在全国掀起了市管县改革的浪潮。[②] 相对来说，市管县体制比较适合中心城市规模较大且辐射带动作用强的地区。而浙江省的民营经济相对发达且主要分布在县域内，而中心城市数量少、规模小且辐射带动作用不太明显，所以选择了继续坚持财政省管县不动摇。当大部分省区先后通过改革确立市管县体制时，浙江省虽通过撤地设市、划县入市等方式在名义上实行了市管县的领导体制，但在实际上，对除宁波市（计划单列市）之外的县（市），长期以来一直保持财政省管县。从 1983 年开始，浙江省还实施了省直管各县（市）党政一把手。[③] 因而，在浙江形成了财政省管县与行政市管县相混合的独特体制。

与大部分省区通过实行市管县优先发展城市经济，再以城市经济发展带动农村发展不同，浙江省走的是一条通过财政省管县及扩权改革优先发展县域经济，再促使县域经济向城市经济转型的路径。浙江的省市县府际关系改革既是在全国一统的体制背景下展开，又结合自身条件进行了创造性的探索，促进了县域经济的发展，实现了地方的有效治理。在某种程度上，突破了一统体制与地方多样性之间的治理矛盾。实践中，人们倾向于认为，财政省管县、一把手省直管、扩权改革是县域经济发达的"浙江经验"或"秘密武器"。所以从 2003 年开始，福建、广东、安徽、河南、湖

[①] 吴金群：《实现协调发展何以可能——省管县改革后的区域治理体系研究》，浙江大学出版社 2017 年版，第 73 页。

[②] 吴金群等：《省管县体制改革：现状评估及推进策略》，江苏人民出版社 2013 年版，第 1 页。

[③] 郁建兴、李琳：《当代中国地方政府间关系的重构——基于浙江省县乡两级政府扩权改革的研究》，《学术月刊》2016 年第 1 期。

南、湖北等省份陆续开展扩权改革、财政省管县改革或人事省管县改革试点。从2005年开始,中央陆续出台了政策鼓励或推动各省区进行财政省管县、行政省管县、强县扩权或扩权强县的改革试点,从而在全国掀起了省管县改革的浪潮。然而,事实稍微有点讽刺意味。当年浙江在财政体制上成功抵制了市管县且县(市)的党政一把手也长期由省直管,现如今却因当年市管县改革不彻底,反而成了省管县改革的典范。所以,如果真要学习浙江经验,那就应该把重点放在如何结合本地实践,创造性地落实中央的改革开放政策上。浙江对省管县体制的坚守,带来了县域经济的普遍繁荣以及城乡的统筹发展。而中央对部分省区的"宽容",巧妙地克服了一统体制下地方自主性缺失的弊端。同时,地方的自主探索又为全国层面的政策调整积累了难得的经验。

二 浙江的省市县府际关系改革:"脱嵌"的过程及阶段性特征

决定政府间关系基本格局和性质的主要是三重关系:权力关系、财政关系和公共行政关系。其中,权力关系决定中央与地方各级政府的各自地位和职权范围,受国家结构形式以及与此相关的宪法与法律制约与规定,是政府间关系的基础;财政关系是中央与地方各级政府之间的财政分配关系,是政府间关系的核心;行政关系是各级政府在一定的权限划分和财政分配的基础上,为管理社会公共事务所形成的活动关系,其基本形式取决于权力关系与财政关系。[①] 基于省市县府际关系改革的关键性事件,可将改革开放后浙江的省市县府际关系改革过程大致分为四个阶段。

---

① 林尚立:《国内政府间关系》,浙江人民出版社1998年版,第70—72页。

相对于全国一统的体制及其要求来说，这些改革带有明显的"脱嵌"的特点。

（一）1978—1992 年：坚守财政省管县，跟随行政市管县

在这一阶段，浙江的省市县府际关系改革主要集中在财政包干制[①]改革背景下的财政关系的调整与市管县改革浪潮下的公共行政关系调整，其结果是形成了财政省管县与行政市管县的混合体制。

1. 财政关系改革

从财政关系来看，主要通过财政包干制改革对省市县之间财政分配关系进行调整，增强市县的经济决策权和主动权，以鼓励市县增收积极性，加快经济发展。新中国成立初期，中国实行中央、大行政区、省市县（市）三级财政。1953 年中央决定取消大区一级财政、增设市（县）一级财政，市一级财政与县一级财政一样跟省级财政发生关系[②]，浙江由此确立了财政省管县体制。1980 年，依据对地方实行"划分收支，分级包干"的国家财政体制改革办法，省政府发布《关于实行"划分收支、分级包干"财政管理体制的通知》对地、市、县实行省级和市县级两级财政包干，各地区除舟山地区仍作为一级财政实行全地区包干以外，其余地区不作一级财政，地区本级收支视同县级实行包干。同时，浙江省区别不同的经济情况对市、县采取"定额上缴""调剂分成""定额补助"三种不同包干形式。1985 年后，浙江省依据"划分税种、核定收支、分级包干"的国家财政体制改革办法，对市、县重新划分收支范

---

① 三种包干形式：地方收入大于支出的县、市，收入基数大于支出基数的部分"定额上缴"；地方收入不足支出的市、县，从中央留省作为调剂收入的 13% 工商税内按比例留成，实行"调剂分成"；地方收入和工商税的 13% 全部留用后，仍不足地方支出的贫困和次贫困县，不足部分由省财政给予"定额补助"。参见浙江省政府志编撰委员会《浙江省政府志（下）》，浙江人民出版社 2014 年版，第 877 页。

② 张占斌：《省管县体制改革的实践创新》，国家行政学院出版社 2008 年版，第 55—57 页。

围、调整收支基数；对定额上缴的市县，地方收入实行以包干基数定比增长分成；对定额补助的地县，按省核定的定额补助基数，实行每年递增。① 这一时期的财政关系调整，依然"嵌入"于原省管县体制，但相对于在全国开展的市管县改革，又呈现出"脱嵌"的意蕴。

2. 行政关系改革

从公共行政关系看，主要通过撤地设市、地市合并、县（市）升格、划县入市等行政区划调整实行市管县改革，在坚持财政省管县的同时建立了行政上的市管县。1977年12月，浙江省辖8个地区、3个地级市（杭州市、宁波市、温州市）、65个县（无县级市）、5个市辖区（全部为杭州市所辖），其中杭州市下辖7县，宁波市、温州市未设立市辖区。② 除杭州市所辖7县之外，其他58县都由省政府的派出机构即地区行政公署管辖。从1983年开始，在中央主导的市管县改革要求下，浙江省也跟随开始推行市管县体制。③ 但是，始终没有把对县（市）的财政权和党政一把手的任免权下放给地级市政府。1983—1991年，浙江省撤销3个地区设立6个地级市，将2个地区与2个地级市合并设立2个地级市，在撤地设市过程中将4个县级市升格为4个地级市并将33个县划入各地级市管辖。2个县改为市辖区，在行政领导上实行了市管县体制。④ 从行政隶属关系来看，市管县改革使许多县由地区所辖变为地级市所辖；从政区类型数量来看，市管县改革使地区数量大幅度减少，地级市和市辖区数量大幅度增加。

---

① 陈国平、陈广胜、王京军：《政府转型看浙江》，浙江人民出版社2008年版，第93页。
② 参见浙江省政府志编撰委员会《浙江省政府志》（下），浙江人民出版社2014年版，第823页。
③ 依据《浙江省政府志》（下）（第913—914、1017—1018页）统计而得，在统计行政区划调整数据时将1992年、2008年、2011年的数据分别计入第二、第三、第四阶段的数据。
④ 浙江省政府志编撰委员会：《浙江省政府志》（下），浙江人民出版社2014年版，第823、913—914页。

(二) 1992—2008 年：实施强县扩权，完善财政体制，调整行政关系

在这一阶段，浙江的省市县府际关系改革主要集中在以四轮强县扩权为主要形式的权力关系调整、以财税分成比例及财政奖补激励政策调整为主要形式的财政关系调整、以撤县设区为主要形式的行政关系调整三个方面。

1. 权力关系改革

从权力关系来看，主要通过四轮强县扩权改革将省对县（市）的权力下放范围由经济管理权限扩大到经济社会管理权限，提升了县（市）级政府在地方政治格局中的话语权。前三轮扩权改革（1992、1997、2002）的扩权力度逐步增大，[①] 县级政府的经济管理自主权逐步增大。其中，1997 年的强县扩权改革使萧山与余杭得到了地市一级的部分经济管理权限。2002 年的强县扩权改革按照"能放都放"的原则对 17 个经济强县与 3 个市辖区以委托、授权、机构延伸的方式进行大幅度扩权，部分地级市还对未享受扩权政策的部分县主动进行了扩权。2006 年的第四轮强县扩权改革是在义乌经济快速发展而前期扩权政策无法满足其需要的背景下展开的，按照"依法规范、能放则放"的原则，将省、市两级政府共计 603 项经济社会管理权限下放给了义乌市。与前三轮扩权相比，在扩权范围上，从经济管理权扩大到经济社会管理权；在放权主体上，从以往的地级市政府扩大到省市两级政府，最终赋予义乌市与设区市同等的经济社会管理权；在机构设置和管理体制上，义乌市还被授权可以根据经济社会发展需要对其政府职能、机构设置及人事编制等进行调整和完善，同时对其党政一把

[①] 1992 年、1997 年、2002 年分别下放 4 项、11 项、313 项权力。参见浙政发〔1992〕169 号、浙政发〔1997〕179 号、浙委办〔2002〕40 号。

手采取适当方式予以高配。

2. 财政关系改革

从财政关系来看,主要通过调整财政增收分成比例来解决分税制背景下县(市)政府的财政失衡问题,并通过调整奖补政策来解决城市发展的资金不足问题,从而激发地方经济增长的动力。1993年,浙江的省、市、县(市)政府普遍陷入财政赤字,1994年分税制改革又带动地市将财权上移而事权下移,导致县(市)财政状况更加困难。[①] 为了平衡市县财政,解决财政赤字,一方面,省财政集中市、县(市)财力增量的"两个20%",建立兼容、规范、透明的财政转移支付制度,以保证省政府的调控能力和市县政府的财力基础;另一方面,基于"两头大,中间小"的哑铃形县域经济,省政府确立了"抓两头、带中间、分类指导"的政策。因为在财政省管县体制下,地级市无法汲取县级财政以满足城市发展的需求,加之分税制改革提出"原则上一级政府一级财政"的规定,所以地级市就向省政府要求县(市)财政归市管理,市县之间的矛盾因而加剧。为此,浙江省政府于1999年出台针对全省10个地级市(宁波市计划单列除外)的"三保三挂""三保三联"政策[②],要求地级市保证所辖县(市)当年财政收支平衡,且城市建设补助(含市管县经费)与当年全市增收上缴省的部分挂钩,使地级市的发展获得省财政的资金支持。再者,为了完善地方财政体制,进一步增强各市县经济发展的积极性,省政府于2003年将原"两保两挂"补助和奖励、"两保两挂"财源建设技改贴息补助、"三保三挂"城市化专项补助等政策整合归并为"两保两挂"补助和奖励政策,设定省对县(市)的奖励系数(10%)高于对市的奖

[①] 翁礼华:《县政国之基——财政省直管县的历史必然性》,《经济研究参考》2014年第40期。

[②] 吴云法:《浙江省"省管县"财政体制分析》,《经济研究参考》2004年第86期。

励系数（5%）；同时将原"两保两联"技改补助和奖励、"亿元县上台阶"奖励、"三保三联"城市化专项补助等政策整合归并为"两保一挂"奖励政策，设定省对市、县（市）奖励系数统一为5%。

3. 行政关系改革

从行政关系来看，主要通过撤县（市）设区来解决城市化进程中城市发展空间不足，并将原混合体制下市县之间经济竞争和行政隶属的交叉关系，转变为行政等级体制下的市与市辖区之间的领导与被领导关系。改革开放后，浙江快速推进城市化进程，先后经历了城市化的起步阶段（1985—1990）、展开阶段（1991—1999），并于2000年进入扩张阶段，而且是从城市数量增长阶段进入城市规模扩张阶段。[①] 在混合体制下中心城市与周边县（市）之间围绕空间格局的竞争博弈不断加剧，城市发展与强县战略之间的矛盾不断加剧。为此，浙江先后于1992年撤销瓯海县设立温州市瓯海区，2000年撤销丽水地区和县级丽水市设立地级丽水市、撤销金华县设立金华市金东区，2001年撤销县级萧山市与余杭市设立杭州市萧山区和余杭区、撤销衢县设立衢州市衢江区，2002年撤销鄞县设立宁波市鄞州区，扩大了城市的发展空间，同时理顺了混合体制下交错的行政关系。为了协调被撤县（市）和设区市的利益，或者是为了给改革提供一个缓冲期，部分县（市）改区后，其财政、规划、公安等原有体制仍然会保留一段时间。特别是在萧山和余杭，其财政关系至今仍然直接对省，而不是对杭州市，形成了独特的省管市辖区的财政体制。

（三）2008—2011年：推进扩权强县，优化财税政策

在这一阶段，浙江的省市县府际关系改革主要集中在以扩权强

[①] 史晋川等：《浙江省改革开放研究的回顾与展望》，浙江大学出版社2007年版，第186页。

县为主要形式的权力关系调整、以整合优化以往财政政策和调整第三产业税收政策为主要形式的财政关系调整。

1. 权力关系改革

从权力关系来看，此轮扩权强县在前四轮强县扩权的基础上，再次扩大了县（市）的经济社会管理权。在扩权对象上，本轮扩权改革针对全省所有的县（市）而不是局部试点，标志着扩权改革由点到面全面推进；在扩权方式上，浙江省政府发布的《浙江省扩权强县工作若干规定》（简称《规定》）确认了"扩权强县"的原则、机构设置和执行程序，并对县（市）政府职权和职权委托作出界定，以地方政府规章代替以往的规范性文件，标志着扩权改革纳入了法制化的轨道；在扩权内容上，《规定》强调"除规划建设、重要资源配置、重大社会事务管理职能外，其他社会经济管理职能原则上应当交由县（市）人民政府行使"，意味着县（市）政府拥有了与地级市几乎同等的经济社会管理权，标志着扩权改革从选择性放权发展到全面放权。2009年，浙江省发布《加强县级人民政府行政管理职能若干规定》，对省、市如何在扩权改革中加强县级政府的行政管理职能作出明确规定，再次以地方政府规章的形式为扩权改革提供制度保障。从强县扩权到扩权强县的转变，是从以往效率优先原则指导下的政策性激励转向建构一种规范化的制度安排。[①]

2. 财政关系改革

从财政关系来看，浙江省依据各市、县的经济社会水平和财力状况，通过适时调整对各市县的奖补政策以促进省、市、县之间财政资源的均衡配置，缩小区域内部差异，促进区域协调发展。同时，还通过调整税收分成奖励政策促进产业优化升级，大力发展服务业等第三产业。2008年，省政府办公厅发布《关于完善省对市

[①] 何显明：《从"强县扩权"到"扩权强县"——浙江"省管县"改革的演进逻辑》，《中共浙江省委党校学报》2009年第4期。

县财政体制的通知》，主要的改革体现在四个方面：第一，在确定市、县（市）财政收支基数的前提下，结合浙江省实际，规范省、市、县收支范围和收入分成办法。第二，将"两保两挂""两保一挂"政策统一调整为"分类分档激励奖补机制"。将全省各市县分为两大类，一类是欠发达地区，实施三档激励补助与两档激励奖励政策，补助系数根据市县经济条件设定，改变了以往根据年份设定系数的做法，奖励系数同 2003 年相比不变；另一类是发达地区和较发达地区，实施两档激励奖励政策，奖励系数同 2003 年相比不变。第三，完善省对市县的财政奖励政策，包括实行市县营业税增收上交返还奖励政策和省级金融保险业营业税增收奖励政策，以及适当提高电力生产企业所在地增值税分成比例等。第四，完善转移支付制度，包括加大一般转移支付力度、整合优化专项资金、规范专项转移支付类别档次等。

（四）2011 年至今：强化中心城市，统筹市县发展

在相当长的一段时期，浙江省的经济发展主要依赖县域经济的推动。然而，由于发展空间、资源集聚和经济辐射能力有限，县域经济的发展逐渐遭遇天花板。随着城市的快速发展和产业结构的优化升级，以县域经济为主体的空间结构快速向以城市经济为主体的空间结构转型。而且，产业集聚、市场扩展和开放型经济的成长又要求城市经济进一步向其高级形态——都市圈经济转型升级，构建以都市圈为核心的经济空间组织模式。[①] 2011 年，《浙江省国民经济和社会发展第十二个五年规划纲要（2011—2015）》提出，要"做强省域中心城市""支持有条件的县级市培育成为区域中心城市""提高县城集聚能力和辐射能力，推动县域经济向城市经济转

---

① 王祖强：《浙江空间经济新格局：都市圈的形成与发展》，《经济地理》2011 年第 1 期。

型"。同时,《浙江省"十二五"规划解读及总体思路研究》明确指出,要"实行中心城市带动的区域经济发展模式"。同样是在2011年,《浙江省城镇规划体系(2011—2020)》提出,要"以中心城市为主体,形成'三群四区七核五级网络化'的城镇空间结构和'47624'的城镇体系"。2012年发布的《浙江省新型城市化发展"十二五"规划》指出,要"加快推进县(市)城市化,推动县域经济转型升级"。2016年,《浙江省国民经济和社会发展第十三个五年规划纲要(2016—2020)》强调,要"加快建设四大都市区,推进县域经济向都市区经济转型,以都市区为主体形态优化空间布局,促进中心城市与周边县域协同协调发展"。这是首次在省级重要规划中明确提出要推进县域经济向都市区经济的转型。从县域经济到城市经济,再到都市区经济,中心城市的辐射带动作用被不断地强化。在总体上,这一阶段的省市县府际关系改革主要集中在以税收分配关系及财政奖补政策调整为主要形式的财政关系变革,和以撤县设区、区县合作为主要形式的行政关系调整。

1. 财政关系改革

从财政关系来看,为加快产业转型升级,增强中心城市统筹区域发展和辐射能力,促进县域经济向都市区经济转型,对财政关系的改革主要体现在两方面:一是税收分配关系的调整。通过2012年的财政体制改革,将原只归属于省的金融业的营业税、企业所得税调整为省、市、县共享财政收入,将原归属于省的电力生产企业的增值税、企业所得税全部下放给市、县,以促进金融业和电力产业的发展壮大,增强财政体制对经济转型升级导向和激励作用。二是财政奖补政策的调整。在2012年的财政体制改革中,奖补政策的调整表现三个方面:第一,新设"区域统筹发展激励奖补政策"。在设区市对所辖县(市)提供财政补助资金时,省政府配套提供区域统筹发展激励奖补资金，以调动设区市带动所辖县（市）发展的积极性。第二，新设"促进发展奖补机制"。将原"分类分档激励奖补机制"，更改为"地方财政税收收入增长奖补机制"。针对欠发达的衢州市等4个设区市的奖励系数从5%提高到10%，针对较发达的杭州市等6个设区市的奖励系数从5%提高到7.5%。在对县（市）奖励政策不变的情况下，加大了对地级市财政增收的奖励力度。第三，新设"浙商回归""腾笼换鸟"等经济发展考核奖励政策，促进服务产业发展，加快产业转型升级和经济发展方式转变。到2015年，新的财政体制改革中的奖补政策调整表现在四个方面："优化转移支付分档体系"、建立"高新技术产业地方税收增量返还奖励政策"、优化"区域统筹发展激励奖补政策"、新设"设区市区域统筹发展收入激励政策"。其中，在优化"区域统筹发展激励奖补政策"中，新设"第三产业地方税收收入增长奖补政策"，对29个市县设定三档补助与两档奖励系数，以促进第三产业发展；改进"地方财政收入激励奖励政策"，取消原分类分档激励奖补政策中的补助政策，将奖励系数从2012年针对欠发达市县与发达、较发达市县的10%、7.5%、5%统一设为10%，强化了对发达、较发达市县收入增长的激励。在优化"区域统筹发展激励奖补政策"中，新设"设区市区域统筹发展收入激励政策"，设定对丽水等3个设区市及对杭州等7个设区市奖励挂钩比例分别为15%、10%，以刺激设区市统筹所辖县增收的积极性；同时调整"设区市对所辖县（市）年度财政补助奖励政策"，将针对杭州、嘉兴等6个二类设区市奖补系数从2012年的1∶0.3提高到1∶0.5，以增强地级市扶持所辖县（市）的积极性。

2. 行政关系改革

从行政关系来看，主要通过撤县设区来满足城市空间扩张的需求，通过建立区县（市）协作机制推进城乡的统筹发展。一方面，为满足大都市区空间扩张的需求，同时理顺省市县之间交错的科层关系，浙江省先后于2013年撤销绍兴县设立绍兴市柯桥区、撤销上虞市设立绍兴市上虞区，2014年撤销富阳市设立杭州市富阳区，2015年撤销洞头县设立温州市洞头区，2016年撤销奉化市设立宁波市奉化区，2017年撤销临安市设立杭州市临安区。另一方面，通过建立区县协作机制，推进市县协调发展。依据《中共杭州市委、杭州市人民政府关于以新型城市化为主导进一步加强城乡区域统筹发展的实施意见》及《中共杭州市委办公厅、杭州市人民政府办公厅关于建立区县（市）合作机制，推进城乡区域统筹发展的实施意见》，2011年杭州市基于产业带动性和地域相连性的原则，通过签订合作协议在产业共兴、资源共享、乡镇结对、干部挂职、环境共保等方面建立八城区和杭州经济开发区、西湖风景名胜区、钱江新城管委会与五县（市）对口联系、联动发展的区县（市）协作组，并于2015年完成第一轮区县协作，实现了市县之间的合作共赢。2016年，杭州市在总结前5年经验的基础上，又开启了第二轮区县协作，进一步深化区县协作工作。协作机制充分利用了区县之间的资源互补优势以及中心城市的经济辐射效应，促使市县之间的关系由偏重于相互竞争逐步走向合作共赢。

三 省市县府际关系改革的理论贡献：
浙江经验的推动与引领

（一）理论研究的总体状况：基于文献计量与文本分析的概述

首先，在中国知网数据库中选择文献（包含期刊、教育期刊、特色期刊、博士学位论文、硕士学位论文、国内会议、国际会议、成果、学术辑刊）及报纸，以主题词"省管县""省直管县""强县扩权""扩权强县"进行关于全国层面及浙江层面相关改革研究的文献检索，所得到数据分为 6 类，如图 1 所示。可以发现：（1）浙江实践对于理论研究具有明显的推动作用。在每一轮改革实践开启后的第一年或第二年，理论界都会形成关于省市县府际关系改革研究的高峰，如 2004 年、2007 年、2009 年高峰期分别对应 2002 年、2006 年、2008 年的扩权改革。（2）媒体对于改革的关注强度也与实践的时间密切相关，一般会在每一轮改革实践开启的次年引起媒体对相关改革的极大关注。（3）对浙江的相关研究具有引领作用，这不仅是指带动了对全国相关议题的研究，而且也指浙江相关研究的议题转换同样走在全国之前。尤其是，2011 年之后的浙江学界和媒体逐渐从热衷省管县改革转移到对大都市区发展的关注。这对全国来说，很可能就是"下一波浪潮"。

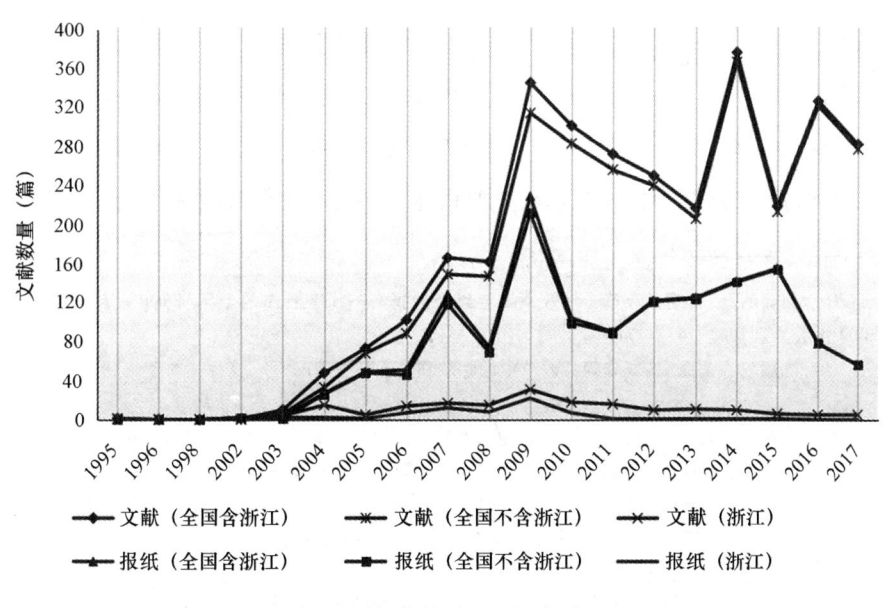

图 1　历年文献计量可视化对比

其次，选取2002—2017年末基于省市县府际关系改革浙江经验的文献进行文本分析，可以发现学界主要从四个视角对府际关系改革进行研究：（1）从政治学的视角，主要对省、市、县之间的财权、事权、人事权的集分进行研究。何显明[①]认为，浙江的省市县权力结构调整打破了传统高度集权等级制的府际关系模式，且省、市、县之间的行政分权、财政分权与人事集权同时实现了省对县的控制和激励。陈国权等[②]提出，省管县改革与扩权改革在一定程度上缓解了县级政府事权、财权不对称不配套的矛盾，但没有从根本上改变中国县级政府"权小、责大、能弱"的困境。储建国[③]认为，县委书记高配既对正式制度形成了一种冲击，又与财政激励相结合对核心领导形成了特殊的政治激励。（2）从行政学的视角，主要是对省市县府际关系重构、府际治理、跨界治理、管理层次与幅度等进行研究。陈国权等[④]构建了以行政关系、经济关系、治理关系为三维的府际关系分析模型。马斌[⑤]在政府间治理结构中嵌入合作、沟通、协商等要素，构建了府际关系的多中心治理模式。余鑫星等[⑥]主张采用"复合行政"来解决行政区经济的负效应问题。王盈等[⑦]认为，余杭"撤县设区"后收归杭州市的行政管理职能与省管县改革后收归浙江省的经济管理权限冲突，导致跨界融合表现出地

---

① 何显明：《省管县改革：绩效预期与路径选择——基于浙江的个案研究》，学林出版社2009年版，第160—163、171页。
② 陈国权、黄振威：《省管县改革中的党政领导干部管理问题》，《探索与争鸣》2011年第1期。
③ 储建国：《县委书记"高配"的由来及反思》，《人民论坛》2012年第29期。
④ 陈国权、李院林：《县域社会经济发展与府际关系的调整——以金华—义乌府际关系为个案研究》，《中国行政管理》2007年第2期。
⑤ 马斌：《政府间关系：权力配置与地方治理——基于省、市、县政府间关系的研究》，浙江大学出版社2009年版，第202—205页。
⑥ 余鑫星、吴永兴：《行政区划体制与浙中地区的城市发展研究——以金华—义乌的相互关系为例》，《经济地理》2011年第1期。
⑦ 王盈、罗小龙、许骁：《双子城跨界融合研究——杭州临平与嘉兴海宁跨界发展的实证研究》，《经济地理》2015年第8期。

域空间和管理职能双重碎片化的特征。郁建兴等[①]提出，经济社会发展的挑战是地方政府间关系重构的动力，扩权改革重构了浙江的省、市、县、乡权力关系。吴金群[②]提出交错的科层与网络残缺是省管县改革中市县关系面临的两大困局。此外，大部分学者认为管理幅度小是浙江省推行省管县体制的一个有利条件[③]，省管县改革优化了行政层级，增强了信息横向传递的效用[④]。（3）从经济学的视角，主要以府际关系改革对区域经济增长或转型的影响作为对象进行研究。大多数研究认为，财政省管县改革与分权改革对县域经济发展有促进作用[⑤]，不过这种促进作用可能逐渐减弱[⑥]。于洋[⑦]通过实证研究认为，县域经济绩效与财政省管县或市管县并无直接关

[①] 郁建兴、李琳：《当代中国地方政府间关系的重构——基于浙江省县乡两级政府扩权改革的研究》，《学术月刊》2016年第1期。

[②] 吴金群：《交错的科层和残缺的网络：省管县改革中的市县关系困局》，《北京行政学院学报》2017年第1期。

[③] 何显明：《省管县改革：绩效预期与路径选择——基于浙江的个案研究》，学林出版社2009年版，第160—163、171页；马斌：《政府间关系：权力配置与地方治理——基于省、市、县政府间关系的研究》，浙江大学出版社2009年版，第173页；马斌、徐越倩：《省管县体制变迁的浙江模式：渐进改革与制度路径》，《理论与改革》2010年第1期；吴金群：《省管县的条件及对中国26个省区的聚类研究》，《浙江大学学报》（人文社会科学版）2010年第4期。

[④] 吴云法：《浙江省"省管县"财政体制分析》，《经济研究参考》2004年第86期；沙虎居：《对浙江"省管县"体制和强县扩权的解析》，《科学决策》2009年第4期；邢伟：《"扩权强县"与行政体制改革——来自浙江的经验》，《中国社会科学院研究生院学报》2010年第2期；单凯、占张明：《"省直管县"政策下地级市"撤县设区"行为研究——以浙江省为例》，《中共杭州市委党校学报》2015年第3期。

[⑤] 袁渊、左翔：《扩权强县与经济增长规模以上工业企业的微观证据》，《世界经济》2011年第3期；崔凤军、陈晓：《省管县体制对不同等级行政区域经济发展的影响研究——以浙江省为例》，《经济地理》2012年第9期；樊勇、王蔚：《扩权强县改革效果的比较研究——以浙江省县政扩权为样本》，《公共管理学报》2013年第1期；周武星、田发、蔡志堂：《"省管县"改革对经济增长的实证研究——来自浙江省各县的经验分析》，《哈尔滨商业大学学报》（社会科学版）2014年第4期。

[⑥] 罗植、杨冠琼、赵安平：《"省直管县"是否改善了县域经济绩效：一个自然实验证据》，《财经研究》2013年第4期。

[⑦] 参见于洋《省直管县、市管县与县域经济增长：基于合成控制法的研究》，博士学位论文，浙江大学，2014年。

系。徐明华等①、崔凤军等②和袁涌波③一批学者注意到,浙江省的县政扩权改革和财政省管县改革虽然促进了县域经济的发展,但削弱了中心城市的要素汲取能力。(4)从法学的视角,主要是对府际关系改革的宪法根据和权力下放的合法性进行了研究。田芳④提出,市管县体制是不合宪的,但中国宪法本身也有硬伤。郑磊⑤认为,市管县给宪法秩序留下了败笔,而强县扩权扮演了为行政区划纠偏、进而贯彻其宪定格局的重要角色。当然,通过授权、委托、交办和机构延伸方式等途径进行的扩权存在法律依据不足及权责不一等问题⑥。

(二) 理论研究的创新构想:基于中西方理论对话的视角

1. 权力关系研究:聚焦体制结构,丰富权力集分平衡理论

正如王沪宁⑦在20世纪90年代所预言的一样,随着社会资源总量的持续增长并达到一定规模后,中国将形成纵向依中央、横向依地方的集分平衡格局。历经40年的分权化改革,中国已成为一个"在政治上中央集权、在行政上高度地方分权"的国家。⑧ 同

---

① 徐明华、陈文举:《浙江县域经济融入都市圈发展研究:方法与实证》,《浙江社会科学》2011年第8期。
② 崔凤军、陈晓:《省管县体制对不同等级行政区域经济发展的影响研究——以浙江省为例》,《经济地理》2012年第9期。
③ 袁涌波:《从县域经济到都市圈经济:浙江县域经济转型研究》,《中共浙江省委党校学报》2013年第1期。
④ 田芳:《行政区划宪法条款的解读——从"省管县"体制的推行说起》,《现代法学》2008年第4期。
⑤ 郑磊:《论"强县扩权"的宪法空间——基于宪法文本的思考》,《法治研究》2007年第8期。
⑥ 马斌:《通过进一步扩权改革理顺省市县政府间关系——县政改革的浙江经验》,《中国发展观察》2008年第7期;马斌、徐越倩:《省管县体制变迁的浙江模式:渐进改革与制度路径》,《理论与改革》2010年第1期;周功满:《论"省管县"体制改革的合法化进路》,《云南社会科学》2010年第3期。
⑦ 王沪宁:《集分平衡:中央与地方的协同关系》,《复旦学报》(社会科学版)1991年第2期。
⑧ 曹正汉、周杰:《社会风险与地方分权——中国食品安全监管实行地方分级管理的原因》,《社会学研究》2013年第1期。

样，在省、市、县政府之间也形成了集分平衡的权力结构。从模式上看，市管县与省管县是两种不同的地方治理体制，因而集权与分权的结构也有所不同。前者为省—市—县三级权力结构，更强调市县之间的权力纵向传承，而后者是省—市、县两级权力结构，更偏重于资源配置的市场横向联结。何显明[①]指出，浙江的省以下府际关系调整以"职能下属化"或者说政府间权力逐级下移的方式，调整了地方政府间的权力结构，打破了传统高度集权的等级制府际关系模式。而且，其权力关系调整体现了财政分权与行政分权结合，同时又坚持省管理县级党政一把手的人事体制，增强省对县的调控和激励。财政省管县和行政市管县的体制兼容，集中体现了地方政府创新的能力和勇气。[②] 浙江通过将省管县财政体制（财政分权）、省直管县（市）党政一把手的人事制度（政治集权）、扩权改革（行政分权）相结合，在地方层面上将政治集权嵌入在财政分权与行政分权结构中，形成了集分平衡的权力结构。这种独特的权力结构形成的根源在于地方政府自主性的扩张。何显明[③]认为，当地方政府的自主权同地方政府的合法性基础的转变以及地方政府自身利益结合在一起，就可能驱使地方政府在合法的自主权基础上最大限度地扩展其行为自主性空间，形成"地方政府的自主性"。准确地说，地方政府的自主性指的是拥有相对独立的利益结构的地方政府，超越上级政府和地方各种具有行政影响力的社会力量，按照自己的意志实现其行政目标的可能性，以及由此表现出来的区别于上

[①] 何显明：《顺势而为：浙江地方政府创新实践的演进逻辑》，浙江大学出版社 2008 年版，第 200—201 页；何显明：《省管县改革：绩效预期与路径选择——基于浙江的个案研究》，学林出版社 2009 年版，第 171 页。

[②] 陈国权、李院林：《地方政府创新与强县发展：基于"浙江现象"的研究》，《浙江大学学报》（人文社会科学版）2009 年第 6 期。

[③] 何显明：《市场化进程中的地方政府自主性研究——基于浙江的个案分析》，博士学位论文，复旦大学，2007 年。

级政府和地方公共意愿的行为逻辑。[1] 地方政府自主性的扩张铸就了地方政府行为巨大的不确定性，也铸就了地方政府行为以及地方经济发展模式的区域性和个性化差异。[2]

在西方国家的分权理论中，对于权力结构的研究主要聚焦央地之间的权力配置，以及行政、立法与司法三权分立与制衡的结构，较少关注地方政府之间的权力集分平衡问题。基于浙江的省市县政府间权力关系的研究，主要聚焦的是地方政府间的权力结构，关注的是财权、事权、人事权之间的集分平衡，以及在央地分权化改革之下地方政府相对于中央政府的自主性问题。中国地方治理过程中的权力转移不同于西方的国家—社会之间的双向路径，而是中央政府、地方政府、市场以及社会之间更为复杂的多元路径。[3] 浙江省地方政府权力结构的形成，既有分权化改革下中央政府对地方政府的权力转移，扩权改革下地方政府内部的权力转移，又有行政审批制度改革与国有企业改革下地方政府对市场和社会的权力转移。在处理集权与分权关系时，涉及全局性的政策与法律执行和利益平衡，适宜采取垂直管理的集权体制，以达到社会公正的最大化，涉及处理地方事务和地方公共产品供给的权力，适宜下放给地方政府，以达到公共资源配置的最优化。[4] 这一点与古德诺的观点正好相呼应。古德诺[5]在《政治与行政》中提出，政治必须对行政进行

---

[1] 何显明：《市场化进程中的地方政府角色及其行为逻辑——基于地方政府自主性的视角》，《浙江大学学报》（人文社会科学版）2007年第6期；何显明：《市场化进程中的地方政府角色行为模式及其变迁——浙江现象的行政学解读》，《浙江社会科学》2007年第4期；何显明：《政府与市场：互动中的地方政府角色变迁——基于浙江现象的个案分析》，载《浙江社会科学》2008年第6期。

[2] 何显明：《市场化进程中的地方政府角色及其行为逻辑——基于地方政府自主性的视角》，《浙江大学学报》（人文社会科学版）2007年第6期。

[3] 马斌：《政府间关系：权力配置与地方治理——基于省、市、县政府间关系的研究》，浙江大学出版社2009年版，第261—262页。

[4] 同上书，第270页。

[5] [美] F.J. 古德诺：《政治与行政》，王元译，华夏出版社1987年版，第41页。

控制以保证国家意志的执行，但是这种控制不应超过用以保证国家意志执行的必要限度，否则执行就没有效率了。也就是说，中央政府必须采用一定的集权手段以保证国家意志（代表全局性的利益）的表达。同时，为了保证国家意志执行的效率，中央必须对地方政治共同体进行分权。基于浙江经验的研究进一步说明，地方的权力结构并非铁板一块，为激发地方发展的活力，地方权力结构的纵向配置至关重要。

2. 财政关系研究：聚焦区域发展，拓展财政分权与激励理论

大部分学者试图通过实证分析来论证财政省管县体制及扩权改革对浙江县域经济增长的作用。袁渊等[1]基于浙江、福建两省规模以上工业企业数据，采用双重差分方法检验了扩权强县与经济增长的关系，发现扩权强县促进了县域经济增长且对市场化改革有正面作用。崔凤军等[2]利用回归分析法考察了省管县体制对省、市、县三个不同等级行政区域经济发展的影响，发现省管县体制的推行，提升了区际统筹发展能力和财政利用针对性，刺激了县级城市经济发展活力，带动了区域经济发展，但是省管县体制在经济增长质量、中心城市功能强化、区际协调等方面也带来了一些弊端。罗植等[3]利用1998—2008年浙江和福建两省的县域面板数据建立双差分模型，实证分析表明省管县体制对县域经济具有显著、持续的积极影响但这种体制的净效应是逐渐减弱的。而财政省管县体制及扩权改革之所以能够促进县域经济的发展，就在于浙江省通过省管县财政体制、财政激励、扩权强县及人事制度改革等县政扩权政策构建

---

[1] 袁渊、左翔：《扩权强县与经济增长规模以上工业企业的微观证据》，《世界经济》2011年第3期。

[2] 崔凤军、陈晓：《省管县体制对不同等级行政区域经济发展的影响研究——以浙江省为例》，《经济地理》2012年第9期。

[3] 罗植、杨冠琼、赵安平：《"省直管县"是否改善了县域经济绩效：一个自然实验证据》，《财经研究》2013年第4期。

了地级市和县（市）作为次省级政府的激励结构，这一激励结构与民营经济发展之间形成的互利耦合关系极大地促进了浙江县域经济发展。但是随着市场供求关系和要素禀赋结构的变动，府际竞争导致区域分割的负效应增大、中心城市的要素集聚能力不强等问题使浙江难以实现经济转型与产业升级。[1] 徐明华等[2]认为，要破解县域经济各自为政、中心城市实力不强、要素空间集聚不足的区域发展格局，应根据各县域不同的条件特点，分门别类地予以制度激励和政策指导，促进县域经济融入都市圈发展。通过承接大城市的辐射和转移以主动融入大都市经济圈、发挥优势以培育区域次中心城市和卫星城、大力发展绿色经济和生态经济等推进以县域经济为主体的空间结构向以都市圈经济为主体的空间结构转型，促进县域经济向城市经济转型[3]。

西方国家的财政分权理论主要关注的是中央与地方政府之间的财政分权，很少关注地方政府间的财政分权。以蒂布特[4]的"用脚投票"理论、奥茨[5]的分权定理、布坎南[6]的俱乐部理论、斯蒂格勒[7]的最优分权理论、特里西[8]的偏好误识等为代表的第一代财政分权

---

[1] 李金珊、叶托：《县域经济发展的激励结构及其代价——透视浙江县政扩权的新视角》，《浙江大学学报》（人文社会科学版）2010年第1期。

[2] 徐明华、陈文举：《浙江县域经济融入都市圈发展研究：方法与实证》，《浙江社会科学》2011年第8期。

[3] 袁涌波：《从县域经济到都市圈经济：浙江县域经济转型研究》，《中共浙江省委党校学报》2013年第1期。

[4] Tiebout, C., "A Pure Theory of Local Expenditure", *Journal of Political Economy*, 1956, 64 (5): 416–424.

[5] Oates, Wallace E., *Fiscal Federalism*, New York: Harcourt Brace Jovanovich, 1972.

[6] Buchanan, James M., "An Economic Theory of Clubs", *Economica*, 1965, 32 (125): 1–14.

[7] Stigler, George, "The Tenable Range of Functions of Local Government", in *Federal Expenditure Policy for Economic Growth and Stability*, Washington D. C., Joint Economic Committee, Subcommittee on Fiscal Politics, 1957, 213–219.

[8] Tresch, Richard W., *Public Finance: a Normative Theory*, Plano (Texas): Business Publications, 1981.

理论提出，应将资源配置的权力更多地交给地方政府，因为借助于地方政府之间的竞争，纳税人的偏好可以得到更好的满足。以钱颖一[①]和温格斯特[②]为代表的第二代财政分权理论，将讨论的重心从公共物品的有效供给转移到对地方政府行为（特别是对经济增长的影响）的研究上。也就是说，20世纪50年代兴起的第一代财政分权理论论证了财政分权竞争改善公共物品供给的机制，20世纪90年代末兴起的第二代财政分权理论认为财政分权为地方政府注入了"为增长而竞争"的动力。[③] 中国的财政分权之所以产生巨大的经济收益，关键是中央政府在进行财政分权的同时维持了政治集权，使中央政府能够通过奖惩（人事控制或政治晋升）地方政府以减少地方政府的掠夺行为和租金竞争行为的风险。[④] 不同于以上西方理论，基于浙江经验的研究，特别关注省与市县之间的财政分权对地方经济发展的促进作用，以及浙江嵌入在财政分权与行政分权中的人事集权（地方政治集权）所形成的权力集分平衡结构及政治激励结构，这就在地方政府层面拓展了第二代分权理

[①] Qian, Yingyi and Barry R. Weingast, "China's Transition to Markets: Market-Preserving Federalism, Chinese Style", *Journal of Policy Reform*, 1996, 1 (2): 149–185; Qian, Yingyi, and Barry R. Weingast., "Federalism as a Commitment to Preserving Market Incentives", *Journal of Economic Perspectives*, 1997, 11 (4): 83–92; Qian, Yingyi and Gerard Roland, "Federalism and the Soft Budget Constraint", *American Economic Review*, 1998, 88 (5): 1143–1162; Jin, Hehui, Yingyi Qian and Barry R. Weingast, "Regional Decentralization and Fiscal Incentives: Federalism, Chinese Style", *Journal of Public Economics*, 2005, 89 (9–10): 1719–1742.

[②] Weingast, Barry R., "Second Generation Fiscal Federalism: Implications for Decentralized Democratic Governance and Economic Development", *Social Science Electronic Publishing*, 2006, 65 (3): 279–293; Weingast, Barry R., "Second Generation Fiscal Federalism: The Implications of Fiscal Incentives", *Journal of Urban Economics*, 2009, 65 (3): 279–293; Weingast, Barry R., "Second Generation Fiscal Federalism: Political Aspects of Decentralization and Economic Development", *World Development*, 2014, 53 (32): 14–25.

[③] Oates, Wallace E., "Toward a Second-Generation Theory of Fiscal Federalism", *International Tax and Public Finance*, 2005, 12 (4): 349–373.

[④] Blanchard, O. and A. Shleifer, "Federalism with and without Political Centralization: China Versus Russia", *Imf Economic Review*, 2001, 48 (1): 171–179.

论。此外，基于浙江省财政分权对县级公共产品供给影响的实证研究，则在地方政府层面为第一代财政分权理论提供了鲜活的中国案例。

3. 行政关系研究：聚焦府际治理，创新网络化治理理论

基于浙江的省市县府际关系改革经验的研究，聚焦府际治理的结构与机制，从不同角度创新了网络化治理理论。陈国权等[1]基于金华—义乌关系的案例研究认为，省、市、县之间合理的经济关系必须符合市场经济规律的客观要求，科学的行政关系必须回应权力运行的规则，和谐的治理关系必须基于社会发展的规律，地方府际关系的调整将走向多中心合作的府际治理。马斌[2]认为，优化省、市、县政府间关系必须从根本上调整权力在上下级政府间、政府与市场、政府与社会之间的配置，构建多中心治理的格局，在政府间治理结构中更多地嵌入合作、沟通、协商等要素。而府际治理必须实现"命令机制""利益机制"与"协商机制"三种的并存与整合。层级政府间的关系是具有"向心力"的命令机制，市场经济环境下政府间关系的核心是具有"离散力"的利益机制，政府间关系的发展趋势则是具有"耦合力"的协商机制。[3] 浙江处于省管县体制改革的过渡期，以财政省管县先行，市县间行政隶属关系仍是主导，市县关系呈现为由纵向隶属向横向竞合过渡过程中的服从与争利交织并存，呈现出"控制性—自主性"的特点。[4] 吴金群[5]认为，

---

[1] 陈国权、李院林：《县域社会经济发展与府际关系的调整——以金华—义乌府际关系为个案研究》，《中国行政管理》2007年第2期。

[2] 马斌：《政府间关系：权力配置与地方治理——基于省、市、县政府间关系的研究》，浙江大学出版社2009年版，第202—206页。

[3] 刘祖云：《政府间关系：合作博弈与府际治理》，《学海》2007年第1期。

[4] 韩艺、雷皓桦：《地方行政层级改革中的市县关系：一个演化模型分析》，《国家行政学院学报》2014年第3期。

[5] 吴金群：《交错的科层和残缺的网络：省管县改革中的市县关系困局》，《北京行政学院学报》2017年第1期。

省管县改革的不彻底，导致了省、市、县政府之间纵向科层体系的交错，同时又由于治理的主体、结构与机制等条件尚不完备导致的网络残缺，使得省管县改革还难以向网络化治理模式转变。只有通过彻底的省管县改革，塑造平等多元的治理主体，构建科学合理的治理结构，形成高效顺畅的运行机制，培育信任合作的府际资本，建立公正完备的法制基础，才能理顺交错的科层，推动网络化治理，实现区域善治。[1] 也有学者提出用"复合行政"来解决跨界治理中的碎片化问题。何显明[2]认为，复合行政为解决行政区划与经济一体化的冲突问题提出了新的思路，可以建立跨行政区、跨行政层级的不同政府之间，并吸纳非政府组织参与的多中心、自主治理的合作机制。余鑫星等[3]提出，可以通过复合行政的方式解决若干跨界问题或面临的区域经济社会发展与行政区划的矛盾，减少区域一体化进程中行政区经济的负面效应，并促使区域分割走向区域联动。

无论是"多中心的府际治理"还是基于多中心、自主治理的"复合行政"，其实质都是一种网络化治理的模式。然而，西方的网络化治理要求政府建立高程度的公私合作和高网络管理能力[4]，而且基于地方政府与市场、社会主体具有独立平等的地位，主要通过订立契约的方式来合作解决公共治理问题，其实质是一种政府、市场、社会平等参与的网络化模式。基于浙江经验提出的网络化治理

---

[1] 吴金群:《市县协调发展何以可能：基于区域主义理论的反思》,《社会科学战线》2016年第3期。

[2] 何显明:《市管县体制绩效及其变革路径选择的制度分析——兼论"复合行政"概念》,《中国行政管理》2004年第7期。

[3] 余鑫星、吴永兴:《行政区划体制与浙中地区的城市发展研究——以金华—义乌的相互关系为例》,《经济地理》2011年第1期。

[4] [美]斯蒂芬·戈德史密斯、威廉·D.埃格斯:《网络化治理：公共部门的新形态》,孙迎春译,北京大学出版社2008年版,第3页。

理论，实际上是一种政府主导型的网络化治理，或者是如 *Grix* 等[1]所说的"非对称性网络治理"。各个地方政府嵌套在纵向权力隶属关系之中，并不是独立平等的主体。而且，政府之间、政府与市场或社会之间还缺乏通过订立府际契约的方式来解决公共治理问题的足够经验。所以，基于中国省市县府际关系研究而提出的区域网络化治理理论，跟西方世界有很大的不同。也正因为如此，无论理论界还是实务界，都比较倾向于通过行政区划调整来打破市场分割，促进府际合作和区域融合。比如，王志凯等[2]认为，在强县战略下的市县竞争性博弈关系向大都市战略下市县合作共赢关系转变过程中，当市场力量推动城市与区域的要素流动跨越行政区边界，行政区划就要适时做出必要的调整，通过撤县（市）设区以支持市场经济集聚和规模发展。或许在中国，此类行政手段并不是网络化治理的对立面，而恰恰是构建新的网络化治理的必要工具。

四　结论与展望

改革开放 40 年来，浙江的省市县府际关系改革，既"嵌入"于中国的大一统体制，但又常常具有"脱嵌"甚至引领一统体制进行变革的重要意义。从历史变迁的角度讲，1978—1992 年，浙江省坚守财政省管县，跟随行政市管县；1992—2008 年，实施强县扩权，完善财政体制，调整行政关系；2008—2011 年，推进扩权强县，优化财税政策；2011 年至今，强化中心城市，统筹市县发展。伴随着浙江的省市县府际关系改革，理论界倾注了大量精力进行了

---

[1] Grix, Jonathan and Lesley Phillpots, "Revisiting the Governance Narrative: 'Asymmetrical Network Governance' and the Deviant Case of the Sports Policy Sector", *Public Policy and Administration*, 2011, 26 (1): 3–19.

[2] 王志凯、史晋川：《行政区划调整与城市化经济空间——杭州、萧山地方政府博弈的实证》，《浙江大学学报》（人文社会科学版）2015 年第 3 期。

不懈探索，既回应了西方学者的相关理论，又形成了独具特色的研究成果。从权力关系上，聚焦体制结构，丰富了权力集分平衡理论；在财政关系上，聚焦区域发展，拓展了财政分权与激励理论；在行政关系上，聚焦府际治理，创新了网络化治理理论。

对于省市县府际关系改革，不能简单地从局部地区的事实推导出全国性的结论。在浙江，地方政府创新推动了强县发展，而强县发展又激励地方政府进行更多的创新。[①] 改革不怕慢，就怕漫无目标地阔步前行，或者是不顾本地条件盲目地模仿别人。当其他省区轰轰烈烈搞市管县改革时，浙江省选择默默坚守财政省管县。而当其他省区把省管县改革看成县域经济发达的秘密武器而竭力学习时，浙江省则已超越县域经济，开始探索大都市区发展战略。随着经济全球化的深入推进，未来的国际和区域竞争将主要是大都市区之间的竞争，所以浙江省的大都市区发展战略及其实施成效，值得密切关注。在理论研究上，大都市区发展背景下的城市空间布局、网络化治理结构、市县合作机制，以及伴随行政区划改革出现的尺度重组与地域重构等议题，都应引起足够重视。

---

① 陈国权、李院林：《地方政府创新与强县发展：基于"浙江现象"的研究》，《浙江大学学报》（人文社会科学版）2009 年第 6 期；陈国权、梁耀东、于洋：《基于区域差异性的省直管县分类改革研究》，《江海学刊》2012 年第 4 期。

走向"回应—赋权"型政府[*]

——改革开放以来浙江地方政府的角色演进

汪锦军　李　悟[**]

地方发展是理解改革开放以来中国发展变化的重要视角。改革开放以来，地方发展呈现出了单一体制下的多元化特征。在地方发展案例和模式的讨论中，浙江改革开放40年的发展受到学界的多方关注，被总结为浙江现象、浙江经验或浙江模式，而浙江地方政府在其中扮演着关键性的角色。那么，浙江现象反映了怎样的普适性和特殊性问题？已有的理论研究能否回答浙江现象和浙江政府行为？本研究把浙江的实践和浙江研究放在地方政府的理论视野中，并通过关于中国地方政府的一般理论解释与浙江发展中的政府行为解释进行融合、比较和再思考，来回答浙江发展对中国地方政府和地方发展的理论解释提供了什么样的解释样本

---

[*] 本章是国家社科基金项目阶段性研究成果,项目编号:14BZZ044。

[**] 汪锦军,公共管理学博士,浙江省委党校公共管理教研部教授,硕士生导师,主要研究领域为公共服务改革、服务型政府、社会组织、政府绩效管理和地方治理等。李悟,浙江省委党校公共管理教研部硕士研究生。

和理论贡献。

一 地方发展中的地方政府角色：相关的理论解释

地方政府是政府职能的实际履行者。[①] 改革开放40年来，地方政府在促进地区发展、强化国家能力等方面发挥了关键作用。在教育、科学技术、社会保障和就业、医疗卫生与计划生育等基本公共服务方面，地方政府是主要的公共责任承担者。对于中国地方政府的作用和角色，学术界有广泛关注和讨论，梳理和分析不同的理论解释路径，有助于更好地理解地方政府的行为逻辑。

（一）地方政府的经济角色解释

地方政府推动地方发展的逻辑是什么？为什么中国的地方政府官员有非常强大的积极性去促进本地发展，而不是像许多发展中国家那样具有掠夺性。[②] 地方政府的经济角色解释有助于回答这个问题。地方政府经济角色的理论解释主要有中国特色的联邦主义和M型结构。

中国特色联邦主义以中央和地方的财政关系为分析重点。改革开放之后，中央逐渐建立了以财政包干为主要内容的财政分权制度。这个历程可以分为三个阶段：第一阶段是1980年建立的"分灶吃饭"的财政体制；第二阶段是从1985年开始的"划分税种、核定开支、分级包干"的财政体制；第三阶段是从1988年开始实

[①] 郁建兴、高翔：《地方发展型政府的行为逻辑及制度基础》，《中国社会科学》2012年第5期。

[②] 陶然、苏福兵、陆曦、朱昱铭：《经济增长能够带来晋升吗？——对晋升锦标竞赛理论的逻辑挑战与省级实证重估》，《管理世界》2010年第12期。

行的"多种形式包干"的财政体制。财政包干制度激发了地方政府强有力的逐利动机。在财政收益最大化目标的引领下,地方政府愿意并且积极参与到有利于经济发展、增加地方财政盈余的活动中,[1]并重构了中央和地方权力关系。在赋予地方处理辖区内经济社会事务管理权限的同时,甚至形成了对中央政府的权力制约。[2] 在这样的背景下,学者借鉴国外联邦体制的相关理论,提出了中国特色的联邦主义。[3]在联邦制国家,政府之间的关系往往是竞争性的,基于选民和市场主体的压力(企业等经济主体以及工会等非经济主体),具有竞争性的政府、政府内部的部门以及政府之外的行为主体必须供给优质的公共产品和服务,以满足当地居民和组织的要求。[4]不过中国在政府体系建构上显著不同于联邦制,因此研究和讨论中国地方政府的竞争逻辑,必须置于中国的制度结构和激励结构中展开。在中国特色联邦主义理论看来,中国地方政府之所以具有发展地方经济的动力是因为财政包干制度内含的分权机制,使得地方政府追求地方利益合法化,同时也加剧了地区之间的横向竞争和比较。统计数据显示,在分税制改革实行的前夕(1993),中央财政收入约957万亿元,国家财政总收入4348万亿元,中央财政占国家财政收入的比重只有22%,[5]中央和地方关系在财权关系上已经颠倒过来了。

---

[1] Jean C. Oi, " Fiscal Reform and the Economic Foundations of Local State Corporatism in China", *World Politics*, 1992, 45 (1).

[2] Gabriella Montinola, Yingyi Qian and Barry R. Weingast, " Federalism, Chinese Style: The Political Basis for Economic Success in China", *World Politics*, 1995, 48 (1).

[3] Yingyi Qian & Chenggang Xu, "Why China's Economic Reforms Differ: the M-Form Hierarchy and Entry Expansion of the NonState Sector", *Economics of Transition*, 1993, (1).

[4] Albert Breton, *Competitive Governments: An Economic Theory of Politic Finance*, Cambridge University Press, 1996.

[5] 郁建兴、黄飚:《当代中国地方政府创新的新进展——兼论纵向政府间关系的重构》,《政治学研究》2017年第5期。

M 型结构①被认为是 20 世纪最伟大的组织创新。在企业组织中，M 型结构由一组有选择多样化的事业部门构成，其多样化程度介于 U 型与 H 型结构之间，事业部之间具有一定的竞争、相互依赖和协同作用，总管理机构最重要的任务是发展和利用这种协同作用。② 中国地方政府被认为比较符合 M 型结构特征，因为每一个省级区域都是一个经济体，这些省级区域经济体在中国这个大市场中是独立且自治的。③ 新中国成立初期就存在以区域"块块"原则为基础的多层次、多地区的层级制（M 型经济）是解释中国在改革开放后经济持续增长的关键。在这种结构下，地方政府会面临发展与资金不相匹配的问题，因此地方具有很强的动力去建立或支持地方企业。更为重要的是在该结构下，横向地方政府之间职责是相似甚至相同的，而不是部门分工的，所以很容易建立起相互竞争的环境。④

中国特色的联邦主义和 M 型结构，在理论上解释了中国地方政府在经济方面竞争的结构特征，这种结构特征促使改革开放以来的地方政府为了地方经济发展而努力，并在很大程度上推动了中国改革开放的发展进程。

（二）地方政府的政治或行政角色解释

地方政府经济角色的解释，主要来源于经济学家的相关理论，

---

① 威廉姆森根据钱德勒的实际观察，将大型公司的内部结构区分为三种类型，即 U 型结构（unitary，一元结构）、H 型结构（holding，控股结构）和 M 型结构（multidivisional，多部门结构）。参见荣兆梓《企业内部的市场——从威廉姆森的"M 型假说"说起》，《经济社会体制比较》1992 年第 3 期。

② 荣兆梓：《企业内部的市场——从威廉姆森的"M 型假说"说起》，《经济社会体制比较》1992 年第 3 期。

③ ［美］埃里克·马斯金：《M 型结构的中国经济运行评估更易》，《第一财经日报》2016 年 12 月。

④ 钱颖一、许成钢、董彦彬：《中国的经济改革为什么与众不同——M 型的层级制和非国有部门的进入与扩张》，《经济社会体制比较》1993 年第 1 期。

重点以政府组织作为分析单元。但事实上，政府行为的背后是政府官员的行为逻辑。地方政府推动地方经济发展的动力机制，除了中国特色的财政联邦主义和 M 型结构，还有内在的地方官员政治激励逻辑。政治学和行政学学者从职权结构和纵向权力结构对官员的激励结构作出了解释，主要的理论有压力型体制和职权同构的相关理论。

压力型体制是指一级政治组织为了实现经济赶超，完成上级下达的各项指标而采取数量化任务分解的管理方式和物质化评价体系。[①] 压力型体制可以看作计划经济时代的动员体制在市场经济时代的延续。改革开放后所进行的一系列行政体制改革使得动员型体制开始转向压力型体制，例如"下管一级"和"岗位目标管理责任制"。[②] 下管一级使得下一级政府的人事任免被牢牢掌握在上一级政府手中；岗位目标管理责任制则是为了克服集体领导所造成的无人负责的局面，在岗位目标管理责任制下，岗位、目标和责任三点一线将责任落实到具体的官员身上。下管一级和岗位目标管理责任制两种压力的汇集推动了压力型体制的形成。压力型体制具有自上而下的压力传送和累积的运行特征，在这种管理方式和评价体系下，来自上级的压力驱使着地方政府的运行和发展。具体表现为各种指标层层传送，包括各种各样的"硬指标"和"软指标"，完成这些量化指标对于地方官员的政绩考核结果至关重要，是其仕途升迁的重要基础。[③]

如果从职权的角度出发理解地方发展和地方政府角色的体制因素，可以发现不同层级之间的政府在纵向间职能、职责和机构设置

[①] 荣敬本等：《从压力型体制向民主合作体制的转变》，中央编译出版社 1998 年版，第 28 页。
[②] 唐海华：《"压力型体制"与中国的政治发展》，《中共宁波市委党校学报》2006 年 1 月。
[③] Kevin O'brien & Lianjiang Li, "Selective Policy Implementation in Rural China", *Comparative Politics*, 1999, (02).

上高度统一，因此是职责同构的[1]，主要表现为职能的整齐划一和职责分配上的高度一致[2]。与职能同构相对应，各级政府的机构设置也是一一对应的，即"上下对口，左右对齐"。[3] 职责同构在一定程度上调动了地方发展的积极性，因为各级政府为了实现上级政府下达的各种指标和任务，需要将指标和任务进行层层分解和量化，下派给下级政府。职责同构的纵向职权设计为指标和任务的下达提供了落实途径，也是对抗部门集权的制度安排，有助于计划经济向市场经济的过渡。[4] 尽管如此，随着社会主义市场经济体系的建立，职责同构模式逐渐显露出诸多困境。主要表现为职责同构的纵向配置资源方式和市场横向配置资源的方式是冲突的，职责同构下的全能政府阻碍着社会的分化和整合、增加了政府的运行成本，滋长了官僚主义。[5] 因此修正和突破职责同构就显得必要，目前的思路主要包括：一是确权的思路，即根据公共物品（服务）性质的不同确定中央和地方的权限；[6] 二是职责异构的思路，即赋予地方政府在机构设置上以自主权。[7]

因此，政治结构上的职权同构和压力型体制，使得地方官员必须为完成上级任务而努力。而纵向的中国特色财政联邦主义和M型结构，使得地方政府在经济发展方面有更大的灵活性。地方政府

---

[1] 张志红：《当代中国政府间纵向关系研究》，天津人民出版社2005年版，第270页。

[2] 唐冬冬、马逸珂：《近年来当代中国政府间纵向关系研究述评——以"职责同构"为视角》，《佳木斯大学社会科学学报》2015年第4期。

[3] 朱光磊、张志红：《"职责同构"批判》，《北京大学学报》（哲学社会科学版）2005年1月。

[4] 同上。

[5] 同上。

[6] 沈荣华：《推进政府层级管理体制改革的重点和思路》，《北京行政学院学报》2007年5月。

[7] 张紧跟：《纵向政府间关系调整：地方政府机构改革的新视野》，《中山大学学报》（社会科学版）2006年第2期；邹宗根：《职责旋构：纵向间政府关系的新思考》，《长白学刊》2013年第5期。

的经济角色和政治/行政角色的交汇，使地方官员行为表现为晋升的锦标赛模式。

所谓晋升锦标赛是指上级政府对下级政府部门的行政长官设计的一种竞争性晋升机制，竞赛优胜者将获得行政级别的晋升，而竞争规则和获胜标准由上级政府决定，它可以是 GDP 增长率，也可以是其他可度量的指标。参赛人在竞争中的相对位次，而不是绝对成绩，决定最终的胜负。[①] 官员晋升锦标赛体制下的地方官员被认为是"政治人"而非"经济人"，对于上级预期给予的政治利益，下级官员有着很强的动力通过发展经济来争取和获得。[②] 有学者通过对全国各省主要官员晋升历程的考察，认为官员晋升与官员主政地的经济增长具有很强的相关性。以经济增长为基础的晋升锦标赛结合了中国政府体制和经济结构的独特性质，在上级官员手中拥有巨大的行政权力和自由处置权的情况下，提供了一种具有中国特色的激励地方官员推动地方经济发展的治理方式[③]，极大地推动了经济增长。

综上，地方发展的一般理论提供了理解地方政府行为的基本知识脉络，这种脉络在结构特征上表现为经济方面的中国特色财政联邦主义和 M 型结构，在政治和行政方面表现为职权同构和压力型体制。从逻辑上说，政府的经济角色是一种自下而上的解释，而政治或行政角色是一种自上而下的解释。地方政府的行为，表现为自下而上的经济发展和自上而下的考核和晋升压力。这两种逻辑的综合使得地方官员呈现出晋升的锦标赛模式，在改革开放以来的发展历程中，更多表现为注重经济发展，看重自上而下的考核。（如表1）

[①] 周黎安：《中国地方官员的晋升锦标赛模式研究》，《经济研究》2007年第7期。

[②] 陶然、苏福兵、陆曦、朱昱铭：《经济增长能够带来晋升吗？——对晋升锦标竞赛理论的逻辑挑战与省级实证重估》，《管理世界》2010年第12期。

[③] 周黎安：《中国地方官员的晋升锦标赛模式研究》，《经济研究》2007年第7期。

表1　　　　地方发展中关于地方政府角色的一般理论解释逻辑

	经济角色	政治或行政角色
结构特征	中国特色财政联邦主义	职权同构
	M型结构	压力型体制
逻辑	自下而上的动力	自上而下的压力
表现	晋升的锦标赛，注重经济发展，看重自上而下的考核	

不同的理论对地方发展和地方治理中的地方政府角色提供了多元的解释路径，对理解地方政府角色提供了不同的分析视角和维度，这些理论也构成了理解和阐释浙江经验独特性和一般性的基本理论坐标。那么，已有的这些关于地方发展中地方政府的理论是否可以足够解释浙江经验的基本特质？浙江经验在多大程度上吻合这些基本的理论解释？浙江经验是可以构成一种逻辑自洽的独特模式，还是只是对已有理论认知的实践注解？因此，有必要在一般性讨论的基础上，对改革开放以来的浙江实践历程和关于浙江经验的理论研究进行梳理，来理解改革开放以来浙江政府的一般性角色和特殊性角色问题。

二 "回应—赋权"型政府的发展：改革开放以来浙江地方政府的角色及相关讨论

通过对改革开放以来的浙江地方政府的发展历程和相关讨论的梳理，我们可以发现，与一般性理论认知不同的是，浙江政府呈现出鲜明的"回应—赋权"型政府特征。所谓"回应—赋权"型政府，就是指浙江政府在改革开放中既不是简单推动地方经济发展，也不是简单围绕自上而下的考核开展工作，而明显表现出积极主动回应来自基层社会和下层政府的声音和诉求，并将这种自下而上的声音和诉求转化为制度化和操作性的政策安排，以赋予市场、社会和下级政府更多的自主权，从而激发市场、社会和各级政府的发展动力。这种演化逻辑构成了理解改革开放以来浙江的市场化改革、省管县改革、扩权强县和政府自身改革等一系列改革创新的基本脉络，也显著不同于一般的地方政府在经济、政治和行政角色方面的认知。

（一）地方回应性：实践问题导向的政府行动逻辑及讨论

不言而喻，在中央的统一领导下，浙江政府的行为逻辑和其他地方具有相似性。浙江在发展中遵循着一般性的地方政府行动逻辑。在整个改革开放以来的发展历程中，浙江始终是在中央统一领导下探索发展之路。姚先国通过对浙江和国家的重大事件和文献比对后发现，浙江在发展中对中央倡导的领域表现出非常积极的政策跟进和政策执行。比如，省政府对一些中央有明确表态的领域，比如国有企业改革、金融改革、财政体制改革、对外开放、技术市场等领域，省政府往往大胆推动，明确表态，持积极主动的改革态度，并发布了大量相关改革方案和政策文件。[①] 但另一方面，由于地域文化、地方发展水平和经济社会结构形态的差异，相对于其他地方，浙江在改革开放之初就显示出独有的特征，而其中最显著的是浙江地方政府在发展中的实践问题导向，即在发展中往往不是一味遵从中央有关规定和相关政策，而是从地方发展的实践出发执行政策，创新思路，解决问题，以推动地方经济与社会发展。

改革开放以来，浙江县乡基层政府以问题为导向的实践为浙江发展创新提供了一个个生动的案例。基层政府尽管处于政

---

① 姚先国：《浙江经济改革中的地方政府行为评析》，《浙江社会科学》1999年第5期。

府体系的最末端,是上级政府和中央政策的执行者和代理者,但在各种因素作用下,基层政府可以成为基层实践问题的创新解决者。姚先国研究发现,改革开放以来浙江政府层级越向基层延伸,对群众自发创新行为的支持倾向越强。① 刘明兴、张冬、章奇研究发现,浙江县级政府层面,游击队出身的本地干部由于在省级层面受到南下干部的打压,并且在地方政权中处于劣势地位,为了确保生存和发展,倾向于采取各种变通手段来促进地区发展。②

在改革开放之初,浙江是一个工业基础薄弱、经济相对比较落后的省份。1978年全省的GDP总值为123.72亿元,列全国各省市区第12位,人均GDP为331元,低于全国平均水平12.7个百分点,列全国第16位。在浙江很多农村地区,落后的生产力使得基层政府和地方农民想方设法首先要解决基本的温饱问题,也由此激发了地方的发展冲动和实践创新。这一类的发展冲动和创新是为了解决基本的生存问题,或者说是生存危机,这是一种被生存问题所迫引发的创新,属于生存型地方政府创新。③ 比如家庭联产承包责任制,目前大多数人认为这是源于安徽农村的创新实践,而实际上在安徽农村探索之前,浙江永嘉就已经开始了包产到户的尝试,1956年中期,永嘉县在超过200个农业合作社里推行了家庭联产承包责任制,并且得到省政府的支持,但由于当时中央的反对,永嘉在改革开放之前的探索胎死腹中,未能在全国推广。④

---

① 姚先国:《浙江经济改革中的地方政府行为评析》,《浙江社会科学》1999年第5期。
② 刘明兴、张冬、章奇:《区域经济发展差距的历史起源:以江浙两省为例》,《管理世界》2015年第3期。
③ 陈国权、李院林:《地方政府创新与强县发展:基于"浙江现象"的研究》,《浙江大学学报》(人文社会科学版)2009年第39卷第6期。
④ 以致1979年在中央发文推动家庭联产承包责任制以后,浙江仍然迟迟不敢推进。直到1982年8月,省委召开全省农村工作会议,才全面解除包产到户禁令,比中央决策滞后2—3年。参见姚先国《浙江经济改革中的地方政府行为评析》,《浙江社会科学》1999年第5期。

在改革开放之初，各种政策都远远滞后于社会变化，由此带来大量的政策空白，这给基层政府更多应对和解决实践问题的空间。尤其在国有经济占比本来就不大的浙江，既有的体制压力小，也使基层政府有更多的精力来回应基层社会的诉求。浙江义乌小商品市场的发展历程，对理解基层政府如何回应基层社会的诉求推动相关的政策创新提供了生动鲜活的案例。1982年，义乌摊贩冯爱倩因为家里太苦，在卖掉了10担谷子，又从信用社贷款300元后，开始了艰辛的创业历程。但是当时个体商贩在社会上还被当作"投机倒把"分子，往往是"抓了罚，罚了抓"。1982年，委屈的个体工商户冯爱倩遇见了县委书记谢高华，在冯爱倩把所有的委屈向谢高华倾诉后，谢高华承诺：一是同意个体工商户继续摆摊；二是会转告有关部门，对个体工商户不再驱赶。此后县委书记扎进义乌乡间，连续调研了4个月。在调研基础上，1982年8月25日，由县政府、稠城镇、城阳区工商行政管理所三级部门成立的"稠城镇整顿市场领导小组"下发了"一号通告"，宣布将于当年9月5日起，正式开放"小商品市场"，这是全中国第一份明确认同农民商贩和专业市场合法化的政府文件。但是，市场开业没有一个县级领导露面，也没有任何新闻报道。因为根据以前的官方条文，搞小商品市场至少违反了三项禁令：农民不能弃农经商；集市贸易不能经销工业品；个体不能批发销售。搞小商品市场说明政府对义乌小商品交易的既成事实表示认可，这种认可在当时是需要很大勇气的，为义乌乃至浙江市场经济的发展作出了重要贡献。

在改革开放的进程中，浙江基层政府也善于在中央和上级允许的政策框架内，将相关的政策与地方实践有机结合，推动地方社会的发展。其特征是在上级政策规定比较含糊的领域，出台更为宽松的地方性政策，从而营造出较为宽松的区域发展环境。① 中国第一农民城——温州龙港的建设之路，正是基层政府创新政策执行的生动体现。1984年，温州龙港开始了小城镇建设，但当时只有一纸上级的建镇批文和3000元开办费，而且1984年中央"一号文件"规定，农民可以"离土"却不能"离乡"。不过这个一号文件同时规定，"允许农民自理口粮进城务工经商"，龙港镇政府看到了政策变通的可能性，依据这个规定，龙港在《温州日报》发布《对外开放的决定》，提出"地不分东西，人不分南北，谁投资谁受益，谁出钱谁盖房，鼓励进城，共同开发"，由此龙港一发不可收，到1987年，龙港的进城农民已达6300户，拥有"市民"3万人，集资投入2亿多元，建成区面积102万平方米，建起了5所学校、7所幼儿园、3座电影院。此后，龙港崛起为名副其实的"中国第一农民城"。

来自基层社会的实践问题和基层政府的灵活回应和创新解决方案，开启了浙江改革开放的新局面。一个个基层创新逐渐形成正向反馈，推动省级政府也以实践问题导向应对发展中遇到的各种问题。比如当年轰动全国的海盐衬衫厂的厂长步鑫生，正是由于浙江省委、省政府会同新华社组成的联合调查组认为改革需要具备大胆创新精神的人去推动，才使步鑫生最终得到充分肯定，成为当时改革中各地学习的榜样。

浙江的发展历程表明，在全国一体的制度安排下，浙江发展展示了极为丰富的灵活性和能动性，并在地方发展竞争逻辑中逐渐找到自己的发展之路。浙江经验的最大特色是立足本地实际②，充分

---

① 何显明：《顺势而为：浙江地方政府创新实践的演进逻辑》，浙江大学出版社2008年版，第71页。

② 高海珍、吴建平：《浙江经验值得借鉴和推广——访"浙江经验与中国发展"课题组组长刘迎秋》，《浙江日报》2007年1月22日，http://zjrb.zjol.com.cn/html/2007-01/22/content_53136.htm。

依靠和调动人民的主动性和创造性,将人民的首创精神与政策支持有机结合。① 因此,浙江发展和浙江经验的特殊性,不是因为浙江的发展违背了一般性的地方政府解释,而是在自上而下的压力型结构和横向的地方政府竞争中,浙江在发展中拥有更多的自下而上的推动力量,落后的经济成为改革开放之初浙江大地创新发展的第一推动力,而地方政府在发展中遇到的新问题必须依靠地方政府创新解决,在一个个问题解决中浙江逐渐获得了创新带来的红利,从而推动浙江各级政府以实践问题为导向不断探索发展之路,实践问题导向因此成为浙江政府的行动逻辑。

(二)纵向赋权:纵向治理的地方赋权机制创新及讨论

对于省以下政府职权界定,中央和相关法律规定并不具体。这种模糊性对省以下的政府职权体系和治理体系提出了挑战,但也给各省结合自身的特点和实践创新省以下的纵向治理体系提供了可能性和机遇。改革开放以来,浙江通过调整和优化省以下的纵向治理结构和运行机制,开启了自上而下向地方政府赋权的改革创新进程。这一体制创新适应了浙江经济发展的特点,同浙江高度发达的民营经济,以及独特的县域经济格局形成了内在的契合。②

在改革开放以来的发展中,浙江一直非常强调调动省以下政府在发展中的积极性。比如姚先国通过历史政策分析整理发现,1979年,国务院决定从1980年起对各省市试行"收支挂钩,全额分成,比例包干,三年不变"的财政管理办法。但浙江省在贯彻中央的有关决策过程中作了一些创造性发挥,由此大大调动了各县、市发展

---

① 张兆曙:《草根智慧与社会空间的再造——浙江经验的一种空间社会学解读》,《浙江社会科学》2008 年第 4 期。

② 何显明:《探析浙江改革开放——历程与经验:浙江"省管县"体制改革》,中共党史出版社 2014 年版,第 57 页。

经济、摆脱贫穷的积极性。[①] 这些创造性发挥在不同的阶段有不同的表现形式和做法，在80年代实行财政包干制时，浙江省对31个地方收入低于支出的市县，在工商税13%的范围内按比例留成，实行"调剂分成"；对16个贫困和次贫困县（市）实行"定额补助"。[②] 在1994年实行分税制后，在中央财力不断增加，地方财力不断削弱，同时事权不断增加的背景下，浙江省对市、县（市）财力增量采取了集中"两个20%"[③] 的办法，对不同类型的市、县（市）实行不同的补助和奖励政策，并对少数贫困县和海岛县作适当的照顾；之后逐渐形成了"两保两挂"的激励政策，并进行了不断的优化和完善。

浙江在改革开放的历次政策变动与调整中逐渐构建了独具浙江纵向治理特色的省管县体制。早在改革开放前的1953年，当时根据中央取消大区一级财政、增设市（县）一级财政的决定，浙江省开始普遍建立了市、县一级财政。此后浙江根据自身发展需要，除了"文革"后期的几年外，一直坚持"省管县"的财政体制。

1982年中央出台《改革地区体制，实行市领导县体制的通知》后，地级市开始作为一级政府存在，从而构成了现实运作过程中"省、市、县、乡"四级地方政府层级。在此背景下，浙江也积极贯彻落实中央决定，开展了"撤地建市"工作。这一进程尽管回应了地级市层面要求具有管辖县级财政强烈呼声，但却受到县级政府的质疑，县级政府担心"市带县"会变成"市刮县"，加之浙江发现其他实行市管县财政体制的省实施效果也不是很理想[④]，因此浙江省除宁波市外，并没有严格推行市管县，而是在地改市的同时坚

---

① 姚先国：《浙江经济改革中的地方政府行为评析》，《浙江社会科学》1999年第5期。
② 何显明：《探析浙江改革开放——历程与经验：浙江"省管县"体制改革》，中央党史出版社2014版，第76—77页。
③ 即集中地方财政收入增收额的20%和税收返还增加额的20%。
④ 卓勇良：《省管县改革的浙江案例》，《21世纪经济报道》2007年8月6日。

持"省管县"的财政和人事体制不变，仍然坚持实施"省管县"的财政体制。1993年年底，中央发文明确1994年元旦起实行市管县。但当时浙江财政厅长翁礼华认为市管县不利于浙江县域经济的发展，并与财政部沟通，坚持实行原来的省管县体制（1995年国务院副总理朱镕基为此还对浙江这一做法提出了批评）。直到后来由于全国县乡都不能正常发出工资，只有浙江不拖欠工资后，中央才开始重提省管县体制。[①] 在坚持省管县财政体制的基础之上，从1994年开始，经过长期的探索浙江逐渐形成了具有浙江特色的财政体制，即通过省管县的财政体制支持经济发达县（市）持续发展，如"亿元县上台阶"的财政政策，同时加强对欠发达县的财政激励，如"两保两挂"政策。[②]

需要指出的是，浙江的省管县，并不是说撤销了地级市，其实在行政体制上，浙江和其他省一样，是"省、市、县、乡"的层级体系。浙江的省管县，指的是财政体制的省管县和省管县级主要领导人事的体制。因此，浙江事实上是财政省管县、行政市管县和主要人事省管县的一种混合体制。这种体制一方面在组织架构层面契合了中央的市管县的基本制度安排要求，另一方面在具体运行机制方面通过财政和主要人事的省管县，赋予了县级政府更多的自主权，从而激发了县级政府在发展中的主动性和创造力，推动了浙江县域经济的快速发展。相较于江苏、广东、山东和福建等沿海经济强省，浙江县域经济的发展水平更高，也更加均衡。[③] 浙江涌现出了全国独一无二的县域经济现象，有力地驱动了全省经济的快速发展。

---

① 笔者与翁礼华的访谈资料。
② "两保"就是保证完成中央的增值税和消费税任务和完成当年的财政收支平衡，"两挂"就是补助和奖励与地方财政收入增长挂钩。
③ 陈国权、李院林：《地方政府创新与强县发展：基于"浙江现象"的研究》，《浙江大学学报》（人文社会科学版）2009年第6期。

财政和主要人事的省管县带来的经济活力，使浙江的政府越来越认识到必须将中央的政策与浙江发展实际有机结合，而不是僵化执行中央决策；同时独立的财权为浙江省各县提供了更大的资金自主权，但也使经济发展与行政管理权限不协调的矛盾很快暴露，层层审批不仅手续繁杂、过程冗长，造成政府工作量增加，往往还会给企业带来无法计量的经济损失。[①] 为了破除县级政府不对称的行政管理权对县域发展的约束，浙江又在20世纪90年代以后开始多轮扩权强县改革，以进一步增强县级政府的权力和能力。

从20世纪90年代以后，浙江开启了五轮县级政府扩权的历程。1992年，为了鼓励和支持邻近上海几个县（市）对浦东开发区辐射的吸纳能力，浙江省政府决定扩大萧山、余杭、慈溪等13个县（市）的部分经济管理权限。固定资产投资项目审批权、部分基础建设、技术改造项目审批权和外商投资项目审批权等4项权限下放给试点县，目的是简化审批手续，提高经济管理的效率。

1997年，根据萧山、余杭两个县级市向浙江省政府提交了《关于要求赋予地（市）级有关经济管理权限的请示》。省政府进一步扩大了萧山和余杭两个县级市在基本设施、技术改造以及外商投资项目的审批权限，并新增了金融审批管理、计划管理、土地管理、建设企业资质、财税管理、"农转非"以及体制改革相关审批权限。

对萧山和余杭审批权的下放开启了新一轮的扩权改革。浙江省政府于2002年将县级扩权改革的范围扩大到绍兴县、温岭市、慈溪市、诸暨市等17个县（市）[②]，而且大大扩展了扩权改革的职权

[①] 郁建兴、李琳：《当代中国地方政府间关系的重构——基于浙江省县乡两级政府扩权改革的研究》，《学术月刊》2016年第1期。

[②] 中共浙江省委办公厅、浙江省人民政府办公厅：《关于扩大部分县（市）经济管理权限的通知》2002年8月17日。

范围,其基本放权改革原则是"能放都放","除国家法律、法规有明确规定的以外,目前须经市审批或由市管理的,由扩权县(市)自行审批、管理,报市备案;须经市审核、报省审批的,由扩权县(市)直接报省审批,报市备案"。这轮改革不仅扩大了试点县级政府的经济管理权限,而且还下放了劳动、人事、教育、民政等领域部分管理权限。①

为更好适应地方发展需要,2006年,浙江省政府再度发文,将义乌确定为县级扩权的进一步改革试点,将其经济社会管理权限扩大到几乎与设区市同等的水平。②

2008年12月,浙江省基于义乌市的试点经验,将改革对象扩大到所有县市(含萧山区、余杭区):"下放义乌市经济社会管理权限618项,其中,继续保留原有扩权事项524项,新增事项94项。下放其他县(市,包括杭州市萧山区、余杭区)经济社会管理权限443项。"③ 2009年,浙江省出台了《浙江省加强县级人民政府行政管理职能若干规定》,进一步明确了强化县级人民政府在经济调节、市场监管、社会管理和公共服务方面职能的若干运行原则。

浙江的扩权强县改革,是对始于新中国成立之初,坚持于改革开放之初的省管县体制的坚持与深化。在某种意义上也是对省管县体制的职权重塑。通过在发展变化中不断调整省、市、县之间的职权结构和运行机制,县级政府获得了更大的地方管理权限。这种省政府主动向县级政府赋权的改革举措,既是浙江省对自下而上的发

---

① 郁建兴、李琳:《当代中国地方政府间关系的重构——基于浙江省县乡两级政府扩权改革的研究》,《学术月刊》2016年第48卷第1期。
② 浙江省人民政府办公厅:《关于开展扩大义乌市经济社会管理权限改革试点工作的若干意见》2006年11月14日。
③ 中共浙江省委办公厅、浙江省人民政府办公厅:《关于扩大县(市)部分经济社会管理权限的通知》2008年12月28日。

展动力和活力的积极回应,也成为进一步促进发展的积极举措。①当然,随着经济社会的发展,浙江近几年也察觉到,浙江尽管有发达的县域经济,但也带来了区域统筹、中心城市发展等一些新命题,因此需要充分发挥市与县在区域经济社会发展中不同的角色功能,推动市县按照市场秩序扩展的内在规律形成中心城市与周边县(市)的分工合作体系。② 2013 年,在中共浙江省委《关于认真学习贯彻党的十八届三中全会精神 全面深化改革再创体制机制新优势的决定》,提出要"加快县域经济向城市(都市区)经济转型",开始强化以中心城市推动区域经济增长的战略。

(三) 以政府自身改革为突破的"回应—赋权"型政府建设

改革开放以来,浙江发展中的地方政府不但扮演了关键性的角色,地方政府还通过主动改革创新和自身变革,提高政府管理和服务能力,推动政府、市场与社会的良性互动。浙江在中央相关政策统一部署之外,积极主动推动相关领域的改革创新,以政府主动变革引领和推动浙江经济社会的发展。

改革开放以来,在中央关于机构改革的统筹部署下,浙江省先后于 1983 年、1994 年、1999 年、2003 年和 2009 年进行了 5 次政府机构改革,以不断完善适应市场和社会变迁的行政管理体制。历届省委和省政府对机构、编制和财政支出一向持谨慎、控制的做法。因此,相对于其他省份的政府规模来说,浙江政府可以称作一个小政府。③

2002 年,浙江省第十一次党代会提出建设"信用浙江"战略,

---

① 郁建兴、李琳:《当代中国地方政府间关系的重构——基于浙江省县乡两级政府扩权改革的研究》,《学术月刊》2016 年第 1 期。

② 何显明:《省管县体制与浙江模式的生成机制及其创新》,《浙江社会科学》2009 年第 11 期。

③ 陈剩勇:《政府创新、治理转型与浙江模式》,《浙江社会科学》2009 年第 4 期。

2002年7月3日,省政府召开全省"信用浙江"建设工作电视电话会议。电视电话会议后,省政府专门下发了《关于建设"信用浙江"的若干意见》,推动政府、市场和社会的信用体系建设。为了建设"信用政府",浙江继续推行政务公开,实行"权力阳光运行",提升政府信用形象。省政府41个部门把政务内容、落实措施、监督办法全部向社会公开。

2006年,时任浙江省委书记习近平主持召开的省委十一届十次全会,作出了建设法治浙江的重大决策,通过了《中共浙江省委关于建设"法治浙江"的决定》,率先开始了建设法治中国在省域层面的实践探索,法治浙江的进程推动了立法决策、民主协商、阳光政务的进程。也为建设法治中国提供了宝贵经验和鲜活样本。

21世纪以来,浙江政府积极通过机关效能提升政府服务能力。2004年开始,浙江在全省范围内掀起了一场以狠抓落实为主题的机关效能建设,向衙门作风导致的机关效能低下问题宣战。2004年2月2日,浙江省召开了全省机关效能建设电视电话会议,正式把效能建设确立为提高执政水平和执政能力的重大举措。中共浙江省委、浙江省人民政府在2004年发布的《关于开展机关效能建设的决定》中,提出要"切实解决机关效能中存在的突出问题,使各级机关和广大机关干部在履行职责和改革创新上有新的突破"。其重点在于转变政府衙门作风,加强自身建设,增强服务意识,改善政府权力运行方式,从而通过政府自身建设推动经济社会更好更快发展,服务浙江改革发展的大局。①

在效能建设的推动下,浙江在效能监察、效能问责、群众参与等方面进行了系列改革创新,在便民服务中心建设、效能投诉热线、政务网站建设等方面都走在了全国前列。效能建设大大改善了

---

① 汪锦军:《"最多跑一次"改革与地方治理现代化的新发展》,《中共浙江省委党校学报》2017年第6期。

浙江的政务环境和营商环境，也大大改变了政府在百姓心中的印象，推动了浙江服务型政府建设的进程。

2014年，浙江在2004年试行办法基础上发布了《浙江省影响机关工作效能行为责任追究办法》，对各级党的机关、人大机关、行政机关、政协机关、审判机关、检察机关及其所属部门和机构，以及经授权、委托具有公共事务管理职能的组织及其工作人员的工作效能行为的责任追究进一步细化和明确。

改革开放以来的浙江政府还推动了一系列政府职权体系和运行机制重塑。在行政审批制度改革方面，以1999年全国首家行政服务中心在浙江省上虞市成立为标志，浙江启动首轮行政审批制度改革，原有的3251项行政审批事项减少了50.6%。此后浙江行政审批制度改革一次次发力。2002年1月，浙江第二轮行政审批制度改革开始，到当年年底，共减少行政审批事项46.7%。2003年10月，浙江开始第三轮行政审批制度改革，省级层面仅保留行政许可事项718项、非行政许可审批事项243项。2013年，浙江第四轮行政审批制度改革首先从全面加快清理行政审批事项开始。此轮行政审批制度改革重点是建立健全6项制度：建立集中审批制度、加快完善联合审批制度、建立审批前置和中介服务规范化管理制度、推行入园项目和大项目审批服务全程代理制度、建立审批事项准入制度以及健全审批责任制。其目的是通过此轮行政审批制度改革，从更高层次改善制度供给，让企业获取制度红利。

在行政审批制度改革的基础上，2014年开始，浙江又启动了政府职能和政府服务的四张清单一张网建设，通过明确政府职权范围和行为规范，以大幅度减少政府对资源的直接配置；大幅度减少政府对微观事务的管理和干预；大幅度减少政府对资源要素价格的干预，增强政府权力运行的规范化水平。2016年12月，省委经济工作会议提出了"最多跑一次"改革，从而开启了政府权力运行更加科学化的改革历程。2017年1月，省政府工作报告正式提出加快推进"最多跑一次"改革。之后一系列改革创新工作依次展开，在行政审批事项梳理、办事流程优化、数据共享建设等方面，浙江创造了多个全国第一，成为新时期地方政府改革的典范。

在经济社会发展中，浙江还努力打造一个能及时有效回应市场和社会诉求的回应型政府。2004年，浙江省委、省政府在全国率先制定出台了《关于建立健全为民办实事长效机制的若干意见》。从是年开始，浙江省委、省政府把为民办实事作为一项重要工作纳入议事日程，每年重点抓诸如民生保障、教育卫生、环境保护等10个方面的实事。时任浙江省委书记的习近平强调，"我们要根据人民群众的要求和愿望，坚持不懈地为民办实事，及时主动地为人民群众排忧解难，切实把为人民群众谋利益的实事办好。"[①] 通过建立为民办实事的长效机制，有效地解决了与人民群众密切相关的衣食住行等民生问题，受到了人民群众的普遍拥护。从2004年到现在，浙江每年的十大民生实事工程的发展和变迁，既是浙江5000多万人民美好生活诉求的演变历程，也是浙江省委、省政府不断满足人民期盼的重大政策发展过程。面对一件件看似微不足道的小事，政府严肃认真讨论并细化为一个个考核指标保证政策有效落实，一年又一年的为民办实事十大工程。

可以说，从机构改革到效能建设和效能革命，到行政审批制度改革和四张清单一张网，再到"最多跑一次"改革，浙江政府的每一次改革，都紧扣时代发展的主题，将政府改革置于经济社会发展的前沿阵地，不断加强政府自身建设，进行自我革命，为浙江发展提供良好的政务环境和发展环境。浙江政府善于在重大改革节点紧紧抓住主要矛盾和问题推进关键领域改革，在改革中积极响应市场

[①] 《努力解决民生问题，促进社会和谐稳定》，《浙江日报》2007年1月5日。

和社会发展的需要，并通过改革有效推动和促进市场和社会的发展。因此，从机构改革到"最多跑一次"改革，既反映了在不同改革时段和节点中央统筹改革的基本政策背景，更是浙江基于地方发展实践的主动创新。浙江的政府与市场关系从80年代的"放任与扶持"，到90年代的"引导与规范"，再到21世纪以来的"服务与提升"，浙江各级地方政府的角色行为同区域市场体系的发育之间形成了一种良性的互动机制。[①] 也有效促进了社会空间的发展及政府与社会的多元互动格局。[②]

三 结语

关于浙江发展中的地方政府解释的两种文献来源：一般性的关于中国地方发展中地方政府角色的解释文献和浙江发展中地方政府作用的解释文献。这两种文献基本是相互独立的，相互之间很少互为引用和讨论。但把这两种文献与浙江改革开放40年来的发展实践相结合进行分析，可以发现改革开放40年来浙江政府作用的理论解释之间的逻辑关联，也可以发现浙江改革开放40年的历程，既有符合一般性政府解释，也有自身独有的特征。而浙江独有的发展历程和特征，对理解中国地方发展中的政府角色，对地方发展的理论认知提供了新的视角。

首先，从行为逻辑来看，与一般对地方发展认知不同的是，浙江地方政府的行为逻辑表现出更多的自下而上的特征。政府主动向下级政府、向市场与社会赋权，地方政府呈现出赋权型政府的特征。

[①] 何显明：《政府与市场：互动中的地方政府角色变迁——基于浙江现象的个案分析》，《浙江社会科学》2008年第6期。

[②] 陈剩勇：《政府创新、治理转型与浙江模式》，《浙江社会科学》2009年第4期。

在一般地方发展的理论解释中，无论是压力型体制的分析，还是官员激励的锦标赛等理论，其基本的解释逻辑是一种自上而下的逻辑，即地方发展的动力和压力来自自上而下的压力和激励。但浙江改革发展的历程和很多关于浙江的研究都发现，浙江政府明显表现出对社会和基层问题回应的敏感性。而且，与经济学领域对地方发展的自下而上讨论不同的是，经济学领域主要关注地方政府在发展经济方面的地方激励机制，但浙江发展在很多方面都超越了简单经济方面自下而上的特征，而是在很多非经济激励领域，浙江政府也呈现出了自下而上的运行逻辑。无论是在改革开放之初的冒着政治风险的地方改革创新，还是对中央各项政策的选择性执行，或是省级政府主动推进为民办实事长效机制，以及省级政府的自身变革，更多的是对地方问题的回应，而不是来自上级政府的要求。浙江改革开放以来地方政府的行为和相关研究表明，在压力型结构下，地方政府依然有很强的回应社会的主动性，

其次，从治理机制来看，与一般关于中国各级政府职权讨论不同的是，浙江改革开放过程中逐渐形成了地方政府特有的运行机制和职权结构。通过对浙江改革开放实践的历史考察和相关研究的梳理可以发现，尽管在重大政策节点上，浙江改革与中央推动的改革战略和政策要求一致，但在具体运行机制中，浙江依然有很大的主动改革创新的空间。比如财政体制方面从新中国成立以来浙江在历次改革和调整中实行财政省管县体制；1980年浙江对国务院提出的"收支挂钩，全额分成，比例包干，三年不变"的财政管理办法的实行两保两挂的财政体制创新；在政策领域积极推动的法治浙江、信用浙江等综合改革创新。浙江的创新实践表明，地方政府职权在基本组织架构之下，有非常丰富的运行机制，这些丰富的机制而不是职权基本机构，是理解地方发展中的政府行为差异性和地方发展多元化的重要观察视角。浙江的发展实践进一步丰富了纵向治理关

系的讨论。已有的研究和讨论一般将纵向关系简单化为中央和地方关系，而很少关注省以下地方政府的纵向关系。在浙江改革开放40年的发展历程中，通过历次的改革与实践，逐渐建立起了省以下的独特纵向关系结构和运行机制，这种结构和机制以财政和主要人事的省管县体制为基本发展脉络，逐渐形成了行政层级的市管县，财政和主要人事省管县的混合运行机制，并在此基础上通过不断向县级政府赋权提升县级政府在发展中的权力和空间，从而极大激发了县域经济的发展，形成了浙江特有的县域经济繁荣发展局面。这种运行机制对理解和认识纵向关系的多层次性，对讨论地方纵向关系发展的可能性，以及探索地方纵向关系与中央—地方关系之间的互动机制，都提供了新的案例和样本。

因此，在改革开放40年的发展中，浙江越来越明显呈现出"回应—赋权"型政府的特征。即浙江政府在改革中通过一次次回应来自社会和基层的问题，通过一次次向地方和基层政府赋权，不断调动自下而上的发展动力，调动各级地方政府主体、市场和社会主体的积极性，也因此使浙江发展具有了内生动力。而这种政府特征，是多重因素在互动演化中形成的。首先，改革开放之初浙江的经济结构和发展基础，决定了基层社会具有强烈的发展冲动，这使得改革开放之初的地方政府必须回应来自基层发展的冲动，解决基层发展中出现的问题。其次，基层政府在浙江改革开放初期的发展中扮演着重要角色。由于基层干部与基层社会具有千丝万缕的联系，在改革开放初期，他们在应对社会发展的过程中逐渐认识到社会自主的活力和动力，并逐渐形成了地方发展的正向反馈，即尊重地方自主性，往往得到发展，而僵化执行政策，则很难发展。这种正向反馈不断向上传导，并在与省级政府的互动中变得越来越主动，从而影响了浙江地方决策的机制，浙江的政策因此变得更加顾及基层政府的反馈。再次，浙江领导干部的创新精神，也强化了浙江"回应—赋权"型政府的特征。比如习近平时期,浙江在省级层面推动为民办实事的长效机制,从而从省级政府开始推动各级政府的为民办实事工程,也在此逻辑上推动了浙江各种回应社会诉求的地方创新机制,从而不断强化地方政府对社会各项诉求的回应性。上述多重因素的相互叠加和互动,形成了改革进程的一种演进路径,使地方政府在"问题—创新—问题"的路径中不断改革创新。

温岭民主恳谈的制度演进与理论增长

王国勤　陶正玄[*]

改革开放 40 年来，中国在经济、政治和社会等诸多领域获得了巨大的成就，同时也伴随着这些领域发生的诸多变革与创新。在这种背景下，学者称"当代中国是一个巨大的政治实验场，协商民主制度建设是这个实验场中正在上演的一部大戏"[①]。在全国各地协商民主制度创新实践中，1999 年浙江省温岭市创设了"民主恳谈会"制度，无论是实践层面还是理论层面都是影响最大的。

"民主恳谈会"是旨在通过民主恳谈吸纳民众参与公共事务决策过程从而提高决策质量的一套制度。经过近 20 年的发展，"不仅应用范围广，制度化程度高，而且很巧妙地将国外的一些协商民主技术嵌入土生土长的民主恳谈之中"[②]，因而被公认为中

---

[*] 王国勤，浙江行政学院政治学教研部教授，博士，研究领域涉及群体性事件、地方治理与政治发展等。陶正玄，浙江省委党校政治学教研部 2017 级硕士研究生。

[①] 谈火生、于晓虹：《中国协商民主的制度化：议题与挑战》，《华中师范大学学报》（人文社会科学版）2017 年第 6 期。

[②] 同上。

国基层协商民主的样板。在持续的制度扩散、重组与巩固的演进过程中，它也一直是学界关注和研究的焦点。在跨度近20年来的制度演进与知识增长中，有必要对此进行认真梳理与总结。虽然之前不断产生对温岭民主恳谈进行阶段总结的文献，但大多是经验描述，或者是围绕特定功能或类型展开的研究。鉴于此，本文试图系统地去梳理温岭民主恳谈会在近20年来制度演进过程中所产生的理论增长，即学界在对这个议题的持续研究中究竟在理论层面上带来了什么，改变了什么，即提出了哪些有价值的学术概念或学术问题。

　　本文所讨论的理论增长，在内在规定性与分析方法方面，主要是围绕 L. 劳丹的"解题模型"而展开。在社会科学的语境里，这种模型以理论与现实之间始终存在的紧张关系为出发点，由此理论的优劣取决于它在与竞争性理论进行比较时，看谁更好地解决了现实中的问题（questions），而且比较的标准主要是看它们在经验的或概念的问题（problems）上的多寡。[①] 科学的进步就体现在不同的研究传统在其各个层次的要素上部分或整体地实现更新或替代。这个模型的基本假定可以说在把研究视作一项科学活动的学者中具有广泛的共识。例如认为知识增长"并不是指观察的积累，而是指不断推翻一种科学理论、由另一种更好的或者更符合要求的理论取而代之"[②]。换言之，"范式之所以衰落是因为其内在矛盾和它们在处理这个世界所产生的、对理论不利的事实时的无能"[③]。而且这个过程是持续展开的，因此"知识应该被视作一个持续进行着的社

[①] 参见［美］L. 劳丹《进步及其问题——一种新的科学增长论》，刘新民译，华夏出版社1990年版，第19页。

[②] ［英］卡尔·波普尔：《猜想与反驳》，傅季重、纪树立、周昌忠、蒋弋为等译，上海译文出版社2005年版，第276页。

[③] ［美］芭芭拉·格迪斯：《范式与沙堡——比较政治学中的理论建构与研究设计》，陈子恪、刘骥等译，重庆大学出版社2011年版，第5页。

和历史的成果"①。本章所讨论的理论增长也是指在化解理论与现实之间张力的持续互动中,不同研究传统、范式、理论或理论的要素等等各个层次上是如何实现更新或替代的。

为了实现上述目标,本文力所能及地搜集近20年来研究温岭民主恳谈的一些重要的学术论文、书籍和论文集,然后主要以这些文献为分析对象,并结合笔者数年来所进行的经验观察,进行类似一种事件学术史的梳理研究。这项讨论主要围绕三个研究问题来展开,分别为:(1)温岭民主恳谈研究是如何推进中国民主发展道路理论的?(2)温岭民主恳谈研究是如何发展协商民主理论自身一些关键议题的?(3)温岭民主恳谈研究是如何推进制度变迁理论的?最后在这个基础上尝试归纳关于协商民主理论本土化构建的一些有价值的知识命题,将有助于为推进国家治理现代化提供中国特色的学术话语体系。

一 温岭民主恳谈的制度演进与概念界定

简要描述温岭民主恳谈制度的演进历程,是为后面的讨论提供一个背景知识。对该项制度的概念界定,目标也一样,而且辅之以类型学的分析,从而可以使之得到更为细致丰富的展现。

1. 温岭民主恳谈的制度演进。创立与冠名阶段(1999—2000年)。1999年6月,作为试点镇的松门镇在举办"农业与农村现代化教育论坛"时一改传统的灌输说教模式,采取群众与镇领导平等对话的形式,效果很好。1999年年底,温岭市委号召各乡镇开展形式多样的民主对话活动。2000年8月,在松门镇召开的全市现场会议上,市委将各地开展的叫法不一、形式多样的

---

① [美]詹姆斯·博曼:《社会科学的新哲学》,李霞译,上海人民出版社2006年版,第2页。

对话活动统一称作"民主恳谈",也从此替代了"教育论坛"。首先是在全市很多乡镇、村、社区得到推广。其次启动了行业工资协商制度。温岭民主恳谈开始受到学界与媒体的广泛关注与充分肯定。

转型与扩散阶段(2001—2005年)。2001—2002年,民主恳谈全面转型为一种基层民主制度。随后,民主恳谈继续不断地扩散到城镇居民社区、基层事业单位、党政机关、群团组织等领域。2003—2014年,制度扩散,首先是温岭市推行警务民主恳谈,其次是温岭市政协开始探索把政治协商纳入党委决策程序化。2004年3月温岭民主恳谈获得第二届"中国地方政府创新奖"。2004年6月,温岭首次党内民主恳谈会召开。出台《关于"民主恳谈"的若干规定(试行)》,对各层次的民主恳谈的议题、程序、实施和监督进行了统一的规范要求。2005年再次转型,新河镇实施参与式预算改革,将游离于体制外的民主恳谈会纳入现行的乡镇人大这个制度框架之内,实现中国地方政府公共预算改革的重大突破。

升级与深化阶段(2008年至今)。2008年开始全面升级,行业工资恳谈机制进一步完善,党内民主恳谈全面升级,而且民主恳谈在空间上继续在纵向与横向两个维度上扩散。纵向上扩展到市级单位,其中市交通局率先开启了部门预算恳谈。横向上参与式预算推广到泽国、箬横、滨海、大溪等乡镇。到了2009年,参与式预算改革的乡镇占到绝大多数。

至此,由于民主恳谈的制度创设阶段基本完成,基本格局已经确定。随后开始进入不断完善、深化和提高的新阶段。新阶段的景象是"议题的不断拓展,范围的不断扩大,方法的不断创新,重大公共事务决策经过民主恳谈,已成为当地的一个'规定动作'和

'前置条件'"①。

2. 温岭民主恳谈的概念界定。"民主恳谈"本身就是一个内涵丰富的本土化概念,首先"'恳谈'两字准确地表达了有意见需要沟通,有想法需要交流,有问题需要协商,有分歧需要博弈等丰富的意思"。②其次,被纳入了"民主"的范畴,主要指向公共事务的协商,从而开启了巨大的理论阐释与制度创新的空间。早期研究中主要从公众参与公共决策的角度来界定其含义,例如"概括为一种以行政民主为特色的、以吸纳民众参与公共事务决策过程为主要内容、以改善基层权力机构的决策质量为直接目的的一种民主建设途径",也被冠以"温岭模式"称号。③后来,随着制度扩散,温岭民主恳谈至少发展出了对话型民主恳谈、决策型民主恳谈、党内民主恳谈、参与式预算和工资集体协商五种类型,涉及范围之广、领域之多已经是制度创立之初没有想到的。温岭民主恳谈会虽然形式、类型多样,应用范围较广,学者们对该概念的表达也不同,但是其核心内容是一致的,即一种通过吸纳民众参与公共事务决策过程来改善决策质量的本土化的协商民主。换言之,"民主恳谈活动的本质在于政治过程的参与诸方的合作互动,对话以促进利益表达,共识以形成决策。"④

在类型分析上,首先,早期"民主恳谈会"被认为是"一种支配性的商议,一种可控性的商议",并对其前景持观望态度。⑤经过十多年的发展,学者提出温岭民主恳谈已经显现出了"授权型协

---

① 朱圣明:《基层民主协商的实践与探索——以浙江温岭民主恳谈为例》,《中国特色社会主义研究》2014年第2期。
② 同上。
③ 张小劲:《民主建设发展的重要尝试——温岭"民主恳谈会"所引发的思考》,《浙江社会科学》2003年第1期。
④ 陈家刚:《协商民主与当代中国政治》,中国人民大学出版社2009年版,第222页。
⑤ 郎友兴:《商议式民主与中国的地方经验:浙江省温岭市的"民主恳谈会"》,《浙江社会科学》2005年第1期。

商"的特征,即"各种通过磋商来赋权的公共协商形式",而且其规则与程序逐渐巩固起来,而区分于那些虚假的协商形式,如"操控型协商""象征性协商"等。[①] 其次,根据参与主体的不同,协商民主可以分为三种类型:国家正式制度层面上的协商民主;国家与社会互动层面上的协商民主;公民社会内部的协商民主。根据这种类型划分,温岭民主恳谈主要属于国家与社会互动层面上的协商民主,"让基层民众以民主恳谈会等方式直接参与地方重要政策的决策过程至少在治理层次上提高了民主发展水平,有助于政策的质量、正当性和民众接受度的提高"[②]。

最后,最近一项研究认为,根据国家—社会维度和咨询—决策维度两个维度,构建了当前中国协商民主体系的基本类型框架。[③] 其中,国家—社会维度观察的是协商活动发生的场域,是处于国家正式的制度之中,还是发生于社会领域;咨询—协商维度观察的是协商活动的性质,协商活动本身就是决策过程的一部分甚至就是决策本身,还是为决策提供咨询性意见。这个类型框架有助于厘清温岭民主恳谈在实践中的复杂定位,虽属于基层协商,但是它起到的在各协商渠道之间相互衔接的特色。具体而言,"浙江温岭的实践将公民代表协商与党委、政府和人大的协商连接起来,整个协商过程都与正式的制度安排紧密结合在一起",例如泽国镇的协商民主实验"将协商民主和正式制度中最重要的制度——人民代表大会制度——有效地连接起来"[④]。

[①] 何包钢:《中国农村从村民选举到乡村协商:协商民主试验的一个案例研究》,《国外理论动态》2017年第4期。

[②] 霍伟岸、谈火生、吴志红:《试论治理技术意义上协商民主——三种类型的实践及其启示》,《探索与争鸣》2014年第1期。

[③] 谈火生、于晓虹:《中国协商民主的制度化:议题与挑战》,《华中师范大学学报》(人文社会科学版)2017年第6期。

[④] 同上。

二 温岭民主恳谈研究是如何推进中国民主发展道路理论的

温岭民主恳谈开始进入学者们的视野时，就被赋予了其推进中国基层民主建设的重要使命。它被称为"原创性的民主载体"，是民主政治建设的一个新的切入点、模式。[①] 有学者认为温岭模式是行政民主的一种形式，即主要通过行政方式来体现民意、反映民意和满足民意。[②] 并开启学者们对中国基层民主建设的新的展望，例如商议式民主、参与式民主等。在初期主要是在村级民主制度的层面上与选举民主对话中展开的，还没有明确地纳入协商民主的范畴。"民主恳谈"被视为民主选举之后的基层民主政治建设的新载体，属于一种基层合作性民主制度。[③] 其实民主恳谈和民主选举之间也并没有厚此薄彼，它也被认为属于议政式的参与，与选举式的参与"二者之间的不同构成了相互补充和完善的整体"，其"发展前景也必须给予足够的关注和肯定"。[④] 后来随着协商民主理论在中国的盛行，很快温岭民主恳谈就被纳入协商民主的范畴，并开启了一条中国特色民主政治发展道路，因此被寄予厚望。

1. 从"特色论"到"优势论"的中国民主政治发展道路。如前所述，这种对话是与国外协商民主自身发展的理论演进及其被引

[①] 王浦劬：《民主恳谈是一种原创性的民主载体》，载《民主恳谈：温岭人的创造》，中央编译出版社 2005 年版，第 1—7 页。

[②] 景跃进：《行政民主：意义与局限——温岭"民主恳谈会"的启示》，《浙江社会科学》2003 年第 1 期。

[③] 谢庆奎：《基层民主政治建设的拓展——论温岭市的"民主恳谈"》，《浙江社会科学》2003 年第 1 期。

[④] 张小劲：《民主建设发展的重要尝试——温岭"民主恳谈会"所引发的思考》，《浙江社会科学》2003 年第 1 期。

入中国的历程息息相关的。20世纪最后10年国外协商民主兴起，其问题意识是如何应对高度分化利益多元的社会，为此，现代"民主制度的一个规定性特征就是它们能够集体判断从权力和货币的力量转向交谈、讨论和说服的力量，即协商民主的力量"①。中国当前随着经济的高速增长，也遇到相类似的社会矛盾突显问题。正是共同的问题意识，使得协商民主理论被引入中国，成为重要的解释性或构建性的理论资源。中国学者开始认为"协商民主不仅仅是乌托邦理想，它也是我们按照某种恰当路径追求的东西"②。甚至可以说"中国学界可以说是以异乎寻常的热情拥抱来自西方的这种新的民主理论，并很快在国内掀起了一股协商民主热"③。正是有了协商民主理论的引入与对话，温岭民主恳谈研究先后出现了两个重要的论点，即"特色论"和"优势论"。

首先，中国民主发展道路的"特色论"很快出现，并成为中国学界的主流观点。前期"特色论"要做些自证合法性的工作，例如解构了那种"直接根据是否存在充分的竞争型选举而简单地将政体划分为民主与非民主政体"的分析框架，而将温岭民主恳谈视作一种新的民主工具的开发，因而也是"一种有中国特色的民主发展的要素"。④ 解决了这个问题后，学者们更多是在协商民主的理论框架里来讨论"特色论"究竟为何的问题，即需要回应"我们到底该如何看待这种中国特色的协商民主形式"。西方学界关于协商民主的理想是大众型协商民主，而非传统的精英型协商民主。相比之下，中国协商民主"（它）本身就是一种特殊的类型，没有必要按

---

① ［加拿大］马克·沃伦:《协商民主》，载阎孟伟主编《协商民主：当代民主政治发展的新路向》，人民出版社2014年版，第9页。

② 陈家刚:《协商民主与当代中国政治》，中国人民大学出版社2009年版，第105页。

③ 谈火生:《协商民主：西方学界的争论及其对中国的影响》，《中国党政干部论坛》2013年第7期。

④ 何俊志:《民主工具的开发与执政能力的提升——解读温岭"民主恳谈会"的一种新视角》，《公共管理学报》2007年第3期。

西方协商民主理想来苛责它"。① 另一方面，有学者认为协商民主很多理念与设计是外来的，引入到中国的实践，必须要作相应的限定和调适，因此提出了"有限协商民主"概念。② 关于如何看待这种具有中国特色的协商民主，也是学者们争论的热点问题。国外学者提出一个基于中国经验的威权式协商（authoritarian deliberation）的概念。认为中国协商民主聚焦于治理层次的参与，是在缺乏政体层次的民主化的情况下发展起来的独特案例。③ 中国学者批评这个概念很牵强地把"威权主义"与"民主"两个对立的概念结合起来。相比之下，政府主导是协商民主在中国发展的一个必要条件，因此，"政府主导型协商民主"的提法可能更合适。④

其次，广义的"特色论"的讨论同时也在国外理论界展开，尤其是近十年来，"越来越多的学者认识到，西方中心论的民主观是有问题的"。其中一个标志性的事件是 2014 年权威杂志《政治理论》刊发了一期题为《超越西方协商民主》的专刊。其中有学者撰文明确提出"我们不能将西方的协商实践作为衡量的标准，要通过对不同语境下的政治协商进行比较研究和历史研究，以确定协商实践可以采取何种形式，在何种条件下方可发展"⑤。可能也和这种大环境有关，近几年来，中国协商民主的"优势论"也凸显出来。在一项温岭参与式预算的案例研究中，学者提出"民主恳谈与人大制度的结合就是协商民主与代议民主的结

---

① 谈火生：《协商民主：西方学界的争论及其对中国的影响》，《中国党政干部论坛》2013年第7期。
② 何包钢、王春光：《中国乡村协商民主：个案研究》，《社会学研究》2007年第3期。
③ Baogang He and Mark E. Warren, "Authoritarian Deliberation: The Deliberative Turn in Chinese Political Development", Forthcoming, *Perspectives on Politics*, June 2011.
④ 谈火生：《协商民主在中国：一个知识社会学的考察》，载阎孟伟主编《协商民主：当代民主政治发展的新路向》，人民出版社2014年版，第345—363页。
⑤ Jensen Sass and John S. Dryzek, Deliberative Cultures, *Political Theory*, 2014, Vol. 42 (1), pp. 3 – 25. 转引自谈火生《协商民主理论发展的新趋势》，《科学社会主义》2015年第6期。

合，这不仅是中国特色社会主义民主的特点，也是中国民主政治的优势"①。学者呼吁中国式协商民主到了该认真总结各地经验、形成一般性理论知识的时候了，并乐观地预计"未来十年，中国协商民主的前景是乐观而值得期待的……'中国有可能真的超越西方'"②。在这种确立中国协商民主合法性与优势性的框架下，围绕中国协商民主政治发展道路所展开的知识构建主要体现在政治参与、政治文化与治理等维度上。

2. 政治参与视角下的中国协商民主政治。学者是从反思既有制度框架的局限（即大众很少或没有参与公共政策的商议过程）来确立民主恳谈会的意义与价值的。因为大众参与公共决策的过程，"不仅能够提高决策的质量，使政府的公共决策更具有合法性，而且可以提高公众的知识与道德水准：超越个人的利益而导向关注公共利益"③。随着温岭参与式预算制度的启动，这种民主恳谈的新发展，被认为是扩大了公民参与政府决策的广度和深度，因而作为参与式民主的一种形式，深刻地影响着中国基层民主的发展。④ 之后参与视角的研究主要集中于分析框架的建构上，例如使用"外围—核心"框架来分析民主恳谈会作为路径是如何扩大公民有序政治参与的。⑤ 还如使用"政策网络"框架来评估参与式预算的绩效与局限，并提出了完善参与式预算制度的设想。⑥

---

① 戴激涛：《公民参与预算：理念、原则与制度——以浙江温岭"新河实验"为分析》，《时代法学》2010 年第 2 期。

② 何包钢：《中国协商民主并不是一个不可企及的空想》，《人民论坛》2015 年第 7 期。

③ 郎友兴：《商议式民主与中国的地方经验：浙江省温岭市的"民主恳谈会"》，《浙江社会科学》2005 年第 1 期。

④ 陈家刚、陈奕敏：《地方治理中的参与式预算——关于浙江温岭市新河镇改革的案例研究》，《公共管理学报》2007 年第 3 期。

⑤ 卜万红：《外围—核心扩大公民有序政治参与的路径——以浙江温岭市的"民主恳谈会"为例》，《云南行政学院学报》2011 年第 2 期。

⑥ 王自亮、许艺萍、陈伟晶：《政策网络、公民参与和地方治理——以浙江省温岭市参与式预算为例》，《浙江学刊》2017 年第 5 期。

3. 政治文化视角下的中国协商民主政治。政治文化的维度。早期文献明确提出了民主恳谈对培养民众与基层干部的民主参与能力与民主政治理念的功能，之后学者把民主恳谈的推行和实施也视作改变权威政治文化的过程，而且意义重大，认为"这一过程的加速推进将成为基层民主治理中公民参与的真正关键"①。事实证明，民主恳谈在政治文化的推进方面是卓有成效的，以至于有学者感叹"20年前绝大多数依然卷起裤腿种地的温岭农民，现在居然坐在会场上有板有眼地讨论起镇里的财政预算，这是何等的发展与进步"②。

4. 治理视角下的中国协商民主政治。学者首先乐观地认为"民主恳谈会"这种商议式民主的实践，表明"中国乡村社区开始走出'权威型治理'模式，而一种新的称为'商议合作型治理模式'逐步地生成"③。后来学者用"协商合作式治理模式"替代前面的概念，认为它"既是乡村治理的未来趋向，也是推动乡村发展的理性选择"。④

随着参与式预算的创立与发展，学者开始从制度结构与乡镇治理等维度延展了对民主恳谈治理模式的讨论。首先，在一项案例研究基础上，提出由于"激活"人大制度的积极功能，参与式预算正在"用制度结构的改革推动治理模式的变化"。⑤ 同时期的另一项研究则运用"公共投资效率最大化"的分析框架，探讨了参与式预

---

① 朱圣明：《从原生到孪生：基层民主政治建设的现在进行时——温岭民主恳谈和参与式预算之比较研究》，《甘肃行政学院学报》2007年第3期。

② 郎友兴：《中国式的公民会议——对温岭民主恳谈会的观察和思考》，《公共行政评论》2009年第4期。

③ 郎友兴：《商议式民主与中国的地方经验：浙江省温岭市的"民主恳谈会"》，《浙江社会科学》2005年第1期。

④ 陈朋：《协商合作农村基层社会管理创新的趋向和选择：浙江温岭案例启示》，《中国井冈山干部学院学报》2011年第2期。

⑤ 李凡：《中国地方政府公共预算改革的试验和成功——对浙江温岭新河镇公共预算改革的观察》，《甘肃行政学院学报》2007年第3期。

算如何"有效解决了公共投资决策中的偏好表达与偏好集结的问题，促进了公共投资效率的实现"。[①] 其次，随着乡镇层次参与式预算实践的大范围展开，学者也开始关注民主恳谈所带来的乡镇层面的善治问题，并且认为"这将对中国乡镇治理的现代转型产生极为深远的影响"[②]。最后，治理视角的研究也随着政治实践与理论范式的发展而与时俱进，例如在民主恳谈研究中运用"话语权"和"国家治理体系和治理能力现代化"等概念。[③]

三 温岭民主恳谈研究如何发展协商民主理论重要议题的

上述的这种乐观也是有一定底气的，因为以温岭民主恳谈为代表的中国对协商民主制度的实践创新与理论探索已经不断丰富与发展了协商民主理论，下文将从"协商与代表""协商与决策"以及"协商与绩效"几个重要议题进行介绍。

1. 代表与协商的张力与消解。由于要解决人口规模的难题，代表性一直是现代民主的本质特征，协商民主也一样面临着一种代表与协商之间的张力，即协商代表怎样能够发挥好代表性的问题。其中，关键问题在于如何将政治平等与审慎协商结合起来。为了有效解决这个问题，詹姆斯·费什金（James S. Fishkin）提出了通过抽样来产生代表的机制，并以此为基础创造了协商性民意测验方法，即试图通过随机抽签基础上的公民协商保证了公民参与协商的

[①] 苏振华：《参与式预算的公共投资效率意义——以浙江温岭市泽国镇为例》，《公共管理学报》2007 年第 3 期。

[②] 林兴初：《基层协商民主与乡镇善治研究——基于浙江温岭"新河实验"分析》，《学术论坛》2013 年第 9 期。

[③] 王自亮等：《基层社会民主化进程中的精英行动——以温岭市民主恳谈会为案例》，《社会政策研究》2017 年第 2 期。

平等性、代表性和审慎性。① 这种做法被认为是协商民主在代表问题上的一个重大制度创新，备受推崇。中国学者也提出类似的问题，即多大规模的代表参与协商会更加有效？过少或过多都显然不行。② 为了解决这个问题，温岭民主恳谈引进了费什金的协商性民意测验方法，并一直坚持实施这种方法。有学者质疑协商性民意测验方法是否能够有效地解决代表与协商之间的张力，认为面临一些难以克服的困难，例如多数人的"不在场"、无法保证代表的负责性、对专家的过分期许等。③ 也有学者提出协商式民意调查就没有解决抽样产生的代表和既有代表机制之间的关系问题。有意思的是发明者本人是排斥通过其他机制产生的代表进入协商过程的。④ 可能也是考虑到了这些困难，温岭民主恳谈对协商性民意测验方法进行了中国化的改造，即将通过抽样产生的统计意义上的代表改造成为政治代表，与原先选举产生的代表有机结合，构成一种"混合式代表制度"。这种制度在实际操作中，"打破了代表与协商的对立、统计代表与政治代表的对立，将选举和选择、精英和大众、代理和委托代表模式等不同的代表机制有机结合起来，有效解决了公共意见、专家意见、政府决策相结合的问题"。因而对于协商民主的代表理论具有十分重要的意义⑤，而且它大大强化了代表与协商的联系。这种创造性的经验也为协商民主的发展提供了新的思考方向。⑥

---

① ［美］詹姆斯·费什金：《倾听民意：协商民主与公众咨询》，孙涛、何建宇译，中国社会科学出版社2015年版，第59—63页。
② 郎友兴：《商议式民主与中国的地方经验：浙江省温岭市的"民主恳谈会"》，《浙江社会科学》2005年第1期。
③ 闫飞飞：《协商民主中的代表问题研究》，《中共天津市委党校学报》2010年第5期。
④ 谈火生：《混合式代表机制：中国基层协商的制度创新》（未刊稿）。
⑤ 同上。
⑥ Baogang He, "Reconciling Deliberation and Representation: Chinese Challenges to Deliberative Democracy", *Representation*, 2015, 51 (1): 35–50.

对代表与协商之间张力的研究也延展到更为深层次的结构因素，例如学者提出"尽管我们努力想让恳谈会成为一个平等的舞台，但已有的不平等的社会结构依然存在"，并为此专门做个村庄实验，通过设计堵塞机制（指对有权者和有钱者的自由进行限制）和制度，阻隔或者尽可能减少社会不平等尤其是权力与金钱对协商民主的影响，也证明是有效果的。① 概而言之，在一时半会儿不能消除这种结构性不平等的情况下，实践证明，通过一套符合中国国情的复杂的机制和制度设计，能够"有效消除社会不平等带来的不利影响，使每个人都获得相对平等的协商机会和权利，并提高决策的合法性"②。这个结构性不平等也体现在性别之间，为了消解这种不平等，浙江温岭也引进国际性别预算的技术，打造了本土化的"参与式性别预算"，从制度上有效保障女性在财政预算中的平等参与。③

2. 协商与决策的断裂与连接。协商民主是为了作出审慎共识的决策，因此，如何使协商对决策产生实质性影响？换言之，协商如何实现与决策的对接？这是协商民主理论都要研究的一个非常重要的议题。事实上，协商与决策之间的断裂一直困扰着协商民主理论。④ 因为，西方的主要协商民主制度创新是在国家领域之外运作的，"尽管在实践中确实有一些协商实践对决策产生了直接的影响，但是，大量的案例所显示的则是协商对决策几乎没有影

---

① 何包钢、王春光：《中国乡村协商民主：个案研究》，《社会学研究》2007年第3期。
② 何包钢：《中国农村从村民选举到乡村协商：协商民主试验的一个案例研究》，《国外理论动态》2017年第4期。
③ 郭夏娟：《参与式性别：预算温岭的"嵌入式"发展模式》，《中国行政管理》2015年第3期。
④ [美]朱迪斯·斯夸尔斯：《协商与决策：双轨模式中的非连续性》，载毛里西奥·登特里维斯主编《作为公共协商的民主：新的视角》，王英津等译，中央编译出版社2006年版，第79—99页。

响，或影响很小"①。在西方，导致这种断裂的关键原因是公共领域的协商和正式制度中的决策之间的二元结构。而在中国协商是在党和政府的领导下进行的，断裂的问题在协商民主实践中也不同程度地存在，但是并没有像西方国家那么严重，至少很少有由上述的二元结构所造成的断裂。学者称中西方在协商民主的发展问题上存在一种结构上的不对称现象，即"在中国，正式政治制度中的协商民主比较发达，而社会组织协商比较薄弱；在西方，正式政治制度中的协商民主并非其协商民主理论关注的重心，其重心在以社会组织协商为中心的公共领域的协商"②。这恰恰说明中国经验其实挑战了西方的种种假设，和西方协商民主理论主要探讨公共领域的协商问题不同，中国协商民主理论主要探讨正式制度中的协商问题。

前期的研究中，有学者提出在中国民主协商的结果与决策有各种各样的关系，协商民主结果往往"是弹性的，而不是刚性的"，并为此推动温岭民主恳谈的制度实验来研究如何实现这种"刚性"结果。最后有信心地提出通过建构一种"复杂的决策体制"是可以实现协商结果的刚性的③，并且反对仅仅强调协商作为合法性来源的理想主义④。

近年来随着越来越多制度化的通道可以将协商和决策连接起来，使得协商成果能够有效地影响决策，学者提出"中国的协商民主制度在解决协商与决策衔接问题时有其独特的优势"，尤其是像温岭民主恳谈这样的"基层协商的衔接机制还是畅通的，形式也非

---

① 谈火生、于晓虹：《中国协商民主的制度化：议题与挑战》，《华中师范大学学报》（人文社会科学版）2017年第6期。

② 谈火生、周洁玲：《国外社会组织协商的特点及其启示》，《国外理论动态》2018年第2期。

③ 这在一项政治实验中得到验证，参见何包钢《协商民主：理论、方法和实践》，中国社会科学出版社2008年版，第61页。

④ 何包钢：《怎样联系决策与协商》，《学习时报》2008年7月14日第5版。

常多样"。① 与此同时，学者们围绕该议题也积极展开本土化的理论构建。例如认为以温岭民主恳谈为代表的恳谈协商是一种"政社协商"，即本土化的多元政治权力主体参与公共协商的恳谈协商模式。它区别于西方协商民主囿于公民协商的模式，从而可以有效地解决西方公民协商模式中协商与决策错位断裂的问题。② 这个努力还体现在以"温岭模式"为例构建了一个关于中国基层协商民主共识形成机制的本土化理论框架。③

3. 民主恳谈绩效分析的知识建构。对温岭民主恳谈的绩效分析，其实一直是民主恳谈研究的一条或明或暗的线索。现有的分析涉及了绩效本身两个部分的内容：一是协商自身的绩效，包括参与者偏好的转变、政策选项的发展、公民教育等；二是协商所产生的外部效应，包括协商对决策的影响、社会稳定、社会公正等。在研究方法上，大多数是实证归纳式的，展示了具有的绩效有哪些，例如有助于地方治理、有助于创造政治合法性、化解矛盾、减少社会冲突、政治信息交换的通畅和塑造现代公民等。④

还有少数分析偏向理论建构性的。前期一项研究试图搭建一个关于乡村治理绩效指标的分析框架，即绩效主要体现在"有效性"（主要指经济绩效）、"稳定性""公正性"等公共利益的实现程度上。民主恳谈治理绩效在上述的三个维度上并不是均衡分布的，其中，在"有效性"方面，绩效并不明显；在"稳定性"方面，绩

---

① 谈火生、于晓虹：《中国协商民主的制度化：议题与挑战》，《华中师范大学学报》（人文社会科学版）2017 年第 6 期。

② 付建军：《政社协商而非公民协商：恳谈协商的模式内核》，《社会主义研究》2015 年第 1 期。

③ 王卫：《中国基层协商民主共识形成机制研究——基于"温岭模式"实践的分析》，《社会主义研究》2017 年第 4 期。

④ 何包钢：《协商民主：理论、方法和实践》，中国社会科学出版社 2008 年版，第 155—162 页。

效较为明显，但是不应高估；最后在"公正性"方面的成就最大。① 这个分析框架展现了较好的解释能力，例如由于民主恳谈制度"有效性"绩效并不突出，较难看出哪些方面仍然备受经济绩效考核压力的地方官员们的青睐。后来的研究越来越肯定了其在"稳定性"方面的绩效，例如认为"乡村协商可以比现有的手段更加顺利地解决农村的各种问题"。② 民主恳谈在"公共性"方面的绩效突出，所以备受学者关注，也主要在这个意义上被视作中国基层社会民主发展的主要趋势和基本路径。

较近一项研究建构了一个更为细致的分析框架。首先，公民参与可能带来的乡村治理绩效指标涵盖的内容稍微广泛一些，包括社会公正、社会稳定、政务公开、政府责任、行政效益和公共服务等，其次，根据温岭民主恳谈的案例研究提出公民参与带来治理绩效需要满足的四个要件，即政府决策者有清晰的政治意愿、社会组织和民众乐于参与、规则清晰，以及民众与官员有足够的参与能力等。③ 这项研究为中国地方政府如何更好地实现基层民主治理提供了重要的知识框架。

四 温岭民主恳谈研究是如何推进制度变迁理论的

从制度变迁视角来研究温岭民主恳谈也是持续时间最长、引发学者热切关注的一项研究。研究的议题首先是探讨温岭民主恳谈制

---

① 王国勤：《先富参政与民主恳谈的治理逻辑——乡村治理的结构与绩效研究》，《甘肃行政学院学报》2009 年第 5 期。
② 何包钢：《中国农村从村民选举到乡村协商：协商民主试验的一个案例研究》，《国外理论动态》2017 年第 4 期。
③ 郎友兴、喻冬琪：《公民参与能否带来治理绩效？——以温岭市为例》，《中共浙江省委党校学报》2014 年第 6 期。

度何以可能的问题,其次是追问其可以持续,最后重点关注它是怎样演进的。

1. 温岭民主恳谈制度何以可能。早期研究主要提供了互动的解释。例如认为"温岭模式"的出现过程,不是民主先导论或经济先导论能够解释的,而"显然是一种多元力量参与的复杂互动过程,单面性地强调社会自身的运动或政府主动的导向都不可能给出圆满解释"①。其实,这种"互动论"一直是解释民主恳谈制度变迁的主流范式,差别在于填入了什么要素以及要素之间怎样的排列组合。随后,制度供给不足的动因解释模型也构成了另一个主流范式,它属于问题导向型解释。例如,最早从现实交往行为的难度增加与阶层多元等角度提出"商议何以可能"的问题。② 其次,直接推动力方面,学者曾归纳了早期解释"温岭模式"的产生共有三种解释模式,分别为政治企业家模式、利益驱动模式和观念驱动模式。无疑,这些模式所提供的解释都具有启发意义,但仍需进一步展开实证研究。③ 最近一项研究归纳了温岭民主恳谈产生、演进的外部动力,主要与当地的经济因素、文化因素以及社会结构等因素有关。具体而言包括了温岭的民营与市场经济发达,理性协商、务实、进取、创新和平等的传统与现代交融的文化与精神,私营企业主群体与新社会组织的发育等。④

2. 温岭民主恳谈制度何以持续。关注温岭民主恳谈制度何以持续的问题,很早就被学者当作一个重要的问题提出来。最早学者

---

① 张小劲:《民主建设发展的重要尝试——温岭"民主恳谈会"所引发的思考》,《浙江社会科学》2003年第1期。

② 郎友兴:《商议式民主与中国的地方经验:浙江省温岭市的"民主恳谈会"》,《浙江社会科学》2005年第1期。

③ 何俊志:《权力、观念与治理技术的接合:温岭"民主恳谈会"模式的生长机制》,《南京社会科学》2010年第9期。

④ 郎友兴:《观念如何形塑制度:对温岭民主恳谈会演进历程的一种解释》,《中国延安干部学院学报》2016年第1期。

首先肯定在中国当前语境下这种制度安排能够提供比选举投票这类民主参与更多的实质性好处，但是"问题的关键在于这种制度能否持续与有效地进行下去而不至于流于形式"[①]。一开始的解决方案采取了一种综合的视角，提出协商民主持续性发展的四种途径：制度化途径、民主习惯化途径、政治竞争途径和学者推动的途径。[②] 随后学者们从过程、制度与文化等角度来阐述该制度可以持续的问题时，基本都可以从这个综合的视角里找到线索。例如，用制度主义的"路径依赖"模型来解释2000年后温岭民主恳谈持续发展过程，认为这是一个在"报酬递增—正反馈功能—自我强化机制"的作用支配下，这项制度在"不断优化、主动适应的'自我强化'过程"。[③] 另一项文化视角的代表性研究认为民主恳谈会经历了三个阶段，即公民文化的萌发阶段、公民文化生长促使转向民主治理方向阶段和"准参与式的公民文化"阶段，并强调了"唯有得到公民文化的支持，民主治理机制方能得到巩固并且健康持续地运行下去"。[④]

3. 温岭民主恳谈制度如何演变的。学者们主要沿着两条线索来探讨民主恳谈的制度演变。首先是从观念与制度互动的视角去细致刻画制度演变的逻辑与过程。其次是采用"嵌入"的视角来展现协商民主制度是如何与既有制度实现衔接并落地生根的。

首先，观念与制度的互动与演进模型。早期一项研究使用理念、制度的互动来解释温岭民主恳谈的演变过程与特征。其分析框架是，理念分为政府理念与社会理念，它们之间以及与既有制度之

[①] 郎友兴：《商议式民主与中国的地方经验：浙江省温岭市的"民主恳谈会"》，《浙江社会科学》2005年第1期。
[②] 何包钢：《地方协商民主制度会持续发展吗？》，《学习时报》2006年10月23日第5版。
[③] 朱圣明：《探析温岭预算民主恳谈的新元素》，《四川行政学院学报》2011年第3期。
[④] 郎友兴：《公民文化与民主治理机制的巩固和可持续性——以温岭民主恳谈会为例》，《中共浙江省委党校学报》2012年第2期。

间的复杂矛盾推动了制度变迁，并且形塑了它的特征。温岭民主恳谈制度的演变就展示了理念、制度与政治发展的复杂过程。这个解释模型的潜力也在于它提出一个很好的问题："在中国既有的政治生态中，政府和社会如何共处（以及如何激发新的深层次的民主元素），实现社会主义民主？"[1] 同样是使用观念与制度互动的视角，一个较为细致的"权力、观念与治理技术互动与结合"的分析框架，认为一方面权力的维护与升华需要观念与治理技术的支撑，另一方面观念与治理技术的自主与扩张也需要权力的支撑，这种逻辑关系也适合于观念与治理技术之间。这个分析框架提供了一个关于温岭"民主恳谈会"模式演变过程与关键特征的新的知识图式，其解释力还体现在提供了关于温岭的"民主恳谈会"模式进一步创新的动力的设想，即可能来源于"新的观念和治理技术的再次进入"或权力的更有力地推动。[2] 最近一项研究提出了一个"观念—文件—制度"的演进模型，即上述的这些观念是通过转化为政党的文件形态，然后去引发或导引制度变迁的。这项研究提供了一个很有价值的命题，即"探讨制度演进与创新的动力问题，实际上就是分析观念如何被切入或置换到制度之中并从而推动其演变的问题"[3]。

其次，"嵌入式发展"的制度变迁模型。因为不满上述的观念与制度互动模型并没有将它们如何与温岭的"民主恳谈"实践结合起来的问题说清楚，又要与具有被动适应特点的"路径依赖"模型区别开来，有学者提出来"嵌入式发展"模型。具体而

---

[1] 隋斌斌：《理念、制度和政治发展——关于温岭地方人大民主改革持续发展的原因探讨》，《人大研究》2009年第8期。

[2] 何俊志：《权力、观念与治理技术的接合：温岭"民主恳谈会"模式的生长机制》，《南京社会科学》2010年第9期。

[3] 郎友兴：《观念如何形塑制度：对温岭民主恳谈会演进历程的一种解释》，《中国延安干部学院学报》2016年第1期。

言，"嵌入式发展"是指"将某种新的异质性成分嵌入到原有的社会政治结构（主要指既有的权力结构和既有的意识形态话语）中，通过它激活或改造原有社会政治结构的某些功能，并通过不断完善、改进和扩展，从而逐步实现整个结构的更新"。[1] 这种制度变迁模型之所以成功，主要是它是由政府主导的，是可控的，而且大大激活既有制度要素的活力，并在不断地制度化与扩散中得到巩固。

后来，这种"嵌入式发展"模型进一步细化了，认为基层协商民主的制度化过程高度依赖于地方治理体制的整合能力和适应程度，因此构建了一个基于体制自主性、科层惯性与机构动力三个层面的"地方治理体制整合度"分析框架。这种框架的解释力在于它将体制自主性、科层惯性与机构动力三者的张力与博弈呈现出来了，因此中国场域内的基层协商民主在制度化阶段都将面临如何对"地方政治体制持续而强势的整合"的共同问题。[2]

五 小结

通过梳理近20年来温岭民主恳谈会的制度演进与知识增长，依然同意2010年学者那句感叹"仅就一项活动所产生的学术文献而言，温岭的'民主恳谈'活动就已经创造了一项奇迹"[3]。有学者提出"温岭不是孤独者"，温岭民主恳谈的丰富实践展示了生长

---

[1] 谈火生：《协商民主：西方学界的争论及其对中国的影响》，《中国党政干部论坛》2013年第7期。
[2] 林雪霏：《当地方治理体制遇到协商民主——基于温岭"民主恳谈"制度的长时段演化研究》，《公共管理学报》2017年第1期。
[3] 何俊志：《权力、观念与治理技术的接合：温岭"民主恳谈会"模式的生长机制》，《南京社会科学》2010年第9期。

在中国乡村场域的协商民主实践。① 可观察的经验是,协商民主理论引进之后很快就进入了实践领域,可以说,理论的引进工作和实践领域的试验几乎是同步展开的。② 其在知识增长方面的成绩是令人瞩目的,可以说是已经提出来一些有价值的学术概念与学术问题,提供了一些不同于西方学术概念的解释体系,积极构建中国特色的理论概念和学术话语体系。

这些学术努力不仅体现在紧紧围绕中国本土化的经验、立场和问题意识,而且积极展开了与西方协商民主理论的对话。尤其是随着协商民主理论的不断引入,这种对话以及在对话中树立自身形象也越来越多。首先从寻求中西方问题意识相似性与技术的工具化与科学化入手,提出中国民主发展道路的"特色论"。如果"特色论"为中国协商民主理论创立了一席之地,"优势论"则展现了中国学者的理论自信和学术雄心,甚至提出协商民主建设方面"中国有可能真的超越西方"。学者的这种自信与雄心没有停留在口号上,这么多年来,一项持续的工作就是在对话中构建中国协商民主的理论框架。例如围绕协商民主的一系列基本问题,如"协商与决策""代表与协商"和"协商绩效"等,积极构建本土化的知识图式。同样鼓舞人心的是温岭民主恳谈研究在推进制度变迁理论方面也有积极的努力,例如"嵌入式发展"和"地方治理体制整合度"等。

这种梳理也展现中国本土化理论增长的一些重要特征,例如一直保持着理论和实践之间的积极互动,以及政府、学者、媒体与社会之间的积极互动。其中,政府是民主恳谈会制度发展的主要推动者,而且这个推进过程中,政府创造了各种平台途径,促使学者、媒体与社会的介入和发挥作用,积极咨询于学者,广泛宣传于媒

---

① 陈朋:《国家与社会合力互动下的乡村协商民主实践——温岭案例分析》,上海人民出版社 2012 年版,第 398 页。

② 谈火生:《协商民主在中国:一个知识社会学的考察》,载阎孟伟主编《协商民主:当代民主政治发展的新路向》,人民出版社 2014 年版,第 345—363 页。

体，吸纳民智，听取民意，更加有效地使一些先进理念、协商民主技术和社会科学方法引入与整合进民主恳谈的制度安排中。学者们也积极主动地参与了这个伟大实践，不仅亲自去进行各种制度实验，而且通过学术研讨会和在学术期刊组织专栏文章来推动这项研究。

协商民主理论在最近十多年的经验转向、制度转向和民主转向告诉我们，只有保持理论与实践之间的良性互动，在进行理论建构时对实践经验保持高度的敏感，理论的创新才有源头活水，不断丰富和发展社会主义协商民主理论体系的目标才有可能实现，理论自信才能水到渠成；与此同时，在关注经验事实时保持高度的理论自觉，才能用理论指导实践，推动实践不断向前发展。这一方面要求我们对本土的协商民主实践进行提炼总结，对传统的协商资源进行发掘；另一方面也要求我们积极借鉴域外经验，包括印度、拉美、阿拉伯世界的协商民主经验，并借助社会科学方法开展协商民主实验，不断深化对协商民主的认识，为协商民主建设提供理论支撑，推动我国协商民主实践的发展，同时，积极参与国际学术对话，共同推动协商民主理论的创新。

当前协商民主建设不仅是官方主流的政治话语，学术界的显学，而且已经成为中国政治发展的一项重要组成部分。尤其是2015年中国出台了《关于加强社会主义协商民主建设的意见》，明确提出了大力发展政党协商、政府协商、政协协商、人大协商、人民团体协商、基层协商和社会组织协商七大协商渠道。2017年党的十九大提出"协商民主是党的领导的重要方式"，更是凸显官方对协商民主的重视。随着协商民主制度建设全面铺开，越来越重视协商制度与技术的科学设计。在这种背景下，首先肯定的是温岭民主恳谈会这么多年积累的知识增长是可以为中国协商民主建设提供很好的理论贡献的，但也无法忽视的是现有的理论供给与经验的理论需求相比还是有较大的距离的。这要求温岭民主恳谈研究，一是能够去地方化而归纳出一些更具有广泛适用性的基层协商民主制度与技术设计；二是能够探索出基层协商民主制度如何实现常态化制度化的一套有效的机制；三是在继续加强国际对话与学界对话中激发与贡献出更有效的制度创新与更加前沿的学术研究。

改革开放以来地方政府绩效管理的探索及理论贡献

——杭州实践的回顾

王　柳[*]

全世界各地的政府都面临着治理绩效的压力，需要不断创新地方治理，提高地方政府治理能力，有效回应公众期待，实现经济社会高效率地协调发展。而通过对地方政府治理绩效的评估，推进治理问题改进和绩效提升，则是提高地方政府治理能力的重要环节。党中央国务院对政府绩效管理问题高度重视，把它视为深化行政管理体制改革的重要内容和转变政府职能的必然要求，并在历次党的代表大会和中央全会的决议中，对绩效管理的提法经历了"绩效评价""绩效管理""全面绩效管理"三个阶段的演变。[①] 在地方实践上，现代意义的组织绩效评估起步于改革开

---

[*] 王柳，女，中共杭州市委党校公共管理教研部，教授，博士。
① 曹堂哲：《国家治理新形态：全面实施绩效管理》，《中国社会科学报》2017年11月28日第6版。

放初期的80年代中期①，随之在西方政府绩效评估理论和实践的影响下，在中国政府施政理念和治理模式转变的环境中，经历了传统的目标责任制和效能检查，向多类型、多方法绩效评估的发展，并在持续活跃的地方政府绩效管理实践中形成了各具特色的多元地方模式。② 而与此同时，政府绩效管理也成了公共行政领域炙热的议题，形成了丰富的研究成果。党的十九大报告提出"全面实施绩效管理"，意味着政府绩效管理不仅是新时代国家治理体系和治理能力现代化的重要内容，也是探索国家治理有效性和科学性的重要手段。回顾和反思改革开放以来地方政府绩效管理实践的探索和理论的发展，是在新的时代背景下对国家治理体系和治理能力现代化的有力回应和动态完善。

浙江是改革开放的先行地，而且不断先行先试，始终走在前列，政府绩效管理领域也是如此，形成了具有影响力的绩效管理的杭州模式。2011年杭州被国家监察部确定为全国绩效管理试点地区，2012年杭州市考评办申报的"公民导向的杭州综合考评"获得第六届"中国地方政府创新奖"提名奖，2016年1月1日《杭州市绩效管理条例》实施，标志着杭州在政府绩效管理法制化建设方面走在了全国前列。杭州卓有成效的持续性的政府绩效管理探索，既是鲜活的地方治理创新，也是实践和理论对话的肥沃土壤，本文借由杭州实践，回顾了改革开放40年来地方政府绩效管理的创新和探索，梳理了政府绩效管理研究的脉络与趋势，并在理论和实践的对话中对新时代政府绩效管理研究的使命作出理论的回应。

---

① 周志忍：《公共组织绩效评估：中国实践的回顾与反思》，《兰州大学学报》（社会科学版）2007年第1期。

② 蓝志勇、胡税根：《中国政府绩效评估：理论与实践》，《政治学研究》2008年第3期。

一 中国地方政府绩效管理研究：本土化的理论自觉

改革开放以后，中国的社会科学研究逐渐恢复和发展。公共行政学自20世纪80年代中期重建，通过众多行政学者的不懈努力，研究取得了长足进步。[①] 这是一个系统引进和学习西方公共管理学科的40年，也是回应中国管理实践、推动中国改革的40年。在这个过程中，如何从简单学习和传递西方理论和思想，转移到关注本土、研究本土、解决本土问题，并创立自主、内生和独特的思想、理论和话语体系，[②] 成为一个越来越清晰而重要的命题。而这个过程面临双重难题，中国公共行政需要在国家治理体系现代化这一宏观思路的指导下，突破管理机制和管理工具层面的思维限制，重新将目光转向国家治理层面的重大问题，重新关注经济、社会和技术变迁对国家治理的影响，重新引入更为广阔的视野和更加社会性的思维结构似乎已是公共管理研究的唯一出路。[③]

政府绩效管理研究同样也面临着这样的理论困惑，也需要这样的理论自觉。现代意义上的政府绩效管理研究始于90年代中期，迄今为止大致经历了初步探索（1994—1999），研究的拓展（2000—2003），研究的细化、系统和创新（2004年至今）这三个发展阶段。[④] 2004年以后的研究也有了分化，文献研究表明，西方国家政府绩效管理理论和经验介绍、政府绩效管理价值议题研究呈

---

① 何艳玲：《"我们在做什么样的研究"：中国行政学研究评述》，《公共管理研究》2007年第5期。
② 蓝志勇：《中国公共行政学本土化研究的再思考——兼评两篇文章》，《公共管理学报》2017年第7期。
③ 薛澜、张帆：《公共管理学科话语体系的本土化建构：反思与展望》，《学海》2018年第1期。
④ 蓝志勇、胡税根：《中国政府绩效评估：理论与实践》，《政治学研究》2008年第3期。

下降趋势，总结我国政府绩效管理实践、反思我国政府绩效管理问题、探求政府绩效管理科学化等议题研究则呈上升趋势，并且日益成为学术界关注和研究的焦点议题。[1] 而对我国政府绩效管理问题的研究，也从就事论事地发现和讨论诸如工具选择、指标设计等操作性问题，以及评估"内向性""单向性""控制取向"等总括性问题，[2] 发展到为什么存在这些问题以及在什么背景下的问题的追问。其中一种重要的研究视角就是分析中西方政府绩效管理在制度背景、制度基础和实践逻辑上的差异，探究政府绩效的中国特征。

西方发达国家的政府绩效管理以"外部责任"为目标定位，通过上下级的平等对话和协商，建立以共识为基础的契约式管理，在评估结果利用上推崇诊断、发展（能力）和设计（改进方案）"三D模式"（Diagnosis, Development and Design）[3]，具有工具性、执行性和面向公众的特征[4]。相比较而言，源自目标责任制考核的中国政府绩效管理可归于"内部控制型"的目标定位，是解决执行力问题，更多地服务于科层等级控制[5]，是一种新型的计划式管理手段[6]，由此也带来了目标设定的自上而下、契约精神的缺失以及评估结果使用的负面惩罚导向等其他一系列特征[7]。

目前学界已经对这种差异性及其原因基本达成共识。西方政府

---

[1] 蔡立辉、吴旭红、包国宪：《政府绩效管理理论及其实践研究》，《学术研究》2013年第5期。

[2] 周志忍：《公共组织绩效评估中国实践的回顾与反思》，《兰州大学学报》（社会科学版）2007年第1期。

[3] 周志忍：《内部控制与外部责任：论政府绩效评估的目标定位》，《北京电子科技学院学报》2015年第3期。

[4] 高小平、盛科明、刘杰：《中国绩效管理的实践与理论》，《中国社会科学》2011年第4期。

[5] 周志忍：《内部控制与外部责任：论政府绩效评估的目标定位》，《北京电子科技学院学报》2015年第3期。

[6] 倪星：《反思中国政府绩效评估实践》，《中山大学学报》2008年第3期。

[7] 周志忍：《内部控制与外部责任：论政府绩效评估的目标定位》，《北京电子科技学院学报》2015年第3期。

绩效管理是在20世纪70年代经济危机带来政府财政危机、信任危机的背景下，在科学技术发展、企业管理创新卓有成效的宏观环境中，为克服与工业社会相适应的传统公共行政体制的弊端而给出的"管理主义"的方案。同时，政治与行政二分的思想、成熟的官僚功绩制和代议制民主，形成了稳定而良好的内外部主体之间的关系，为分权管理、绩效契约、个人责任、顾客至上、结果导向的绩效管理的转型奠定了良好的制度基础。而中国独特的压力性体制无法建构基于充分授权的内部市场契约关系，基于科层的命令——服从的内部关系让个人责任和结果导向的原则因下级政府和官员自主权的有限而无法落实，法治化不足让政府内部权力和资源的配置存在较大自由裁量空间，事权配置失衡。[①] 中国力图建立科学、理性、规范、法治的适应社会主义市场经济体制的行政管理体制和体现科学发展观、政绩观的政府绩效评估体系，推进政府管理规范化和现代化。在体制改革正在进行的大背景下，中国政府绩效管理承载着体制性、机制性和面向政府的改革使命，具有创设性政府绩效管理模式的特征。[②] 在科层化与去科层化、面向科层的程序规则导向与以公民为依归的结果导向、工具导向的管理技术优化与体制机制导向的治理绩效提升等多任务兼顾与并存的复杂背景下，中国政府绩效管理需要研究当下中国行政体制的特征，正视政绩考核传统的影响，准确把握西方政府绩效管理理论的本质和实践的精髓，不断探索政府绩效管理研究的本土化道路。

绩效管理研究的本土化已经呼吁了十多年，迄今依然停留在原则和目标的层次上，[③] 从2008年中央正式提出推行绩效管理和行政问责制到现在已近10年时间，中央层面尚未出台规范性指导文件，

[①] 高小平、盛科明、刘杰：《中国绩效管理的实践与理论》，《中国社会科学》2011年第4期；倪星：《反思中国政府绩效评估实践》，《中山大学学报》2008年第3期。
[②] 高小平、盛科明、刘杰：《中国绩效管理的实践与理论》，《中国社会科学》2011年第4期。
[③] 周志忍：《我国政府绩效管理研究的回顾与反思》，《公共行政评论》2009年第1期。

导致地方实践五花八门。① 中国政府绩效管理的发展呈现出自下而上的特征,多元化的地方实践对理论研究而言也是一种机会。通过丰富的地方治理研究个案,发展出自己的分析和解释框架,努力构建地方政府治理的本土理论,初步形成中国地方政府绩效研究的基本范式。②

二 地方政府绩效管理的创新与实践: 杭州的个案

20世纪80年代中期以来,中国地方政府绩效评估经历了数十年的创新和发展,形成了各具特色的地方模式,杭州就是其中之一。杭州市的政府绩效管理起步于1992年,一直持续至今,从内部封闭的目标责任制考核到开放的满意度评选,再到多元评价主体的综合考评体系,从目标控制到公众评议,再到创新创优激励,从部门考核到区县(市)考核,杭州市政府绩效管理完成了体制、机制和制度的创新,其实质是从封闭式政府管理逐步向多元化政府治理的转变,是中国地方政府治理从传统走向现代的一个缩影。③ 杭州市政府绩效评估主要经历了三次跨越[④]:

一是从机关目标责任制考核向满意不满意单位评选的跨越。1992年,在邓小平南方谈话的背景下,为了把推进机关工作与调动机关工作人员的工作积极性有效地结合起来,杭州市在市级机关范围内开始推行目标责任制,1998年提出进一步优化的目标考核办

---

① 周志忍:《从运作角度审视国家治理现代化》,《中国机构改革与管理》2018年第1期。
② 倪星:《中国地方政府治理绩效评估研究的发展方向》,《政治学研究》2007年第4期。
③ 伍彬:《政府绩效管理:理论和实践的双重变奏》,北京大学出版社2017年版,第71页。
④ 伍彬:《中国地方政府绩效管理中的民意价值和治理创新——以杭州综合考评为例》,杭州考评网,2014b,6月11日伍彬在奥地利维也纳大学的演讲;伍彬:《政府绩效管理:理论和实践的双重变奏》,北京大学出版社2017年版,第71—118页。

法，目标考核基本成形。2000年，市委、市政府在全国率先推出"满意单位和不满意单位"评选活动，以根治门难进、脸难看、话难听、事难办机关"四难"综合征，转变机关作风。这一时期，满意评选活动和原市直单位目标责任制考核双轨并行。

二是从满意不满意单位评选向综合考评的跨越。2005年，市委、市政府决定将目标责任制考核与满意评选（社会评价）进一步结合，同时增设领导考评，对市直单位实行综合考核评价，形成了"三位一体"的综合考评。2006年8月，全国首家正局级常设考评机构——杭州市综合考评委员会办公室正式成立，标志着杭州综合考评走向制度化、规范化、专业化。

三是从综合考评向绩效管理的跨越。2007年以来，杭州综合考评积极探索绩效管理新路径，不断完善绩效指标体系，深化社会评价，推进创新创优，增强诊断治理功能，强化绩效管理，促进目标管理由任务型目标责任制考核向功能型绩效管理转变。2011年6月，杭州市被列为全国政府绩效管理试点城市，市考评办也于2012年8月增挂"杭州市绩效管理委员会办公室"牌子，履行综合考评、效能建设、绩效管理新的"三位一体"职能。2016年1月1日，《杭州市绩效管理条例》实施，进一步推动政府绩效管理工作的制度化。

杭州市的政府绩效管理是中国地方政府绩效评估的一个典范，在体系上包含目标考核、领导考评、社会评价、创新创优，基本涵盖了目前地方政府绩效评估的主要形式，在发展节点上，紧跟早期政府绩效评估发展的关键阶段，取得了显著的成效，并在形式多样性与评估内容趋同并存、评估过程逐步开放性与评估结果使用内向性并存，以及绩效评估的专业化与评估承载使命综合性并存的大环境下，走出了一条持续发展的地方政府治理创新道路。

从对象上而言，杭州综合考评体系分为两部分，一是市直机关综合考评，二是区、县（市）综合考评，前者是一级政府对本级政府部门的综合考评，后者是一级政府对下一级政府的综合考评，两者在考评体系的设置上基本一致，都包含了目标考核、领导考评、社会评价和创新创优（特色创新）的四大板块考核内容，可称为"3+1"模式的综合考评体系，区别的是四部分考核内容的权重略有不同。本文主要讨论市直单位综合考评①，下文所讨论的和行文表述的杭州综合考评（绩效管理/绩效评估）均指向杭州市直单位综合考评。

对杭州市的政府绩效管理的梳理沿着两条线索进行。一是绩效评估体系，即"3+1"综合考评体系的内容及实施；二是绩效评估结果使用，即评估产生的信息如何使用。完整意义上的绩效评估应用包括评估的采用（adoption）和评估的落实（implementation）两个阶段，前者指建立绩效评估体系，后者指真正地使用评估产生的信息，将评估获得的知识转化为行动。② 杭州市的政府绩效管理也正是在这两条线索交织之下呈现出在绩效评估不断科学化的基础上从绩效评估走向绩效管理的过程。

（一）绩效评估的采用（adoption）："3+1"综合考评体系及演化

杭州市的"3+1"综合考评体系包括目标考核、领导考评、社会评价和创新创优四大板块内容。本文讨论目标考核、社会评价、创新创优的制度及其演化。

---

① 讨论市直单位综合考评基于以下理由：第一，市直单位综合考评的历史沿革更悠久，更能反映绩效评估体系的演进脉络；第二，部门绩效评估的研究更具有空间。目前的绩效评估研究多着眼于对地方政府整体绩效评估的总结、梳理和分析，但是对于政府所属部门的绩效评估的相关研究尚处于探索阶段。

② Lancer Julnes, P. & Holzer, M., "Promoting the Utilization of Performance Measures in Public Organizations: An Emprical Study of Factors Affecting Adoption and Implementation", *Public Administration Review*, 2001, 61 (6): 693 - 708.

1. 不断精细化和复杂化的目标考核

第一,目标考核体系复杂化。

目标体系不断膨胀,考核内容越来越复杂。从体现战略导向的市委、市政府确立的目标、职责导向的工作目标,发展出体现开拓性和创造性的创新创优目标;从部门自身的单一目标发展到部门协作的综合性目标;从工作目标拓展为目标管理责任的目标;一般性目标上叠加专项目标,综合考核体系努力平衡着、消化着各种性质的目标。纳入目标责任制考核的工作目标越来越多,分类越来越细,说明拥有具体考评实施权的单位越来越多,希望借由考评的"指挥棒"激励工作任务越来越多,综合考评体系对部门的渗透和影响不断加大。

第二,目标管理项目化。

目标管理项目化是指以专项目标的方式实施目标考核,而专项目标来自市委、市政府的年度中心工作和重点工作,市级机关一般性的职能工作通常不列入目标考核范围。专项目标通常由工作牵头单位制定考核办法,经申报审核后,纳入年度综合考评目标管理。分析考评方案中的指标性质,专项目标在市直单位目标体系中占主导。(见表1)

表1　　　杭州市直单位目标绩效考核指标体系的性质

指标类型	绩效目标			工作目标			
分项指标	关键指标	职能指标	通用指标	重点工作目标	专项协作目标	诉求回应目标	自身建设目标
是否专项目标			√	√	√	√	√

资料来源:《杭州市市直单位综合考评专项目标管理办法(试行)》,杭考评办〔2014〕11号。

2013年度的考评进一步凸显了市委、市政府重点工作这一考评焦点，对五项专项目标实行分类管理，区分重点专项目标和一般专项目标，将原先的"重点工作目标"列为重点专项目标，有加分激励，并增设重点工作单项奖，按照"有奖有罚"的原则实施奖惩。这是第一次以单项奖的方式实施的奖惩。

目标管理项目化的目的在于让考评体系重点突出，更加体现上级和领导的意图，指标体系具有调整的便捷性，让量化控制和管理更为简便和有效。但是也导致了部门目标的碎片化、不稳定，以及部门职责本位的淡化和无意识。因此，2011年杭州作为全国绩效管理试点城市后，综合考评方案做了较大调整，其中一个导向就突出职责导向，设定职责目标。这是目标管理走向绩效管理的重要方向。

第三，传统的目标责任制考核逐步向现代意义上的绩效管理转型。

一是目标考核中的绩效测度不断扩大。在建立综合考评体系之后，杭州逐渐对创新目标（2006年度）、创新创优目标（2007年度）、十大为民办实事项目（2007年度）、市直单位目标（2009年度）[①] 进行绩效考核，以推进各部门高质量、高标准完成工作目标。2011年杭州被确定为全国绩效管理试点城市后，第一次完整地提出了"绩效指标"的指标维度，在考核维度上第一次区分了"实现程度"和"绩效测度"两个维度。"实现程度"是指目标（指标）实际完成情况与设定目标（指标）内容之间的比较，通过进度、工作量、覆盖面等反映，按实际完成百分比赋分；"绩效测度"则反映达成目标（指标）的工作质量、成果运用及效益性、满意度，通过电话访问、问卷调查、专家评估等方式进行第三方测评。显而易

---

① 当年由市考评办直属的绩效评估中心牵头，对7项社会关注度高、直接关系民生的目标任务进行了绩效测评。

见,"实现程度"的测量重在目标是否完成,是产出指标的测量;而"绩效测度"则是衡量任务目标的结果和效益,是结果指标的测量。

目标考核中实施绩效测度体现了考评体系从底线管理向优化取向转变的理念、效率向效益原则拓展的趋势,推动传统考核办法向现代意义上的信息化、计量化的绩效评估方法的迈进。

二是注重绩效反馈和整改。绩效管理是一个包括了绩效计划拟定、绩效计划实施、绩效评估、绩效反馈与绩效改进等环节在内的、完整的螺旋式循环过程。[①] 杭州综合考评立足于"发现问题、共同寻找解决问题的方案",在绩效反馈和绩效改进上进行了许多探索。如,建立目标管理绩效动态发布制度,以"绩效卡"的形式,全面反映目标完成进展情况及绩效改进信息;建立"绩效信息库",以《绩效改进通知书》的形式向责任单位通报有关问题;开展年度工作目标抽查测评,形成专项测评报告;组建绩效信息员队伍,定期编发《社情民意与绩效信息》等。而将当年民意诉求整改纳入次年目标考核可以说是绩效反馈最大的亮点,当年的社会评价意见成为次年考核目标之一,形成"评价—整改—再评价"的闭环路径。这是综合考评"评价—整改—反馈"工作机制的核心环节,体现以"改进工作绩效、有效解决问题"为出发点的绩效改进机制。

三是不断推动目标过程管理的刚性。杭州市绩效目标制定的程序是一个"申报—审核—反馈—共识—下达"上下结合的过程,并且通过《杭州市市直单位综合考评专项目标管理办法(试行)》(考评办〔2014〕11号)对专项目标的牵头单位做了责任的界定。而且,将目标管理纳入考核,对目标制定、过程管理、完成情况分

[①] 蔡立辉、吴旭红、包国宪:《政府绩效管理理论及其实践研究》,《学术研究》2013年第5期。

别赋予一定的考核分值，强化目标组织管理和督察责任。尤其在《杭州市绩效管理条例》实施后，绩效管理委员会、绩效管理机构、绩效管理相关部门、绩效责任单位等主体的职责和工作关系得以制度化，前期编制绩效管理规划—制定年度绩效目标—过程的日常监控—"3+1"综合考评—结果反馈—绩效改进—绩效问责的闭合工作流程得以制度化。绩效管理规划编制是在国内无先例可循的情况下的创新。绩效管理规划是指绩效责任单位根据本单位的职责、本地区（行业）的经济社会发展五年规划、本单位的五年工作规划，制定一个绩效周期内（一般为5年）的专项管理规划。年度绩效目标则根据绩效管理规划和年度重点工作计划加以制订。绩效管理规划是一种有效的前置控制手段，是绩效管理的首要环节，力图推进目标考核的职责导向以及目标管理的刚性化。

2. 不断精细化和专业化的社会评价[①]

公民导向是杭州绩效评估的特色之一，自2000年全国首创对市直机关开展"满意单位和不满意单位"评选以来，杭州市综合考评一直坚持"让人民评判、让人民满意"的核心价值观，积极推动公众参与的绩效评估，凸显绩效评估的民意价值，社会评价的内容、方式、机制逐步完善。公众参与绩效评估的渠道和方式是多元的，主要是一年一度的社会评价，即按比例随机抽取市民、企业职工、市党代表、市人大代表、市政协委员、区县（市）领导代表、区县（市）机关代表、社会组织代表、社会监督代表九大层面投票人员，对市直单位进行满意度评价。除此之外，还包括在绩效评估过程中体现民意价值的各个工作程序，如重大项目或公众关注的热点工作的满意度测评、杭州考评网的网上评议等。

第一，不断扩大评价主体的覆盖面和代表性，提升社会评价的

---

① 参见王柳《参与式绩效问责的运行机制及成效——基于杭州市政府绩效评估的研究》，《杭州市委党校学报》2017年第3期。

民主性。

从2000年第一次满意评选到2016年共17次的社会评价中，评价主体的调整和变化呈现出以下几个特点：一是市民代表的覆盖面不断扩大，逐步吸收了外来务工人员（2007年）、农村居民（2010年）；二是组织化的社会主体力量不断增强，涵盖专家学者、行风评议员、绩效信息员以及新闻媒体（2011年），以及社会组织代表（2003、2011年）；三是充分体现面向基层、面向群众的特征，逐渐扩大区县（市）乡镇街道社区居委会的投票层面。在社会评价九个层面的评价主体中，市民代表的样本数最大，其次是企业代表。

第二，积极探索"知情人评知情事"的评价方法，提高社会评价的公平性。

"知情人评知情事"是让合适的人评合适的对象，是一个优化评价双方主体的过程。

一是考评对象分类日益科学。杭州综合考评不断对考评对象的分类进行适当调整，目前，将参加满意度评价的单位分为社会服务多的政府部门、社会服务较多的政府部门、社会服务相对较少的政府部门及其他单位、党群部门。而且，从2003年开始，对上述四个类型的考评单位分别设置差异性的难度系数，承认单位之间在社会服务性质、服务对象上的差异性，从而解决评估结果的可比性问题。

二是设置差别权重，不同的评价层面对不同的评价对象有不同权重。即，不同评价层面对同一类型的评价单位的分值权重不一样，同一个评价层面对四个不同类型的评价单位的分值权重也不一样。在九个评价层面中，市民代表的分值权重最大。

三是不断提高评价内容的公众贴近性和可理解性。第一次满意评选时设置的评价指标有很多内容属于行政体系内部管理问题，如"大局观念""特事特办、急事急办、重事重办的落实情况"。2005

年建立综合考评体系后调整为"服务态度和工作效率、办事公正和廉洁自律、工作实效和社会影响"三类公众感知度高的指标。同时，在年度社会评价期间，通过杭州市考评网、《杭州日报》、杭州市市民中心的综合考评展示厅等平台推进政府部门主要工作职能公开。而且，从2004年开始试行工作职能"晒亮点"、绩效目标"晒清单"，即对当年最突出的工作业绩和绩效目标具体完成情况作公示。由笼统的职责说明到具体工作成果的细节呈现，这增加了社会评价的客观性和有效性，也提高了社会监督政府部门职能履行的力度。

第三，从一般性问题的社会评价逐步升级到针对具体问题的专项社会评价，提高社会评价的针对性。

杭州综合考评充分认识到社会评价作为一种印象评价和主观评价所固有的缺陷，不断推动一般性的评价走向针对具体工作的评价。方式一是在目标责任制考核体系中设置专项目标并实施满意度评价。方式二是从2012年开始在年度社会评价中开展专项评价，一事一评，再根据评价结果对工作关联单位予以赋分，计入相关单位社会评价总分。方式三是通过"公述民评"面对面问政聚焦问题。向社会征集问政主题，市直单位"一把手"以及相关城区政府分管领导担任活动嘉宾，开展现场问政，并电视直播，同时将问政结果与社会评价整改工作结合起来。

第四，通过"评价—整改—反馈"机制，不断提高社会评价的渗透性。[①]

绩效评估的"评价—整改—反馈"工作机制被称为"杭州滚动式绩效管理的最大特色"[②]，是地方政府绩效管理中的民意价值

[①] 关于绩效整改的杭州实践见王柳《基于绩效整改的绩效问责机制及其优化》，《中共浙江省委党校学报》2017年第3期。

[②] 伍彬：《综合考评与绩效管理》，人民出版社2012年版，第155页。

和治理创新的突出表现。市考评办对各类意见和建议做系统的分析、归纳和整理，并将意见和建议反馈给相关的责任部门，各单位据此制订年度整改目标和工作计划，并向社会公示，最后对完成情况进行公众满意度测评。除了部门主导的目标整改，从2012年开始实施考评办跟踪督办社会评价意见整改，2016年将"公述民评"面对面问政的问题和意见也作为社会评价意见整改的一部分。

3. 创新创优机制提升政府绩效

对单位而言，目标考核和社会评价更多的是一种自上而下的压力机制，创新创优评估则是各单位展现亮点的自选动作；对杭州市委、市政府而言，目标考核和社会评价更多的是对单位的约束性机制，创新创优评估更多的是激励性机制，鼓励各单位积极探索，解决经济社会发展和社会公众反映的突出矛盾与深层次问题，不断推进治理创新、提升治理绩效。基于以上的考虑，杭州综合考评在2006年增设"创新项目绩效考核"，将全国全省率先推行的具有改革性、创造性的工作理念、体制机制、方法手段等以及由此取得的成果作为加分项目，实施绩效考核。之后，在创新目标内涵中逐步增加创优[1]和克难攻坚[2]，形成三种创新创优项目类型。经过几年的完善，杭州市已经形成了政府创新管理的框架。[3]

第一，创新激励的设计。

政府部门往往缺乏创新意识和创新动力，在综合考评中加入创

---

[1] 创优指的是市直单位在全国、全省范围内取得的一流业绩，并获得国家或省委、省政府综合性表彰奖励的成果。

[2] 克难攻坚目标旨在鼓励市直单位针对长期困扰、社会公众反映多年的突出问题和深层次矛盾，以及面对新情况、新问题积极采取的有效对策措施。

[3] 以下内容见伍彬、陈国权《创新型政府：杭州的探索与实践》，浙江大学出版社2014年版，第51—55页。

新目标绩效考核，其制度逻辑就是要改变传统政府组织的"惰性"，形成一种良好的组织创新氛围。

第二，创新目标的设定。

在杭州市创新目标绩效考核中，三个方面的合力将政府创新目标的设定引导到一个合理的方向：一是注重公民导向的综合考评促使政府创新首先需要回应公众需求。二是专家对创新目标的事前评审有效地降低了出现无效创新的风险。各个单位申报创新目标需填写《杭州市市直单位创新创优目标申报表》，包括申报项目类型、项目实施背景和工作思路、项目创新点、预期成本投入、项目受益群体和预期效益等内容，并附具体的实施方案。根据目标是否符合本单位主要工作职能，符合创新创优目标基本原则和要求，有利于贯彻落实科学发展观和市委、市政府重大决策部署，有利于便民、利民、造福老百姓，有利于提高机关工作水平和绩效，具有必要性、可行性、突破性等要求，专家评审淘汰三分之一的申报项目。三是创新选题目录的编制为各个政府部门设定创新目标提供了指南。2012年，杭州市考评办拟定《杭州市政府创新指南》，编制《杭州市政府创新选题目录》，为部门提供多个创新方向。

第三，创新绩效的评估。

创新绩效评估主要由两块内容构成：一是市考评办组织基础性、程序性的检查与审核；二是专家绩效评估。专家评估是创新目标绩效考核的重要环节，参与评估的专家从绩效评估专家库中随机抽取产生，对目标组织实施的综合性、复杂性等难易程度，创新创优程度，目标实施的成本投入（资金、人力及相关资源的支配和调用）、效益产出（目标完成后取得的实际成效和可预期效益），目标实施后直接受益面和对杭州经济社会发展所起的作用和贡献度，以及目标产生影响大小和在全国推广示范效应等情况进行评估。专家绩效评估分为试评估、预评估和现场评估。现场评估采取听取陈述或查看评估材料、现场提问、专家独立打分、当场公布评估结果等程序与方式进行。为进一步增加综合考评的透明度，从2012年起，专家评估会实行了视频观摩程序。

避免"为创新而创新"的现象，以及部门竞争导致的多单位、跨部门的联合创新、协同创新少的现象，2013年，创新创优由原来的"参与加分制"改为好中选优的"竞赛制+淘汰制"，按照"自愿申报、绩效评估、好中选优"的原则实施考核激励。一是实施两轮评估。首轮按项目领域进行专业评审，淘汰20%的项目（30%的权重）；第二轮组织专家进行综合评估（70%的权重）。二是实行好中选优。综合两轮绩效评估结果，评出创新奖、创新提名奖和创新鼓励奖各10名，在综合考评中分别给予0.8分、0.5分、0.3分的加分激励。

加分后如晋档的，不挤占综合考评已进入先进以上档次单位的名额。评估赛制的改革，把创新得分从综合考评"排位定档"中剥离出来，市直单位做好本职工作也能"论英雄"，这在一定程度上减少了"为创新而创新"的现象；同时，通过竞争性的评估，鼓励和引导务实创新，让真正好的创新项目脱颖而出。三是更加注重协同导向。对选自《杭州市政府创新选题目录》的联合申报项目，牵头单位、配合单位均按实际评估结果全额赋分，激励各单位围绕中心工作和难点问题，对覆盖面广、实施难度大、需多部门合力攻坚的重大项目，积极主动开展联合创新，形成"1+1>2"的创新效应。

总之，杭州市政府绩效管理中的创新评估推行有价值的创新，避免为创新而创新，并且在整个过程中，充分发挥专家的作用，知识的影响力制度化。在治理体制上，以评估促部门协同，提高整体性治理绩效。

（二）绩效评估的落实（implementation）：评估结果的使用

评估结果有两种表现，一是综合考评的最终结果，二是各个单项考核评价的结果，如目标责任制考核的结果、社会评价的评议结果等。同时，对评估结果的分析可以依据两个维度展开，一是考评结果的评定，即，考评结果如何形成可以施以奖励惩罚的等级；二是考评结果的应用，即，处于不同等级的市直单位为各自的考评结果承担了什么样的后果。

1. 考评结果的评定：不断扩大的正向激励

最终考评结果的评定基本遵循以下四个原则："淘汰制＋达标线"、综合考评单位和非综合考评单位分别排序、按比例动态确定各等级单位数量、与"一票否决制"工作挂钩。需要说明的是"淘汰制＋达标线"这个规则。2000年开始的满意评选实行"末位淘汰制"，2003年改为"淘汰制＋达标线"，即，排名末位且综合得分又低于达标线的才被评定为"不满意单位"，此规则延续至今。达标线的具体数字是综合考评根据以往的得分情况反复模拟测算后确定的，达标线的确定原则就是抓住"达标制和淘汰制相结合"这个内核不变[1]，既不能造成压力太大，又不能造成压力过小，结果评定主要在于更好地调动方方面面的积极性，不断提高群众的满意度和各项工作的水平[2]。结果评定原则自2003年开始由"淘汰制"转变为"淘汰制＋达标线"后，2003年和2004年依然出现不满意单位，从2005年开始，除了2008年市安监局因综合得分低于达标

---

[1] "让人民评判、让人民满意"和"淘汰制＋达标制"是满意评选的基本内核，是评选活动的生命力所在。放弃了"让人民评判、让人民满意"，评选活动就失去了意义；放弃了"淘汰制＋达标制"，评选活动就难以取得实效。见王国平《以先进性教育为动力增强前列意识争创满意单位——在全市加强机关效能建设争创人民满意单位总结大会上的讲话》，2005年4月5日。

[2] 伍彬：《综合考评与绩效管理》，人民出版社2012年版，第56页。

线成为不满意单位[①]，其余年度均没有产生不满意单位，这种现象持续至今。（表 2）

表 2　　　　　　2000—2014 年度不满意单位（未达标单位）情况

年份	不满意单位（未达标单位）
2000	市规划局、市土管局
2001	杭州日报报业集团、市房管局、市药品监督管理局
2002	市药品监督管理局、市城管执法局、市文联
2003	市规划局（综合得分低于达标线 72 分的末位单位）
2004	市城管办（综合得分低于达标线 70 分的末位单位）
2005—2007	—
2008	市安监局（综合得分低于达标线 84 分的末位单位）
2009 年至今	—

资料来源：根据历年考评结果整理。

从 2008 年开始，综合考评结果评定的原则出现了新的变化，当年设置了"进位显著奖"，奖励幅度最大的 5 家单位（非综合考评单位为 3 家）（已获得先进的不重复计奖），个别退位特别明显的要分析原因，向市委、市政府作出说明。"进位显著奖"的设置和"淘汰制+达标线"的原则具有异曲同工之妙，以激发部门工作积极性为主要目的。这种指导思想在后续的综合考评中继续生根发芽，陆续增设"政府服务质量奖"和"创新奖"（2011 年），"意见整改成效显著奖"（2012 年）、"重点工作项目单项奖"（2013 年）。

[①] 2008 年 11 月 15 日下午 3 时 20 分许，由中国中铁股份有限公司施工的杭州地铁一号线萧山湘湖站工地发生坍塌事故。事故造成约 10 人死亡，13 人失踪，20 余人受伤。"11·15"地铁事故引发了人民群众对安全生产问题的高度关注，2008 年社会评价中，有关安全生产的意见占各类意见总量的 4.69%，较上年度有明显增长。意见主要集中在地铁事故、大型工程车辆肇事和高空施工安全管理三个方面。这或许可以解释市安监局在当年的综合考评结果。见《2008 年度杭州市市直单位综合考评社会评价意见报告》。

综上，在考评结果评定的演化发展过程中，呈现出三个显著的特征：获奖单位的覆盖面不断扩大，奖项数量和种类不断增多，考评结果的评定以激励为主要导向，不仅增加奖励的奖项，而且降低末位淘汰单位的可能性，从而调动不同层面考评单位的工作积极性。

2. 考评结果的运用：明暗两条线

第一，明线：声誉、奖金、职位。

杭州综合考评结果运用的明线相对简单而稳定：优胜（满意/成绩显著）和先进单位由市委、市政府予以通报表彰并给予适当的物质奖励；未达标末位单位和非综合考评不合格单位，由市委、市政府予以通报，并扣发工作人员当年的年终奖，连续三年的不满意单位和不合格单位依照有关规定和干部管理权限，对其领导班子进行调整。这是一种声誉、奖金和职位激励的结果承担方式，是杭州综合考评结果运用的主要方式。这一运用结果的方式看上去是奖惩并举，但事实上，至今为止，连续三年不达标的情况从未出现，所以执行基本上以奖励为主。《杭州市绩效管理条例》对结果运用做了更加具体的规定。而且，《杭州市绩效管理条例》提出了"绩效问责"的概念，专门作了一章的论述[1]，这是重要的变化和亮点，在责任追究的工作层面上，将主管机关和监察机关纳入绩效管理组织体系，从而建立了绩效评估与行政问责、纪律处分相衔接的工作机制。

---

[1] 《杭州市绩效管理条例》（以下简称《条例》）对绩效问责的界定有双重含义：一是对绩效管理责任的追责，表现为绩效管理机构对绩效责任单位的扣分或者不合格评定，这是绩效管理机构过程管理的体现，以及主管机关和监察机关对于绩效管理人员因绩效管理工作中不当行为或者渎职失职行为的追责；二是对绩效责任的追责，表现为主管机关和检察机关对绩效不佳的主管人员和其他直接责任人员的追责。但是第二层含义的绩效问责含义又与《条例》第五章"结果运用"相交织，因为在结果运用上，《条例》也作出了对主管人员和其他直接责任人员从调离岗位到辞退的追责规定。因此，在笔者看来，《条例》对绩效问责作出了非常有价值的探索，但是在基本内涵和工作机制上依然需要进一步明确。

第二，暗线：公开、整改、服务决策。

一是公开。杭州综合考评的信息公开程度非常高，在信息公开方面做到了常态化和制度化。"杭州考评网"（www.hzkpb.gov.cn）是考评信息公开的主阵地，考评全过程的信息都可以在该网上方便地获取。陆续，通过《杭州日报》、"中国杭州"门户网站、"杭州考评网"等平台，将综合考评结果（2005年始）、《市直单位社会评价意见报告》（2008年始）、社会评价意见重点整改目标及完成（2008年始）公开化，2014年开始又完成工作职能"晒亮点"、绩效目标"晒清单"。

二是整改。将社会评价意见整理归纳，反馈给责任单位，推动整改目标制定和整改措施落实，并重新将整改结果公之于众，接受社会的再评价。这是继社会评价意见公开后进一步回应社会评价意见的举措，是对"公开"这一结果使用方式的推进，是社会评价意见的实质性使用。2012年，进一步深化对社会评价意见的回应，除了部门提出整改目标，考评办也推出跟踪督办整改目标，下达到相关牵头责任单位。

三是服务决策。绩效信息发挥辅助决策的作用最突出的表现就是社会评价意见的整理归纳和运用。来自社会的意见和建议不仅反馈给责任单位推动整改落实，还从中梳理出百姓普遍关心的问题，公布《社会评价意见报告》。《社会评价意见报告》成为一份反映城市公共治理的"民意白皮书"，作为市委、市政府制定公共政策和施政的重要依据。[1] 由此，综合考评为解决民生问题提供了一种有效的工作机制。最为典型的是"七难"问题的形成、演化和解决。

杭州市考评办在2001年社会评价意见梳理出人民群众普遍关

---

[1] 伍彬：《中国地方政府绩效管理中的民意价值和治理创新——以杭州综合考评为例》，杭州考评网，2014年，6月11日伍彬在奥地利维也纳大学的演讲。

心的四大问题：机关"门难进、脸难看、话难说、事难办"的"四难"综合征问题；困难群众生活和就业问题；"行路难、停车难"问题和城市卫生"脏乱差"问题。2002年的评选，发现上述四大问题仍然是热点难点问题，同时又归纳整理出另外三个问题，即"看病贵、药价高"，教育乱收费，房价逐年攀升、普通民众住房难。2007年以来，市委、市政府又陆续将食品药品安全、生态环境保护、物价、安全生产监管、垄断行业服务等问题纳入"七难"，形成"7+X"的"破七难"新框架。近年来，市委、市政府又根据社会评价意见，提出了惠民为民十大工程建设。"破七难"工作机制的形成和与时俱进的发展，成为杭州综合考评推动政府决策民主化，实现民主促民生的一个实践样本。①

三 地方政府绩效管理的制度逻辑及理论蕴涵

杭州市的政府绩效管理一直受到理论界的关注。余逊达②从民主的工作机制的角度，指出杭州以政府绩效评价和管理为中轴，逐渐形成一套以公民广泛、深入参与政府公共事务管理为基础的民主的工作制度；王雅君③从制度变迁的视角，讨论杭州绩效评估的管理改进功能以及信息博弈的影响；黄俊尧④从官僚控制的角度，分析"公众参与式"的杭州绩效评估所形成的官僚控

---

① "破七难"工作机制见伍彬《综合考评与绩效管理》，人民出版社2012年版，第245页；余逊达、黄天柱《加强执政能力建设的有益探索——杭州市解决"七难"问题的实践与思考》，《浙江社会科学》2004年第6期。

② 余逊达：《公民参与与公共民生问题的解决：对杭州实践的研究和思考》，《浙江社会科学》2010年第9期。

③ 王雅君：《政府绩效评估与地方政府管理——基于杭州政府绩效考评的样本》，《行政论坛》2012年第5期。

④ 参见黄俊尧《政府绩效评价、公众参与与官僚自主性——控制官僚的一项杭州实践》，中国社会科学出版社2014年版。

制模式及政治逻辑；曹伟[①]从创新管理的角度，研究了杭州综合考评中的创新创优考评机制；王柳[②]从绩效问责的角度，分析了杭州的社会评价和"评价—整改—反馈"的绩效整改机制的理论价值；杨雪冬[③]从国际因素介入地方治理的合法化机制的角度，以杭州市的绩效管理为案例分析了知识这一国际因素合法化的机制和载体。已有研究呈现了杭州市政府绩效管理的亮点及所蕴含的理论价值，然而，理论界对发展了二十多年未曾中断，并且依然处于可持续状态的地方政府绩效管理创新个案本身所具有的样本意义以及样本的整体性价值关注不够。杭州不断完善绩效管理的具体工作方法和制度，建构了独特的绩效管理的推进机制，又形成了突破管理工具层面的制度绩效，在有效治理和民主政治的维度上，产生了政治与管理双维的价值，同时也建构了控制和有效治理的激励约束机制。杭州的政府绩效管理丰富而又生动，蕴含着理论研究的巨大空间。

（一）"等级影子"之下形成的政府回应机制

绩效评估分为"内部控制"和"外部责任"两大类型，发达国家当代的绩效评估属于"外部责任型"，我国地方政府绩效评估更多体现了内部控制的特征。[④] 即使有公民参与，其可靠性、有效性在技术上受到诸如信息对称、信息公开、指标泛化、结果回应等

[①] 曹伟：《政府创新管理的制度建构：基于杭州实践的研究》，《中国行政管理》2014年第10期。

[②] 王柳：《参与式绩效问责的运行机制及成效——基于杭州市政府绩效评估的研究》，《杭州市委党校学报》2017年第3期；王柳：《基于绩效整改的绩效问责机制及其优化》，《中共浙江省委党校学报》2017年第3期。

[③] 杨雪冬：《国际因素、合法化机制与地方治理创新》，《当代中国政治研究报告》2017年第15期。

[④] 周志忍：《内部控制与外部责任：论政府绩效评估的目标定位》，《北京电子科技学院学报》2015年第3期。

制约①，总体上处于有限参与阶段②。地方政府发起的"参与式"绩效评价在实践中逐渐生发出一种以公众"制度化参与"为中心的控制官僚模式，标志着压力型官僚控制模式的一次转型。③

这样的研究结论反映了当前地方政府绩效管理的特征及其本质，但是没有捕捉到这种源于中国内生性的政治结构下的管理工具的溢出效应。从制度产生的背景看，杭州市的政府绩效管理就是服务于等级控制，包括从2000年开始的满意评选也是压力型体制的行政过程体现，是对目标责任制度所要传递的科层压力的强化和补充。在之后的发展中，这种内控型绩效评估的本质呈现不断强化的态势，表现为目标考核对中心工作的导向，以及叠加的考评方式、复杂的考评体系对部门的多重压力传递。然而这种叠加也客观上带来了作为内部评估的目标考核和作为外部评估的社会评价的融合和渗透，不仅仅是结果使用上的相互应用，更为重要的是内外评估主体的影响力在评估过程中的相互交叉，相互赋权。④

社会评价对于等级控制的价值在于"夹层"策略的应用，即，将行政官员置于高层的压力和底层公众的批评之间，把它作为缓和委托代理困境的方法。这就是2000年杭州启动满意评选的初衷，即通过解决干部态度问题来提高执行力，是把上级的政治目标内部化的过程。而之后，态度和作风评价向工作绩效评价的转移让社会评价进入了原本属于内部的目标考核过程，如，目标考核中的绩效考核；社会评价意见整改机制让公众分享了考核目标的选择权和定

---

① 王锡锌：《对"参与式"政府绩效评估制度的评估》，《行政法学研》2007年第1期。
② 周志忍：《政府绩效评估中的公民参与：我国的实践历程与前景》，《中国行政管理》2008年第1期。
③ 黄俊尧：《从"压力型考核"到"公众制度化参与"——地方政府绩效考评模式的转型与路径依赖》，《甘肃行政学院学报》2010年第4期。
④ 对这个观点的具体阐述见王柳《参与式绩效问责的运行机制及成效——基于杭州市政府绩效评估的研究》，《杭州市委党校学报》2017年第3期。

义权，公众据此也建立了与政府的双向信息沟通；常态化的社会评价意见梳理和公开，以此影响政府的政策议程，在评估结果的使用上最大化公众的影响力。杭州综合考评中的公众参与逐步走向参与质量的提升，在公众需求—政府回应—绩效改进—公众评价之间形成了一个良性互动、环环相扣、不断调试的工作机制，并借由参与式绩效评估的发展，建立了倾听民意、接纳民意的制度化的政府回应机制，不断提高政府满足民众公共服务需求的能力。

然而，"夹层"策略并没有随着满意评选初衷的改变而消失，绩效评估的规则制定权依然掌握在政府及考评办手中。杭州综合考评中的社会评价是服务于内部控制的副产品，却在"等级的影子"（the shadow of hierarchy）[①]下获得生长，通过与等级权力的关联而获得实质性的影响力，它没有改变绩效评估内部控制的本质，但也获得了外部责任型绩效评估的成长空间以及进一步深入发展的想象。十几年持续运行的社会评价深入人心，培育了公众参与民主治理的素养、技能和习惯，制度化的考评体系让公众的评价权和影响力也成为惯例（routine），再加之以人民为中心的意识形态的确立和践行，专家团队的持续性介入，这是让参与式绩效评估无法倒退的重要因素。总之，杭州市的政府绩效管理呈现了中国地方政府回应民意的探索，"等级影子"下形成的内外评估双强化的机理以及未来的趋势值得进一步观察和研究。

（二）结果评定维度的弱淘汰与过程控制的强整改所形成的激励约束机制

完整意义上的绩效评估应用包括评估的采用（adoption）和评估的落实（implementation）两个阶段，前者指建立绩效评估体系并

---

① Schillemans, T., "Accountability in the Shadow of Hierarchy: The Horizontal Accountability of Agencies", *Public Organization Review*, 2008 (8): 175 – 194.

实施，后者指使用评估产生的信息，将评估获得的知识转化为行动。[1] 评估的落实即评估结果的使用，它更能体现绩效评估制度的绩效，反映评估制度对政府行为以及社会福祉的影响，也是绩效评估发挥奖优罚劣的强激励作用的重要环节。

然而，在评估的落实阶段，杭州的综合考评呈现出考评结果评定上的弱淘汰现象。2000年开始的满意评选实行"末位淘汰制"，从2003年起调整为"淘汰制+达标线"，即排名末位且综合得分又低于达标线的才被评定为"不满意单位"，达标线的具体数字根据以往的得分情况反复模拟测算后确定。从2005年开始，除了2008年市安监局因综合得分低于达标线成为不满意度单位，[2] 其余年度均没有产生不满意单位，这种现象持续至今。与结果评定的弱淘汰激励并行的是不断扩大正向激励。从2008年开始，综合考评增置"进位显著奖"，奖励幅度最大的5家单位，后陆续增设"政府服务质量奖""创新奖""意见整改成效显著奖""重点工作项目单项奖"。由此，正向奖励的奖项数量和种类不断增多，获奖单位的覆盖面不断扩大了，并且奖励与奖金收入挂钩。既不能造成压力太大，又不能造成压力过小，结果评定主要在于更好地调动方方面面的积极性，不断提高群众的满意度和各项工作的水平，[3] 这便是弱淘汰激励的初衷。

这种以降低惩罚可能性为目的的弱淘汰现象，与练宏[4]讨论的

---

[1] Lancer Julnes, P. & Holzer, M., "Promoting the Utilization of Performance Measures in Public Organizations: An Emprical Study of Factors Affecting Adoption and Implementation", *Public Administration Review*, 2001, 61 (6): 693–708.

[2] 2008年11月15日杭州地铁一号线萧山湘湖站工地发生坍塌事故，引发了人民群众对安全生产问题的高度关注，突发事件引发的注意力焦点或许可以解释市安监局在当年的综合考评结果。

[3] 伍彬：《综合考评与绩效管理》，人民出版社2012年版，第56页。

[4] 练宏：《弱排名激励的社会学分析——以环保部门为例》，《中国社会科学》2016年第1期。

弱排名激励颇为相似。然而，两者在运行过程、解释机制以及研究对象上有差异。练宏[①]描述和解释的是在评估过程中产生的地方政府策略性运用和回应评估的行为，目的是避免排名靠后而遭受惩罚，考核依然有强排名淘汰激励，只是策略性的互动行为改变了排队的位次，从而实质上弱化了排名激励。而杭州绩效评估中的弱淘汰发生在评估后的结果评定阶段，通过改变排队位次的意义来实质上弱化排名激励。

如何解释杭州实践所呈现出来的弱淘汰激励？显然，在杭州的评估过程中，考核部门与评估对象之间也会产生策略性的互动行为，但在弱淘汰、强正向激励之下，其行为动机及策略行为或许就不是练宏[②]、Zhou[③]所解释的为避免排位靠后的保底逻辑，可能是努力将排名提前的赶超逻辑。而且，在压力性体制[④]、锦标赛[⑤]的概念框架下，学者充分讨论了地方政府目标考核对政府行为的影响，描述和解释了地方政府策略性地回应评估的行为，如讨价还价[⑥]、共谋[⑦]、政治联盟[⑧]。然而，这些研究的观察对象多为一级政府对下一级政府的考核，或者是上级部门对下级部门的考核，而对于一级政府考核所属部门的杭州实践，已有的研究结论是否仍然具

[①] 练宏：《弱排名激励的社会学分析——以环保部门为例》，《中国社会科学》2016 年第 1 期。

[②] 同上。

[③] Zhou X. G. et al., "A Behavioral Model of 'Muddling Through' in the Chinese Bureaucracy: The Case of Environmental Protection", *The China Journal*, 2013, 70 : 120–147.

[④] 荣敬本等：《从压力型体制向民主合作体制的转变》，中央编译出版社 1998 年版。

[⑤] 周黎安：《中国地方官员的晋升锦标赛模式研究》，《经济研究》2007 年第 7 期。

[⑥] 周雪光、练宏：《政府内部上下级部门间谈判的一个分析模型——以环境政策实施为例》，《中国社会科学》2011 年第 5 期。

[⑦] 周雪光：《基层政府间的"共谋现象"——一个政府行为的制度逻辑》，《社会学研究》2008 年第 6 期。

[⑧] 练宏：《弱排名激励的社会学分析——以环保部门为例》，《中国社会科学》2016 年第 1 期；Zhou X. G. et al., "A Behavioral Model of 'Muddling Through' in the Chinese Bureaucracy: The Case of Environmental Protection", *The China Journal*, 2013, 70 : 120–147.

有解释力？换言之，碎片化的部门绩效和一级政府的整体绩效之间的差异让通过政绩考评来分析行政过程的理论探讨有了新的可能的空间。事实上，目前的政府绩效管理研究也没有对这两种不同性质的评估做细致的区分。

在评估的落实阶段，与弱淘汰激励同时运行的是强化绩效整改。体现为杭州重视问题的发现、诊断和解决，发展以治理绩效提升为目的的诊断性绩效管理模式，即"评价—整改—反馈"机制，并且建立部门自主和考评办督办的双重整改过程；体现为"公述民评"面对面问政从2017年开始由杭州市纪委转交到市考评办后，考评办对它作了"去以惩戒博媒体传播眼球效应、重问题理性沟通和有效整改"的转型，将之定位为目标诊断整改环节的一部分；体现在《杭州市绩效管理条例》对"绩效问责"的有价值探索，思考和触及绩效信息的深层次应用，探讨绩效评估向其他管理系统延伸和扩展的可能。过程管理中的强诊断整改机制体现了以全绩效管理链推动评估系统与其他管理系统整合的"大绩效管理"的理念，体现了权力控制与有效治理相兼容的制度目标。评估不是目的，发现问题、解决问题，激发创新、提高治理绩效，这是杭州市政府绩效管理的增量，符合"创设型政府绩效管理模式"[①]的特征。

总之，杭州综合考评呈现了可进一步研究的部门绩效及其评估的特殊性，在考评体系自转和公转之间，在绩效评估的结果使用阶段上形成了弱淘汰与强整改并行的激励约束机制，这一强弱激励机制如何互动的逻辑值得进一步研究。

（三）独立的绩效管理专设机构所构建的绩效管理推进机制

杭州市的政府绩效管理为什么能够持之以恒地发展？并且在长

---

① 高小平、盛科明、刘杰：《中国绩效管理的实践与理论》，《中国社会科学》2011年第4期。

期的制度演化中形成上文所描述的制度特征？周志忍、徐艳晴①提出的绩效管理推进机制概念，从权力结构的角度，为绩效管理的制度及其演化提供了解释的视角，即，围绕绩效管理实施作出的权威性制度安排，包括相关主体及其角色、主体间相互关系、推进方式手段等。各地现有绩效管理机构的设置情况有三种类型：非常设机构、与其他部门合署设置或者附属设置、独立设置机构，杭州是独立设置绩效管理机构的代表。②考评办这个独立的专设机构将绩效评估视为本机构主业，积极推动绩效评估"自转"，并推动立法保障，是一个值得进一步研究的绩效推进机制。

在政府绩效评估中，存在掌握"评估管理权、评估组织权、具体评估权"③的多元行动主体。评估管理权称为评估领导权更为合适，因为管理权与组织权在内涵上有重叠。在杭州市的政府绩效管理中，评估领导权由党委政府掌握，作为综合考评委员办公室的考评办掌握评估组织权，而具体评估权则分散在多个主体之中：领导、考评办、专项目标考核的牵头单位、社会公众（包括专家）。评估是一种管理工具，更是一种资源分配的权力，绩效管理多个主体之间的博弈推动着绩效管理的走向，而考评办是权力运行的中枢，在压力传导与借力缓冲之间实现组织权威。通过规则制定，尤其是强化专项目标管理责任，考评办建立了对专项目标评价部门的压力传导机制，确保评估目标实现；通过目标整改，尤其是考评办牵头的跟踪督办社会评价意见整改，考评办直接参与部门绩效优化。而考评组织机构与被考评部门之间的张

---

① 周志忍、徐艳晴：《政府绩效管理的推进机制：中美比较的启示》，《中国行政管理》2016 年第 4 期。
② 伍彬：《政府绩效管理：理论和实践的双重变奏》，北京大学出版社 2017 年版，第 150—151 页。
③ 包国宪、曹西安：《地方政府绩效评价中的"三权"问题探析》，《中州学刊》2006 年第 6 期。

力,借由公众和专家得到一定程度的缓解。"让人民评判、让人民满意"这一考评的核心价值观、专家对制度的专业性影响,以及这种专业知识所传递的理性精神,会成为绩效评估合法性的来源。而同样也是这种意识形态和理性精神,让考评体系在"公转"的同时,形成了"自转"的空间。这或许可以解释外部评估借由内部评估赋权而生长的现象。

在周志忍、徐艳晴[1]看来,绩效管理推进机制包含立法主导和行政主导两个基本维度,中国绩效管理推进机制通常是行政主导,具有"一把手工程"的人治化色彩。《杭州市绩效管理条例》要求市和区、县(市)人民代表大会常务委员会每年上半年听取本级人民政府各部门上年度绩效管理工作情况的报告。这一"尚待观察的立法推动尝试"[2]探索了一条区别于立法主导和行政主导非此即彼的道路。精英人物是推动诱致性制度变迁的关键要素[3],自2006年8月设立杭州市综合考评委员会办公室以来,主要领导任职稳定,未曾更换,且具有很高的专业素养,致力于总结和推介综合考评[4],与知识界双向交流频繁。杭州独立的绩效管理专设机构是值得进一步研究的绩效推动机制,对目前政府绩效管理在"全国范围无统一规范指导、地方实践五花八门"[5]背景下的实践突破也有重要价值。

---

[1] 周志忍、徐艳晴:《政府绩效管理的推进机制:中美比较的启示》,《中国行政管理》2016年第4期。

[2] 同上。

[3] 曹正汉:《精英人物影响社会制度演进的条件和机制》,《管理世界》2004年第6期。

[4] 伍彬:《综合考评与绩效管理》,人民出版社2012年版;伍彬、陈国权:《创新型政府:杭州的探索与实践》,浙江大学出版社2014年版,第51—55页;伍彬:《中国地方政府绩效管理中的民意价值和治理创新——以杭州综合考评为例》,杭州考评网,2014,6月11日伍彬在奥地利维也纳大学的演讲;伍彬:《政府绩效管理:理论和实践的双重变奏》,北京大学出版社2017年版。

[5] 周志忍:《从运作角度审视国家治理现代化》,《中国机构改革与管理》2018年第1期。

四 结论与展望

杭州市的政府绩效管理对探讨本土化的中国地方政府绩效管理模式是有价值的：它借由内部评估机制的溢出效应，探索了外部评价在"等级影子"下获得生长空间的方式，建立了制度化的政府回应机制；它拓展了绩效结果的实质性应用的渠道和空间，探索了绩效评估系统与其他政府管理系统整合的全绩效管理链，形成了激励与约束并行的激励机制；它建构了独特且长期运行的绩效推动机制，回答了地方政府绩效如何可持续发展的问题；它以二十多年持续运行的有效的绩效管理过程，形成了独特的杭州元素，并闪耀着从杭州走向全国的可复制的因子。治理能力主要是一种潜力，制度基础和能力要发挥出作用、发挥出优势从而达到有效治理的效果，需要运作机制作为黏结剂，需要运作机制的科学化、规范化和精致化。[①] 政府绩效管理可以成为这样的黏结剂，然而需要基于地方实践的深入研究。同时，杭州作为先行先试的地方探索，也需要这样的绩效管理高定位，以理论指导来深化进一步的可持续发展。

---

① 周志忍：《从运作角度审视国家治理现代化》，《中国机构改革与管理》2018 年第 1 期。

自发秩序与制度秩序

——温州模式研究的理论问题与理论贡献

白小虎[*]

改革开放以来,中国一轮农村工业化在珠三角、长三角等沿海地区兴起,涌现了"温州模式""苏南模式"等三大农村工业化和区域经济发展的模式。其中,专业市场、民营经济、民间金融等现象一直是社会关注的热点,也是国内外学者三十多年来持续关注"温州模式"(乃至"浙江模式")的焦点。就其研究成果的数量和极高引用率的期刊文章来看,温州区域经济发展这一长时段大范围的社会实践,富含学术研究的高品位原料。这些研究成果对中国的其他地区也能带来启发和反思,甚至海外的学者将温州模式放入观察中国发展和变迁的大视野之中。温州一域在这三十多年时间里,到底给了理论研究者什么样的理论启发,理

---

[*] 白小虎,浙江大学西方经济学硕士、政治经济学博士,中共浙江省委党校浙江行政学院经济学教研部教授,长期从事劳动分工与经济发展的理论、制度变迁与经济发展关系的研究。

论研究者发掘了哪些理论"矿产"并提炼出有价值的成果,温州一域为什么能够吸引一批批国内外的研究者长期加以研究?本文选取了有关"温州模式"的研究文献,再次挖掘"温州模式"研究的理论贡献。

一 温州研究的主题和问题的轨迹

温州模式,是公认的范围最为广泛的主题范围。[①]

从最初的区域特色经济,进入工业化的研究,扩展为区域经济的研究,形成农村工业化模式的比较研究,并从深层次的制度变迁来总结温州模式的一般性意义。温州的区域经济作为一个整体的研究对象,也是温州研究最早的主题,并从中延伸出来诸多更为专业化的主题,例如民间金融、产业集群和专业市场等,这些都是温州模式比较有特色的方面,也是相对有影响力的研究主题。

温州模式是温州研究中主题词的最大"公约数",温州现象的研究之所以引起学术界关注,正是因为"温州模式"将其提升为一个理论问题。本研究采用了中国知网上的文献数据,经检索后发现,以"温州模式"为主题的研究起于20世纪80年代,在90年代发表量持续增加,2006年达到高峰,随后文献整体数量下降,2010—2012年有所恢复(见图1)。这两个时间点之间,发生了全球金融经济危机,中国随之实施经济刺激政策。金融危机爆发之前,是"温州模式"出口导向的中低端消费品制造业的

---

① 本文中的温州模式研究,有狭义和广义两种意思,一是特指温州区域经济模式的研究,这是温州研究的一个研究主题方向。本文大量其他视角的研究,研究对象都带有鲜明的温州地域特色,例如民间金融、产业集群等,多少与温州区域模式相关,但又与狭义的温州模式研究内容明显不同,因此把带有鲜明温州特色经济社会现象的研究,可称为温州研究。考虑到接受程度,本文沿用了"温州模式"的研究。

黄金时期，而实施经济刺激后的政策调整期，温州经济在宏观调控中遭遇了前所未有的民间金融危机，"温州模式"的影响力不断下降。

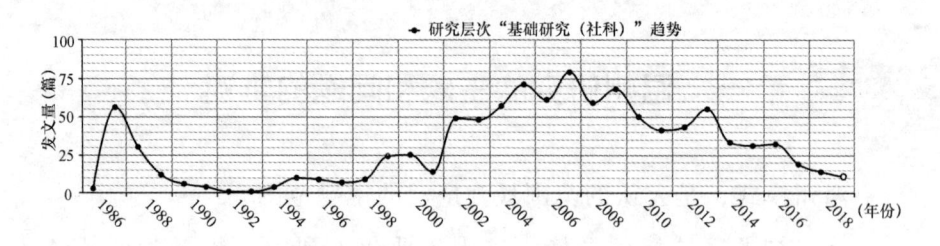

图1　温州模式的基础研究类文献的发表趋势
数据来源：中国知网。

指标分析

文献数	总参考数	总被引数	总下载数	篇均参考数	篇均被引数	篇均下载数	篇均被引比
21	138	1147	22663	6.57	54.62	1079.19	19.76

总体趋势分析

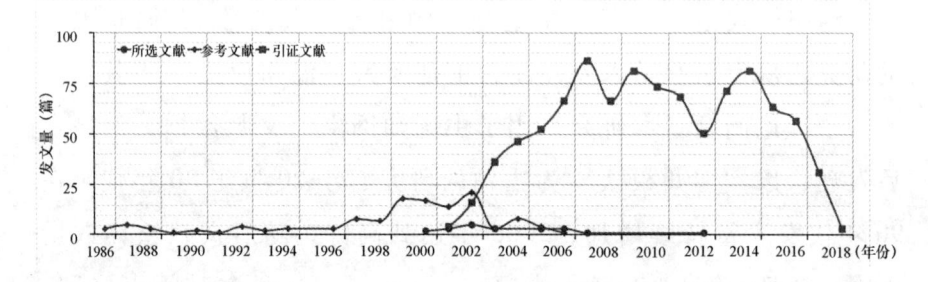

图2　"温州模式"理论研究文献的引用率趋势
数据来源：中国知网。

本章从基础研究文献中选取了21篇代表性论文，主要是发表于2000年前后具有较高的引用率的文献。早期的温州模式研究，局限于农村工业化的模式总结和比较，在20世纪90年代沉寂了一段时间。由于新制度经济学理论的引入，讨论的范围有了很大的拓展。在相关论文发表的高峰期后①,仍然有大量温州模式的研究文献涌现。(见图2)引用率在2002年后逐年提高,在2006年、2012年两次达到高峰。在全球金融危机之前,是温州区域经济的高点,而2012年及以后的几年,受宏观调控政策的影响,温州区域经济陷入低谷,各类问题集中爆发。温州经济的绩效,是中国经济重要的晴雨表,无论其好坏,都能引发诸多思考和研究。

根据中国知网的检索结果,与温州模式相关的关键词中,苏南模式列第三,制度变迁、民间金融、产业集群等主题位居前列,这些是与"温州模式"密切相关的研究内容,也就是广义上的"温州模式"研究。(见图3)

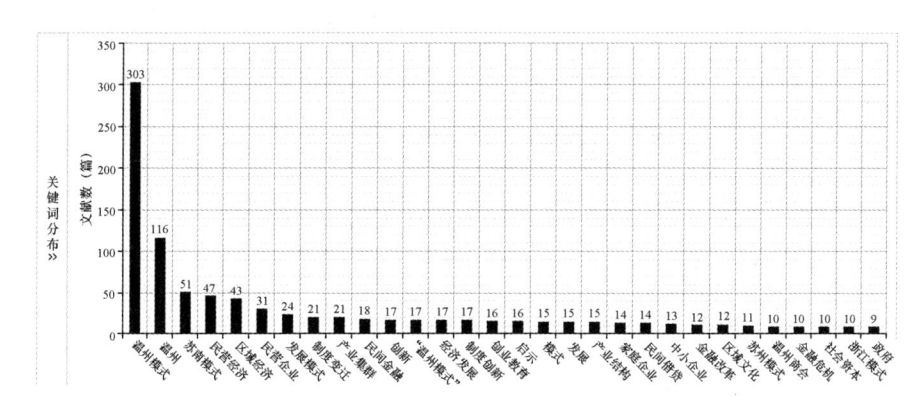

图3 "温州模式"研究的其他相关主题
数据来源:中国知网。

民间金融是"温州模式"中极具温州特色的研究主题。根据知网提供的相关主题词,民间金融关注的一些现实问题,如与中小企业相关的民间借贷是危机在实体经济层面的重要原因,也从制度层面上分析了非正规金融的机制,在对策上也注重利率市场化、金融监管等改革。温州民间金融"社科基础研究"的文献数量曾经出现

---

① 史晋川、朱康对:《温州模式研究:回顾与展望》,《浙江社会科学》2002年第3期。

两次上升，2004—2006年和2010—2012年这两个阶段，这与温州模式研究在时间上高度契合。可见，民间金融无疑是温州模式研究的重要热点源（见图4）。本文依据重要文献的引用率高低，选取了15篇左右的文献，这些文献在发表后，带动了新的研究文献并被广泛引用。如图5所示，引用率高峰的2012年前，本文选取的文献都已经发表。随后，民间金融的问题开始降温，温州模式的研究关注点发生了转移。

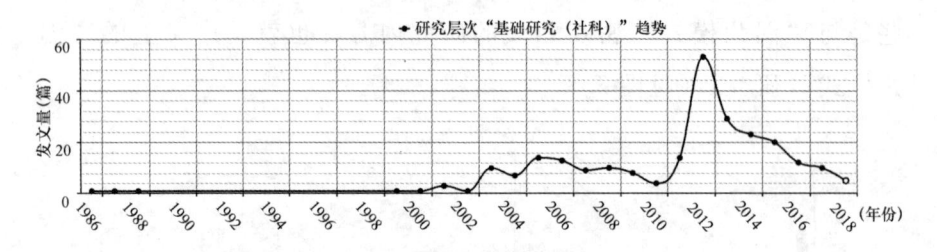

图4　民间金融的研究文献（基础研究）

数据来源：中国知网。

指标分析

文献数	总参考数	总被引数	总下载数	篇均参考数	篇均被引数	篇均下载数	下载被引比
15	103	2096	33026	6.87	139.73	2201.73	15.76

总体趋势分析

图5　民间金融研究文献的引用率

数据来源：中国知网。

产业集群和专业市场，是温州区域经济的微观组织中代表温州特色的主题。温州模式引起关注与《小商品大市场》的特点有关。① 本文选择了 11 篇引用率排名较高的文献，这些重要文献发表量在 2005 年前后就已经达到了相当高的数量，随后一批研究跟进，引用率也随之提高，引用率到 2010 年前后达到高峰，随后逐渐下降（见图 6）。这 5 年间，产业集群的研究在重要文章的带动下，丰富了温州模式研究的内容。

指标分析

文献数	总参考数	总被引数	总下载数	篇均参考数	篇均被引数	篇均下载数	下载被引比
11	101	515	11841	9.18	46.82	1076.45	22.99

总体趋势分析

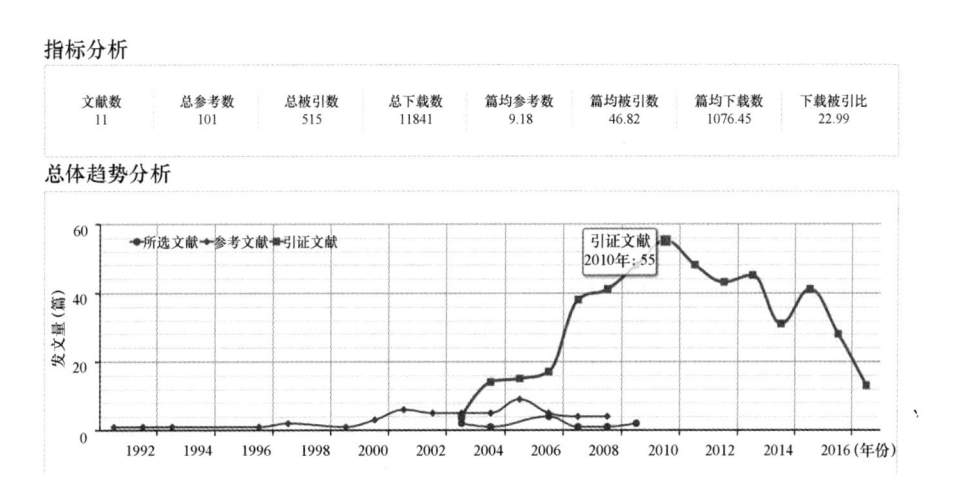

图 6　产业集群的研究文献及其引用率

数据来源：中国知网。

行业协会和商会的研究，是温州模式研究中相对独特的文献。不单纯是对经济现象和在经济学领域的研究，温州特色的经济社会现象及其理论价值受到了政治学领域的学者的关注。这是温州研究中新近兴起的一批文献，关注点从纯经济领域转移到社会治理领域。本文选取的文献在 2000 年以后持续十多年不断发表，并且一直保持着较高的引用率（见图 7）。该领域的研究文献在十多年间，

---

① 费孝通：《温州行》，《瞭望》1986 年第 20—21 期。

发表量保持在稳定的水平,是除民间金融之外又一个带有鲜明温州特色的领域。虽然是在公共管理、政治学领域内的研究问题,但是根源上并没有脱离温州的区域经济,研究也主要是侧重协会、商会的经济功能和相关治理来展开,政府与市场主体的关系是研究讨论的主要内容。与温州模式、民间金融等主题比较而言,这一领域的研究起始时间并不晚,也与温州模式的研究基本同步,但是持续的时间更长,引用率上升的态势相对平稳,高峰时间点要相对延后,这表明温州商会(行业协会)不仅保持了温州模式的基本特色,而且很有可能与时俱进,代表了温州模式的新特色,从而包含了理论研究的新价值。

指标分析

文献数	总参考数	总被引数	总下载数	篇均参考数	篇均被引数	篇均下载数	下载被引比
16	129	645	17233	8.06	40.31	1077.06	26.72

总体趋势分析

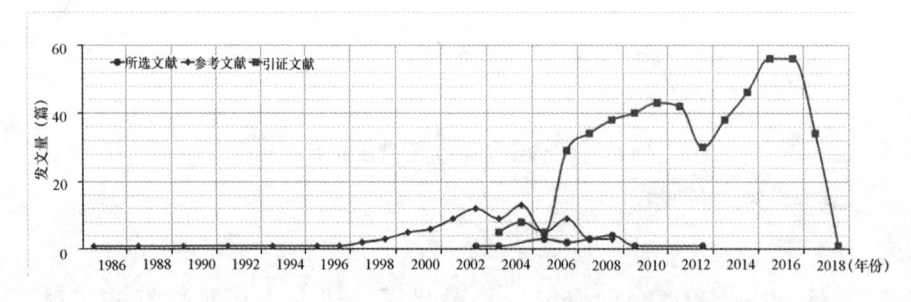

图7 协会、商会组织的研究文献及其引用率

数据来源:中国知网。

温州的城市化也是温州特色的一方面。这一主题方向上的研究文献时间分布较长,起步稍晚于"温州模式"研究,从20世纪90年代开始引起关注,如图8所示,城市化问题是温州研究中关注度少有的还能持续上升的主题,尤其是在温州产业集群、民间金融等发生较大危机其研究文献和引用率不断下降后,城市化的研究反而逐年增加。本研究选取的文献虽然只是2000年前后的文献，但是其影响随着城市化的持续推进反而有所扩大，这些文献关心的理论问题有着一般性，带动着一批关心现实问题研究的文献。

指标分析

文献数	总参考数	总被引数	总下载数	篇均参考数	篇均被引数	篇均下载数	下载被引比
4	14	118	2065	3.5	29.5	516.25	17.5

总体趋势分析

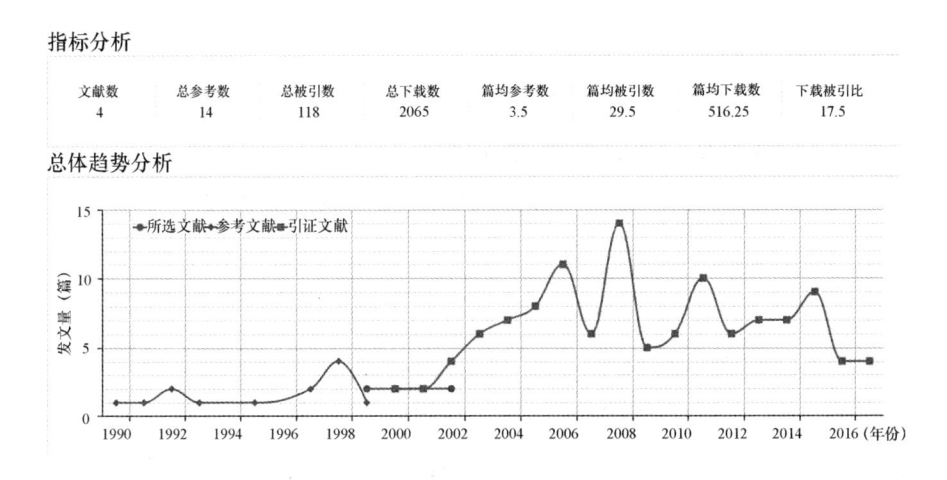

图8　温州城市化研究的代表文献及其引用情况
数据来源：中国知网。

二　温州模式的总体研究

温州模式的本意是农村工业化的一种区域模式，把一个区域的经济发展绩效作为研究对象，理论上形成一套解释经济绩效和经济结构变化的逻辑。例如温州模式的形成和演变的影响因素、动力机制，并根据相对统一的解释逻辑，进一步观察预判温州模式的前景。因此，就其研究对象而言是一种总体研究及总体的理论解释逻辑。对温州发展模式的范式来展开总体研究，也会涉及温州经济发展的微观层面的经济表现，温州模式总体上的特色也来自局部的表现，如民间金融、专业市场和产业集群等。学者们很重视温州发展的总体研究，这种总体特色抓住了温州模式的生命力，抓住了社会各界对温州发展的好奇和疑虑，总结温州发展的总体特征和发展动力机制，便于从全局和根本上来掌握温州发展的趋势。这些研究成果使得早期温州模式研究在理论界确立了一定位置，也形成了一些代表性的理论解释成果，甚至代表了浙江经济学界一定的理论研究成就。

（一）制度变迁模式视角的研究

温州模式研究的源头，与费孝通的《小商品大市场》一文很有关系[1]，自此温州的区域经济（当时称为农村商品经济）吸引了越来越多研究者的关注。从商品经济特点的概括和原因分析，学者关注到商品生产和交换影响到经济社会的诸多方面，而且与特定的地域有关。在20世纪90年代之前，温州模式作为一个区域经济发展的样本来研究。第一个阶段的研究在20世纪80年代中期，费孝通[2]、吴象[3]等研究者概括了温州经济的基本特色，这些特色包括了后来重点研究的专业市场、农村工业、小城镇、家庭工厂等主题。研究的主要内容和重点问题是温州经济的发展方式及其特征，大多只是作为研究温州经济的成因时才被涉及，作为温州经济成功的经验来加以总结，如董辅礽、赵人伟等[4]。第一次将温州模式作为温州经济成功经验加以整体性概括并研究其成因和发展变化，是上海学者袁恩桢主编的《温州模式与富裕之路》[5]。浙江本土学者张仁寿和李红在其专著《温州模式研究》中比较了苏南模式[6]、珠

---

[1] 费孝通：《温州行》，《瞭望》1986年第20—21期。
[2] 同上。
[3] 吴象：《论发展中的温州农村商品经济》，《人民日报》1986年8月6日。
[4] 董辅礽、赵人伟等：《温州农村商品经济考察与中国农村现代化道路探索》，《经济研究》1986年第6期。
[5] 袁恩桢主编：《温州模式与富裕之路》，上海社会科学院出版社1987年版。
[6] 张仁寿、李红：《温州模式研究》，中国社会科学出版社1990年版。

三角模式。模式的含义指向了区域发展的特色,总体概括为区域模式。正如史晋川、朱康对[1]指出:区域模式研究关注模式产生的原因和发展中的特点与经验,经济绩效差异背后的根源,如经济体制或制度变迁问题,并没有作为一个相对独立的"话题"来加以研究。随着1992年邓小平同志的南方谈话和党的十四大的召开及社会主义市场经济这一经济体制改革目标的确立,有关温州模式研究的"热点"开始转向经济体制改革及经济体制变迁方面。

温州模式的总体研究进入了"制度变迁"的阶段,史晋川、朱康对称为"温州模式研究重新兴起"[2]。制度变迁是对温州经济发展绩效以及特色和经验的深层次解释,史晋川[3]把温州(扩展到浙江)区域经济的成功,在经验层面上概括为"民营化"和"市场化",这两种趋势性力量推动了"工业化"和"城市化"。进一步来讲,民营化和市场化是市场主体和市场化资源配置方式的表述,是资源配置的主体和方式上发生的变化,工业化和城市化,是产业结构和城乡空间结构的转变过程,是经济发展绩效的结构维度,两方面结合起来,构成了一个制度变迁与经济结构变迁的"模式",勾勒了温州区域经济独特的市场化路径。早在20世纪90年代初期,一些敏锐的学者就开始从深层次的制度因素入手并将现代经济学的分析逻辑用于分析温州区域经济发展在体制方面的创新突破以及由此带来的显著发展绩效。马津龙在研究股份合作企业时,首次尝试用新制度经济学的概念来分析温州模式的形成[4];徐明华运用过渡经济学对温州不同发展阶段的制度变迁进行了研究[5]。制度变

---

[1] 史晋川、朱康对:《温州模式研究:回顾与展望》,《浙江社会科学》2002年第3期。
[2] 同上。
[3] 史晋川:《浙江的现代化进程与发展模式》,《浙江社会科学》1999年第3期。
[4] 马津龙:《温州股份合作制发展研究》,《浙江学刊》1994年第2期。
[5] 徐明华:《温州模式发生与发展的政治经济学——兼论过渡经济学相关的几个问题》,《深圳大学学报》(人文社会科学版)1999年第3期。

迁理论的引入，同时也把现代经济学的最优分析思路作为最底层的分析逻辑，把制度变迁的行为与经济发展的绩效通过制度变迁"成本—收益"关系结合在一起，而不是在前一个研究阶段那样只能从经济绩效的表层现象、表层结构的特色来概括模式。有了制度变迁的理论分析范式，就可以深入探析区域经济发展的绩效和相应的模式是如何产生的深层次根源，也把温州区域经济模式的内涵进一步清晰化，把制度变迁和经济发展以通俗的"市场经济"这一概念揭示出来，让学术界因此找到了认识和区别区域发展模式的一条较为清晰的边界。在当时的语境下，就是中国特色的社会主义市场经济的"市场化"模式。

制度变迁和相应的市场化的创新努力，这是一条解释温州经济成功起飞的新的逻辑。马津龙最早运用新制度经济学的强制性制度变迁和诱致性制度变迁的概念研究温州模式形成过程中的企业制度演变问题[1]。温州股份合作企业的形成，可以避免向完全私人产权的私营企业推行强制性制度变迁的高额"改革成本"，是一种体制外创新而又不危及体制内利益的制度变迁。股份合作制，得到了体制内的认可，又获得了市场机制（体制外）的效率。一方面技术的不断进步要求企业迅速扩大投资规模，而股份合作制则比较有利于集中分散的资本；另一方面，政府的各项有关不同所有制形式的企业的积累与分配的规定，也使股份合作企业比私营企业在经济上具有更为有利的发展条件。[2] 资金借贷，也是资本形成的重要方式，张军运用信息经济学理论研究了温州农村民间金融部门的结构演变及其性质和作用[3]，揭示了温州非正规的民间借贷市场和行为大量

---

[1] 徐明华：《温州模式发生与发展的政治经济学——兼论过渡经济学相关的几个问题》，《深圳大学学报》（人文社会科学版）1999年第3期。

[2] 史晋川、朱康对：《温州模式研究：回顾与展望》，《浙江社会科学》2002年第3期。

[3] 张军：《改革后中国农村的非正规金融部门：温州案例》，《中国社会科学（季刊）》1997年秋季卷。

存在，也是一种计划经济体制外的市场化创新，对温州经济起飞所需要的资本集中影响巨大，应该改革正规金融部门并积极引导农村非正规金融部门进入市场。《制度变迁与经济发展——温州模式研究》这本专著是浙江大学史晋川等几位学者联合多家本省高校研究机构的学者共同完成的，把20世纪90年代以来制度经济变迁理论提升区域经济发展研究水平的思想成果高度集成，在企业制度、金融制度、城市化制度等诸多方面贯彻了制度创新与发展这一理论主线。① 这本专著通过制度创新和制度变迁而引起的经济发展绩效变化的解释框架，温州区域经济发展的成功经验得到了一个完整的理论基础，而且这一解释框架也具有一般性。同理，中国的其他区域模式可以建立在类似的分析框架上来考察经济发展绩效，还可以根据这一框架上不同程度的差异进行区域模式的比较，例如温州模式和苏南模式就经常进行理论上的对比分析。②

制度变迁理论作为一种参照，便于学者们挖掘温州区域经济发展更深层次的原因。温州的特色，从表层的商品市场、家庭作坊等形式，也随之深入产权制度，构成了解释温州经济发展的一个解释框架。这些理论在解释制度变迁与经济绩效的同时，也提出了一些对中国的市场化改革具有一般意义的制度变迁的理论问题。相应的这些制度创新和制度变迁的一些理论假说，不仅适用于温州模式，也适用于苏南模式等其他区域发展模式，甚至对中国的市场化改革的一些共性也有参考价值。

徐明华把温州地区不同发展阶段的制度变迁放在一个过渡经

---

① 史晋川、金祥荣、赵伟、罗卫东：《制度变迁与经济发展——温州模式研究》，浙江大学出版社2002年版。
② 洪银兴、陈宝敏：《"苏南模式"的新发展——兼与"温州模式"比较》，《宏观经济研究》2001年第7期。

济学的框架中来加以研究①，认为温州模式的产生和发展不仅是完全符合中国市场化改革的目的与方向，而且也符合市场化发展的内在逻辑。经济起飞和发展过程中，制度变迁的成本是其关键性作用的因素。温州模式的独特之处，还在于"变通"的制度创新方式，起到了减少摩擦降低制度变迁成本的作用，这种制度创新的"智慧"在该研究中显然归功于温州群众（也就是市场主体）的经济理性和制度理性。徐的研究，注意到了从基层发起的市场化改革类型具有的"自发性"和"扩展性"，体制外的市场化改革是基层的市场主体自发的"秩序"，这种秩序的产生是自发的，有其合理性基础，也是成本小而收益大的秩序。这种秩序的扩展也是自发的，不需要政府加以干预，只要上层决策者能理解和尊重群众的个体创新，并加以正确的引导，就可能建立起某种秩序，并使这种秩序能不断地扩展。显然，这是一种市场主体"自发性秩序"的制度变迁方式的解释。至于，温州模式的"自发性"秩序的特色，能否与其他地区进行比较，是不是只有温州地区才能"自发性"，这是另一个更深层次的问题，一些文化学和社会学的学者从文化社会行为的角度论证了温州有更强的"自发性"。

  自发秩序是哈耶克以及奥地利学派的思想，知识和理性是经济行为的基础，而且不断积累和成长，相应的经济行为的秩序也是不断扩展和演进的，这样的思路，有别于制度经济学基于成本—收益比较的静态分析思路。制度变迁理论是一种更为主流的解释框架，概念体系更加完善，交易成本、产权、财产制度、企业制度和市场制度等都可以用于解释经济行为及其绩效差异，还可以用来分析制度变迁的方式。金祥荣是从制度变迁的方式来看

---

① 徐明华：《温州模式发生与发展的政治经济学——兼论过渡经济学相关的几个问题》，《深圳大学学报》（人文社会科学版）1999年第3期。

温州模式的，他认为制度变迁影响了经济绩效[1]，而制度变迁的方式是更为源头的造成绩效差异和发展模式差异的原因。温州模式的市场化制度变迁，一定不是中央政府推动的强制性制度变迁，也不完全是政府响应市场主体需求的诱致性制度变迁。金祥荣认为，温州特色在于准需求诱致性的制度变迁的独特方式，这是一种既有创新又有更大范围普适性和复制可能的方式。制度变迁的主体和供给新制度的主体是政府，制度供给响应市场主体的需求。政府的供给除了制度设计、执行成本和试错成本之外，还需要承担"政治错误成本"，原有的制度压力全部由首次创新者承担，而后发制度模仿者不需要承担政治成本。这种正外部性制约了需求诱致性制度变迁和政府的制度供给行为。当这种成本过高时，温州模式的由市场主体来承担风险，或者以一种变通的方式对新制度供给改头换面，减少与旧有制度的正面冲击，或者干脆就"违规"，概率性地承受违规后的"惩罚"成本。当惩罚成本期望值小于违规的预期收益时，市场主体的违规行为和地方政府的"无为行为"，完成了需求诱致性制度变迁的效果。"温州模式"是随着全国制度环境变化，追求"解放思想"方面的摩擦成本最小化（即政治成本最小化）改革方案而推进的以准需求诱致型制度变迁为主要特征的渐进式改革道路。准需求诱致性制度变迁，是在整个国家探索渐进的市场化改革而又缺少自上而下的顶层设计的情况下，在新旧两种体制发生摩擦，需要最小化改革创新"政治成本"的一种选择。这样一种制度变迁的方式，起初目的是深化"温州模式"研究，却在理论上贡献了一条中国渐进式市场化改革的制度变迁一般路径——地方政府与市场主体选择的多种制度变

---

[1] 金祥荣：《多种制度变迁方式并存和渐进转换的改革道路——"温州模式"及浙江改革经验》，《浙江大学学报》（人文社会科学版）2000年第4期。

迁方式并存和渐进转化的低成本、高收益的改革道路。准需求诱致性制度变迁的框架，可以运用到鉴别温州市场化改革的阶段以及阶段性的重点任务。温州模式的意义，在于找到了一条从计划经济向初级市场经济体制转型的路径，同时，诱致性制度变迁还要解决从初级市场经济向现代市场经济，从财产产权制度向企业管理制度、金融制度为主要内容的"第二次体制转变"，要素市场改革和企业制度变革将决定温州模式的前景。

（二）区域工业化模式的整体研究

作为制度变迁模式的温州模式研究之外，也不排除从区域工业化模式等角度来全方位整体性地理解温州的区域经济发展。区域经济发展是一个在时间和空间都有较大跨度的主题，也是一个多主体和多结构参与的经济社会活动，在经济的场域之外不可避免还植根于一定的社会活动和文化心理背景，这些角度都有利于对温州区域经济发展模式多角度、多层次的理解。

赵伟认为温州模式是区域工业化的一种模式[①]，这项研究的视野和理论背景，超出了一般性的概述温州区域工业化的特色和经验，纵向与西欧的工业化、横向的苏南工业化进行比较。资本、组织、制度环境和企业家群体，这些工业化进程关键性的变量和因素，对整体性理解温州模式有很大的帮助。历史的制度的比较分析，比单纯的模型化理论分析，往往更能接近事实。通过比较，不难发现温州工业化模式与西欧工业化模式在资本、组织、制度环境、商人群体快速发展的原因上更加接近。在2000年前后，温州工业化模式具有欧洲古典市场经济工业化早期发展的主要特征，是典型新古典工业化模式。同时，也在

---

① 赵伟：《温州模式：作为区域工业化范式的一种理解》，《社会科学战线》2002年第1期。

与苏南模式的工业化作比较，认为温州模式更具有一般性、扩展性和可复制性。

陈建军等[1]从温州民营企业家的生成路径，给出了关于温州模式的另一种解释。制度落差潜在的商业机会这一类商机的信息传播路径被锁定在一个由血缘、亲缘和地缘关系决定的社会网络之中，在一个小范围内形成了一种"企业家呼唤企业家"的外部性，造成局部地区的企业家群体的涌现。制度企业家哺化创新企生家并引起了企业家模仿，在特定的温州地域文化和社会关系网络中，企业家信息传帮带效应明显。

作为整体来加以观察的温州模式，停留于模型化的制度变迁解释框架显然是不够的，越来越多的研究，顺着制度变迁和工业化的特色方式来挖掘根源，都会回归到温州独特的文化和社会背景，对温州模式加以人文精神角度的透视分析[2]，这一类文献以社会学家居多，温州本地学者对温州文化和社会心理更有体悟，相关文献也很多。诚然，人文精神、价值理念、社会行为，是比温州经济发展更为基层、影响更为广泛的因素，可以一定程度上帮助解释温州模式的成因以及温州模式独特性所在。但是，文化和社会的因素变化相对于经济社会发展的变化要更加缓慢，更加稳定，与经济发展的关系绝对不是单向的，温州模式的最新发展以及最新暴露的问题和相应的解决之道，反而不能求助于文化与社会因素了。另外，文化与社会因素不仅影响区域发展，还包括其他方方面面，如果没有一个严格的理论框架并抽象出基本的因素，通过人文精神的深度解读，其影响力还是有限的。必须把人文精神、社会交往和经济行为紧密地结合起来，例如温州模式中

---

[1] 陈建军、林亮：《关于温州发展模式形成的另一种解释——从温州民营企业家群体成长路径角度的分析》，《商业经济与管理》2003年第8期。

[2] 朱康对：《农家文化与温州农村家庭经济》，《浙江社会科学》1997年第5期。

普遍存在的"人格化交易"是一个经济学概念①，既可以降低交易成本，在非熟人社会却会导致高额交易成本，温州模式具有明显的"人格化交易"倾向，据此对温州模式的未来持较为悲观的态度。

三 温州模式的多角度多侧面研究

立足于区域经济发展模式的温州模式研究，针对整体性的工业化进程、经济发展、制度变迁等行为，制度变迁理论对温州模式研究的理论起到了一般性促进作用。制度变迁本身就是一个理论问题，制度变迁对温州区域经济绩效的影响也因此转换为理论问题。温州模式的总体研究，在2002年前后随着理论问题的清晰，制度变迁分析的完善，重要文献的发表以《温州模式研究回顾》为标志，后续的模式研究告一段落，很难再有新的突破。温州模式的整体特点，无论是制度变迁还是工业化，研究对象要具体到微观市场的主体。温州的产业集群与专业市场，其实就是"小商品、大市场"的对应，温州的民间金融也与工业化的资本积累相关，史晋川和朱康对在文中曾展望温州模式的未来趋势与新的研究方向，商会和行业协会的研究将会凸显新温州模式的特色，相关研究已经显示出了温州模式中"自发秩序"的扩展能力，从经济领域必将扩展到经济社会治理领域。② 如果要说，2002年后温州模式要有新的突破和理论贡献，需要在温州模式的具体领域进一步挖掘温州的特色以及一般意义。

---

① 史晋川：《温州模式的历史制度分析——从人格化交易与非人格化交易视角的观察》，《浙江社会科学》2004年第2期。
② 史晋川、朱康对：《温州模式研究：回顾与展望》，《浙江社会科学》2002年第3期。

（一）产业集群的研究

早期温州模式的研究是从农村工业化的考察开始的，研究的主题是农村工业中的家庭作坊、轻工业产品、小企业协作关系，产品是如何通过专业市场销售的，以专业市场为中小企业共享销售平台来研究专业市场和地方特色产业的关系，这一类研究与温州模式的农村工业化同一时期开始出现。在20世纪90年代末期，产业集群的概念和研究方法开始应用到温州传统产业的研究中，例如《经济转型期的产业群落演进——温州区域经济发展初探》[①]，产业集群的研究，逐步接替了温州模式制度变迁研究，进入相对较为微观的产业层面。产业集群的文献发表在2006年左右形成一个高峰，2009年前后高质量研究锐减。产业集群的研究是温州模式下工业化进程研究的深化，之前的研究，涉及了一些温州地域特色的产业。这些产业从诸多角度折射出了温州传统制造业兴起和繁荣过程中的特点，但是还停留在民营企业的"制度层面"，需要深入企业层面，扩展到空间层面，因此在空间上集聚，组织上有紧密协作的集群，成了温州模式2000年以后一个重要的研究方向。集群概念的引入，对温州产业的认识加深了，尤其是"创新"进入了研究者视野，用其来回答温州产业的生命力，不仅可以解释温州的产业成长有什么特点，还可以长期关注动态的发展，以及未来的发展前景。管理学与经济学交叉的领域里，派生出来的"创新"问题是一个亮点。

温州工业化从农村起步，在短时间内温州出现了产销两旺的产业基地，温州制造的若干种小商品占领了国内大部分市场，耳熟能详的就有纽扣、腈纶衣裤、塑料鞋等。2000年前后，学术界对温州

---

① 朱康对：《经济转型期的产业群落演进——温州区域经济发展初探》，《中国农村观察》1999年第3期。

农村工业化的研究，需要回答温州为什么能在短时间内形成诸多产业基地和专业市场，为什么农民能快速进入工业化，且快速积累资本并投入工业生产中。研究者将"簇群"这一理论概念运用到产业分析中，认为温州的农村工业有很明显的"群落"特点，由此解释温州产业群落生产的条件，快速扩张的原因和途径。朱康对对温州的产业集群研究较早，掌握了丰富的资料，对产业集群兴起中的事件和扩散的社会网络的分析非常深入，这从农村工业化的研究中打开了一个拓展空间。[1] 从中国知网获得的文献来看，产业集群的研究主要是在2000年以后，相当一部分研究集中于若干相对固定的产业集群，例如鞋革、打火机、纽扣、低压电器等，这些产业群落特点鲜明，而且也是很有温州特色、代表性的产业。随着产业集群的发展而暴露一些新问题，如集群的升级、集群的衰落等，这一类研究一直持续到2010年后。前一阶段的研究主要关注产业集群的形成和快速扩散的机制；第二个阶段，在我国加入WTO和扩大国际市场后，更加关注开放经济条件下产业集群的升级问题。谭文柱、王缉慈、陈倩倩[2]，朱允卫、董美双都对温州的制鞋产业集群的升级问题有过研究[3]，研究结论表明，加入全球价值链并不是产业集群升级的最好路径，产业集群内本地企业之间、当地政府及机构与本地企业之间的互动对本地产业集群的升级也是必不可少的。魏江、申军对低压电器产业集群的创新活动展开研究[4]，认为产业集群也有一定的协作优势并能提升创新能力。产业集群的升级和转

---

[1] 朱康对：《经济转型期的产业群落演进——温州区域经济发展初探》，《中国农村观察》1999年第3期。

[2] 谭文柱、王缉慈、陈倩倩：《全球鞋业转移背景下我国制鞋业的地方集群升级——以温州鞋业集群为例》，《经济地理》2006年第1期。

[3] 朱允卫、董美双：《基于全球价值链的温州鞋业集群升级研究》，《国际贸易问题》2006年第10期。

[4] 魏江、申军：《传统产业集群创新系统的结构和运行模式——以温州低压电器业集群为例》，《科学学与科学技术管理》2003年第1期。

移这一类研究是管理学科的分析概念和方法。后一阶段的研究，针对产业集群和专业市场发生的局部衰落现象，试图寻找一个同时能解释产业集群兴起和扩散及最终衰落的统一框架。朱康对在研究中看到了产业集群所在地的社会关系网络在传播产业知识和市场信息时起到了很大作用[1]。白小虎在此基础上[2]，把产业集群和专业市场统一为产业分工网络和市场分工网络，并嵌入本地社会关系网络，选取了苍南的再生腈纶产业和永嘉的纽扣产业作为案例。[3] 产业集群的演化，主要取决于两种分工网络在本地社会关系网络中的扩展，两者有一定的替代关系。温州的产业集群，大部分是本土产业，在集群内部形成分工协作，社会关系网络是协作分工的媒介，缺少嵌入全球价值链的动力。这与产业集群升级管理学方向的研究形成互补，产业集群的升级要么受制于本地社会关系网络或者分工协作关系，要么嵌入全球价值链，跟随国际品牌厂商升级。

（二）特色城市化研究

温州的工业化依托专业市场从农村起步，工业化和城市化两者是紧密结合的，在温州也不例外。温州的市场和工业在农村广泛分布，但同时，一些新兴的城镇在专业市场和产业集群所在地自发形成，构成了具有温州特色的城市化，因此也是温州模式一个重要的方面。

温州城市化研究的文献稍晚于"温州模式"的文献，在理论研

---

[1] 朱康对：《经济转型期的产业群落演进——温州区域经济发展初探》，《中国农村观察》1999年第3期。

[2] 白小虎：《本地社会网络、分工网络与市场扩张的边界：桥头纽扣市场的经济史研究》，《浙江社会科学》2012年第6期。

[3] 白小虎：《产业分工网络与专业市场演化——以温州苍南再生腈纶市场为例》，《浙江学刊》2010年第6期。

究文献的带动下,目前仍然有一批研究现实问题的文献,显示出城市化问题过去和现在都是温州区域经济重要的主题。这些文献对温州特色的城市化有一些共识,研究结论也比较一致:动力来源是专业市场和家庭工厂,以中小城市为主;城市普遍缺少基础设施,民间资金的投入对温州城市化起到了推动作用。[1] 这些特点可以概括为"自下而上"的城市化。胡兆量在《温州模式的异地城市化》注意到了异地城市化的现象,龙港是就地城市化的典型,北京"浙江村"是异地城市化的典型。通过对北京"浙江村"的剖析,"浙江村"由来京务工经商的温州人集聚形成,是一个有一定自我调节、自我服务能力的准社区。"自下而上"、自组织的城市化特点无论温州域内外,只要是产业、市场与人口流动带有明显的温州模式,城市中的社区和服务都可以自发实现。[2]

朱康对对龙港农民城的研究[3],重点是讨论一座自下而上自发兴建的城市且政治经济文化事务自组织管理,(与当时的体制保持距离)由此而产生的"市民社会"。市民社会显然不是运用经济学可以讨论清楚的问题,但是,龙港城的兴建和自组织、自管理的经济社会基础及其运行方式,对研究"温州模式"有很大裨益。

龙港作为一座由具有"农民"身份的工商业者集资兴建的"城市",当城市建设缺少体制内资源时,资源如何调动,第三方团体在城市建设中起到什么作用,是一种什么样的资源配置机制?基础设施的供给背后是公共资源配置,包括公共服务和公共秩序维持,显然是市场机制不能完全发挥作用的领域。非市场的配置机制如何构建,尤其是当政府的资源动员能力缺失且体制内又缺少可动

---

[1] 朱磊、诸葛燕:《温州城市化机制研究》,《经济地理》2002年第1期;徐海贤、顾朝林:《温州大都市区形成机制及其空间结构研究》,《人文地理》2002年第2期。
[2] 胡兆量:《温州模式的异地城市化》,《城市规划汇刊》1997年第3期。
[3] 朱康对:《来自底层的革命——从龙港农民城看温州模式城市化中的市民社会成长》,《战略与管理》2003年第6期。

员的资源时,龙港的案例充分体现了温州城市化自下而上的运作机制。朱康对重点解读了龙港当地重要的第三部门及其需要处理的四种关系[1],其中三大类关系与城市发展有密切的关系。例如处理好企业与当地农民的关系、处理好企业与政府的关系、处理好龙港和鳌江(隔江临县的中心镇)的关系,第三部门协调这些关系,事关土地使用权出让、资源动员、发展定位和地位等重大事项。第三部门在其中发挥了关键性作用,体现了温州模式的特色:城市化是以经济行为为基础的,龙港的城市化需求有温州特色的微观基础,即依托专业市场的工商业发展和工商户从村落到城市的集聚。但城市化又不单纯是市场经济行为,城市建设的资源配置牵涉公共资源和公共利益,牵涉了国有和集体土地的租用,面临一个以较低成本和较小摩擦的方式来动员和配置稀缺且垄断的资源,这部分职能本应由政府和市场机制协同完成,例如土地出让制度和房地产交易制度,这些制度尚未供给时,第三部门的兴起弥补了政府缺位,使得自下而上的城市化成为可能。同时,文章也指出,虽然自下而上的城市化是温州的特色,但仍然离不开正式制度的作用。第三部门的作用是有限的,未来类似龙港这样的自下而上的自发城市,在城市扩张过程中仍将会面临诸多体制上的困难,很有可能难以争取城市建设必要的足够的资源。同时,该文也表达了对温州模式的城市化未来前景的不乐观,政府的基本制度供给滞后,第三部门的作用有限,将会制约龙港一类的自下而上城市化城镇的扩张。

(三) 民间金融问题研究

民间金融是"温州模式"研究中代表温州特色的一个重要分支,温州金融规模之大,人数之众,形式之多样,根基之深厚,无

---

[1] 朱康对:《来自底层的革命——从龙港农民城看温州模式城市化中的市民社会成长》,《战略与管理》2003 年第 6 期。

出其右。民间金融这一主题下，研究对象是多样的，不同研究中"民间金融"的指向与含义有所不同，包括民间资金的借贷行为、资金融通行为，是非正式金融、民间自发金融，其中也有非正式的机构化的金融、民营化的金融和组织化的民间金融。

一类研究是对实践中的民间金融现象的分析，如产生的条件、与农村工业的关系、民间金融的行为的种类和形式，这些研究不够系统，也缺少理论参照，但是温州的特色鲜明，以引用率来衡量其影响还是很广泛，如冯兴元等[1]。进一步的研究运用金融理论的一般模型，对民间金融活动中较为典型的"会"这一形式及其资金借贷行为的微观机制深入研究，如陈德付等[2]、胡必亮[3]。他们对温州典型的互助金融结合案例和数学模型展开深入分析，得出的结论大致相同。在温州民间特殊金融需求、信用关系以及温州地区的文化传统下，资金互助会一类的金融活动效率较高，但风险也较大，通过特殊的信息汇聚机制来解决风险问题，扩展的范围还是有限的。[4]

民间金融"会"的信息机制，是资金融通的逻辑，也就是论文要指出的结论：合会的这一信息汇聚机制能降低交易费用，帮助资金需求者从信息匮乏者处借到资金。而且，会的资金融通作用其范围随着收入水平提高也在缩小，真正为业务扩张而通过"会"来民间融资的比例是下降的。这也是会的信息汇聚机制力所不逮的地方。[5]

第二类研究，是将民间金融作为整体，考察其金融业发展的特

---

[1] 冯兴元：《温州市苍南县农村中小企业融资调查报告》，《管理世界》2004年第9期。
[2] 陈德付、戴志敏：《标会的投融资效率研究——来自温州市苍南县的一个案例分析》，《财经研究》2005年第9期。
[3] 胡必亮：《村庄信任与标会》，《经济研究》2004年第10期。
[4] 张翔：《合会的信息汇聚机制——来自温州和台州等地区的初步证据》，《社会学研究》2006年第4期。
[5] 同上。

点和机制，总体上是制度与发展的逻辑。史晋川、孙福国、严谷军依据制度变迁理论划分了温州民间金融的发展阶段，指出民间金融的发展，正从自发秩序转向诱致性制度变迁的阶段，面临的问题是如何过渡到政府扶植推动型的变迁模式，地方政府要推动金融体制改革。[①]史晋川、叶敏指出了温州民间金融的创新是在中国整体的金融制度扭曲的大背景下展开的，尽管非正式民间金融活跃，但是空间有限，实体经济的中小企业融资最终还是要靠正规金融制度供给和正规金融服务。[②]从中小企业融资的角度，严谷军、何嗣江较好地回顾和刻画了温州金融市场的结构性变化。温州的民营中小企业的融资已由过去的以民间借贷为主、以金融部门贷款为补充的外部筹资方式演变为以金融部门贷款为外源融资的主渠道、民间借贷占比急剧下降的新结构。并且，在中小企业所获取的金融部门贷款中，也由以往的以农村信用社、城市信用社等地方性中小金融机构所构成的民间金融部门为主导，转变为国有（股份制）和民间金融部门双轨并重的格局。中央和地方政府有意识的制度供给是很重要的一个因素。在国家政策对金融机构管制严格的领域，地方政府还是可以有一定作为，从基础条件来改善地方金融市场支持中小企业发展。一是利率浮动的改革；二是金融机构对民营中小企业业务的开放，放松政策限制。[③]胡军、陈建林比较分析了台湾和温州民间金融组织发展历程，认为：一是台湾与温州民间融资发展的趋势大致相同；二是合会具有自发性，呈现强大生命力；三是台湾合会趋于合法，温州合会转入地下。[④]

---

① 史晋川、孙福国、严谷军：《浙江民营金融业的发展》，《浙江社会科学》1998 年第 5 期。

② 同上。

③ 严谷军、何嗣江：《中小企业融资结构变化与中小金融机构成长——温州案例分析》，《浙江大学学报》（人文社会科学版）2002 年第 6 期。

④ 胡军、陈建林：《台湾和温州民间金融组织发展历程的比较分析——以合会为视角》，《南方金融》2008 年第 8 期。

制度供给事关温州民间金融的前途,这一问题在2011年温州金融危机爆发后更加突出,温州民间金融再次成为研究热点,讨论主要是围绕金融改革展开。赵伟[1]、张仁寿[2]认为温州的民间金融改革和制度（公共物品）供给滞后是根源,民间金融问题绕不开改革创新。史晋川指出民间金融的合约"人格化"明显,要从根本上打破对"三缘"的依赖,更多在法律的框架下展开金融合约,促进民间金融的正规化。[3]2011年3月国务院批准了温州金融改革试验区方案,并规定了12项主要任务,响应了民营金融的制度需求。[4]向静林、张翔对温州金融改革的重要举措之一——设立民间借贷服务中心,从公共物品供给中政府行为来回应温州民营金融的正式制度供给。民间金融的制度,与一般公共物品供给主要考虑效率优先有所不同,对于新的制度供给,政府更多考虑风险最小化和风险最可控,因此选择了政府可控的企业平台来为民间金融服务。[5]

（四）商会（行业协会）研究

温州特色同样体现在社会组织与社会治理,不过大量研究切入的角度和选取的对象不是一般的社会组织,而是商会。对社会组织与治理的研究,通常是在社会学、政治学的学科背景下对社会组织的社会性功能的研究。但是,温州商会的特殊性在于,这是一个由经济主体（企业、商人）组成的非营利组织,是必定带有经济利益体现的非营利组织。在实践中,之所以选取温州商会为研究对象,

---

[1] 赵伟：《民资民企"双困局"源自制度供给不足》,《浙江社会科学》2011年第12期。
[2] 张仁寿：《民间借贷与制度性公共品供给》,《浙江社会科学》2011年第12期。
[3] 史晋川：《人格化交易与民间金融风险》,《浙江社会科学》2011年第12期。
[4] 张震宇：《从自发改革到顶层设计》,《中国金融》2012年第9期。
[5] 向静林、张翔：《创新型公共物品生产与组织形式选择——以温州民间借贷服务中心为例》,《社会学研究》2014年第5期。

是因为温州商会在中国行业组织中发展较快、绩效较好，被称为"真正的民间商会"。①大量相关研究都会涉及温州商会（行业协会）产生的行业背景、形成历程以及功能，普遍认为商会的行业背景与温州的产业密切相关，带有明显的自发性和内在激励，这些特征得到了研究者的共识。

温州烟具协会应对欧盟打火机反倾销诉讼一案，第一次由商会这种民间组织成功地把企业组织起来应对国外的反倾销事件。黄少卿、余晖分析了民间商会能达成集体行动的机制，企业面对外国政府组织的不公平指控，民间商会组织起相关企业应诉，克服企业个体利益最大化的"搭便车"行为。商会的声誉机制发挥了作用，大企业的内在激励、协会理事会的低组织成本，以及社会性激励机制是本次集体行动得以成功的主要因素。这一案例表明，民间组织的内在激励，首先是经济激励，其次是社会激励。温州的民间组织推动了社会治理，是一个自发和自组织的行为，但其基础还是温州特色的经济活动和企业行为。②马斌、徐越倩认为，商会的根源与温州的产业集群有密切关系，从集群所具有"社区性"是企业之间的"三缘"联系，与商会内企业之间的联系是一致的。③

商会成立的主要动因是解决经济的问题，是企业经营发展的需要。在政治学、社会学研究者看来，商会是社会治理的问题。但是社会治理的相关问题，其根源在于经济活动。商会归入社会治理领域，商会的内在激励重点还是处理好企业之间、企业与政府的关系。在前述关于龙港的自发城市化研究中，第三部门（企业家协

---

① 王诗宗、何子英：《地方治理中的自主与镶嵌——从温州商会与政府的关系看》，《马克思主义与现实》2008年第1期。
② 黄少卿、余晖：《民间商会的集体行动机制——对温州烟具协会应对欧盟打火机反倾销诉讼的案例分析》，《经济社会体制比较》2005年第4期。
③ 马斌、徐越倩：《社区性产业集群与合作性激励的生成——对温州民间商会生发机制的社会经济学考察》，《中国工业经济》2006年第7期。

会）在城市化中起到了关键作用，协调了企业、政府以及临县的关系。[①] 因此，商会、行业协会归入社会治理领域，根源上的经济问题通过治理的方式更好地协调市场与政府这"两只手"的资源配置作用。

政治学学者侧重于从"公民社会"来阐述商会的研究意义和提出相应的研究问题，例如王诗宗认为温州商会的研究已成为公民社会案例研究的重要组成部分，商会及其地方治理又与西方有所不同。郁建兴指出温州商会发展的基本经验确认了民间商会形成和发展的前提和条件，商会的发展表明了制度环境在创新的推动下有所变化，但是问题和挑战正体现出商会发展仍然受到制度环境的限制，商会发展与制度环境的同步改善将推动中国公民社会的发展。[②]

商会是使社会治理成为可能的一种创新，对商会的合约分析、制度分析充分支持了这一点。陈剩勇、马斌考察温州民间商会的生发机制，民间商会兴起有其经济利益的内在逻辑和制度基础。[③]马斌、徐越倩将温州民间商会界定为一种合作机制，其生成过程是企业之间合作激励的演进，商会基于这种激励是可以自组织形成并自组织管理，该文重要的贡献是论证了商会推动企业的关系型契约向制度化契约转变，这对温州模式的现代化是一个至关重要的因素。社区性产业集群与民间商会治理的相关性，这是温州特色。民间商会和行业协会正是企业在依靠关系性契约无法再增进收益的情况下，为推进集体选择，实现制度化合作，增进整体利益而产生的一

[①] 朱康对：《来自底层的革命——从龙港农民城看温州模式城市化中的市民社会成长》，《战略与管理》2003年第6期。

[②] 郁建兴、徐越倩、江华：《温州商会的例外与不例外——中国公民社会的发展与挑战》，《浙江大学学报》2007年第6期。

[③] 陈剩勇、马斌：《温州民间商会：自主治理的制度分析——温州服装商会的典型研究》，《管理世界》2004年第11期。

种第三方治理机制。①

　　自主性是温州商会的特色，自主性及其制度空间，也是政治学、经济学研究的共同视角。商会的自发性，不仅经济利益的导向与温州的产业密切相关，而且自发治理也发生了新的变化，在制度上初步实现了自主管理。自主性的论证，有从实践的角度以商会的经济功能来支持，陈剩勇、马斌从制度分析的视角论证了功能与治理结合的自主性。温州民间商会的制度供给是政府和商会共同作用的结果，其中基于群体自发形成的内在制度在商会的治理实践中起着主导性的作用。商会激励机制包括物质性激励、团结性激励和目的性激励。商会的监督机制呈现出了制度化与道德驱动相结合的自律特征，而商会网络式的组织结构为会员建构了一个低成本的参与网络，从而塑造了组织的监督优势。② 郁建兴将温州商会发展的基本经验概括起来有两个方面，一是温州商会所处的制度环境，二是温州商会本身的组织化程度和能力。温州商会根源于经济事务并自发生成，在内部规则的制度化努力后，自主性不断加强。王诗宗等用自主性和镶嵌性的框架考察了商会与政府的关系，相当于在讨论商会自主性发展的空间与外部制度环境的关系，自主性（内部的制度化）及其进一步的发展空间都受制于外部制度环境。因此，商会要在保持自主性的同时，找到与地方政府目标的契合点，主动弥补政府能力的不足，通过镶嵌的自主性加强与地方政府之间的权力依赖，提高自身在地方治理体系中的地位。③郁建兴等希望温州商会研究出"特色"的同时，寻找到一般性的意义，政治学角度来讲是对

---

　　① 马斌、徐越倩：《社区性产业集群与合作性激励的生成——对温州民间商会生发机制的社会经济学考察》，《中国工业经济》2006 年第 7 期。
　　② 陈剩勇、马斌：《温州民间商会：一个制度分析学的视角》，《浙江大学学报》2003 年第 3 期。
　　③ 王诗宗、何子英：《地方治理中的自主与镶嵌——从温州商会与政府的关系看》，《马克思主义与现实》2008 年第 1 期。

社会治理的一般意义，就历史上也曾兴盛过的商会对比而言，温州的商会的一般性在于社会治理的制度空间以及自发自主自治的边界这一问题。长期来讲，商会、行业协会的发展限度是它不可能从根本上超越制度环境的体现。[①]

由上可知，民间商会（协会）的研究，自主性和制度创新是研究关注的重点，显然是温州模式不可或缺的一部分，而且还是温州模式具有积极探索意义的最新进展。马斌、徐越倩看到了商会对温州模式的积极意义，有助于跳出"关系型合约"，以"制度性合约"来处理温州商人、企业之间、政府之间的关系，并给出了相应的论证，而且商会的内部管理越来越"制度化"，这是不是就算跳出了常见的"人格化交易"了，真的能摆脱"关系型合约"？陈剩勇、马斌提供了一个异地温州商会的案例分析，其组建的目的不仅仅是一个相互合作、沟通感情、分享信息、规范秩序的地域性社团组织，而是要通过组织的力量，整合本地温州商人的资源，影响公共政策的制定。[②] 商会的功能就不简单仅仅提供市场竞争秩序的公共品，就像烟具协会应诉欧盟的反倾销案一样，而是介入到整合温州人的资源，镶嵌到政府的公共决策中去。杨光飞思考了温州商会能否从"关系合约"走向"制度化合作"的问题，商会与政府之间是非正式的规则，还是通过法律来规范两者的职能边界与关系，这是个关系到温州商会（协会）能否保持合理的方向朝着"治理现代化"前进的重大问题。[③] 从经济学、政治学等多角度的研究来看，温州商会的自主性既是其特色，并树立起"真正的民间组织"

[①] 郁建兴、徐越倩、江华：《温州商会的例外与不例外——中国公民社会的发展与挑战》，《浙江大学学报》2007 年第 6 期。

[②] 陈剩勇、马斌：《民间商会与地方治理：功能及其限度——温州异地商会的个案研究》，《社会科学》2007 年第 4 期。

[③] 杨光飞：《从"关系合约"到"制度化合作"：民间商会内部合作机制的演进路径——以温州商会为例》，《中国行政管理》2007 年第 8 期。

的形象，同时，自主性的空间也是最终决定温州商会制度创新和地方治理创新含金量的关键。显然，温州的企业家集体发挥出了"资源组合"的天然禀赋，只是这种组织资源的才能从市场资源转移到了公共政策资源的领域，弥补了市场治理中正式制度的缺失。结合外地"温州人经济"中诞生的异地温州商会所起的仅对温州人服务的作用，多方面来看，温州模式在短期内要摆脱"关系型合约""人格化交易"似乎是不太可能的。

四 温州模式研究的理论贡献

理解中国改革开放40年，理论和实践结合并总结改革开放的规律，发现其中的理论问题，对此，温州模式是一个理想的观察窗口，温州模式也是研究中国道路的理想样本。这不仅在于温州改革开放以来的经济发展绩效总体上远超一般水平，更在于实践中温州总是走在探索的前列，最先碰到改革实践中的阻力，这些实践给了理论界发现和提出理论问题的机会。温州的发展几乎没有外部要素导入，缺少国有企业，缺少城市工业基础，没有金融机构的资本，也没有外资引进，工业化、市场化的实践都带有鲜明独有的"温州特色"，是一个近乎自发原发的经济发展的区域样本。温州的实践所提供的样本，是一个难得的不受外部因素影响、比较单纯的样本，相当于理论模型中加入了比较严格的假定。由于其原发性和单纯性，温州模式提供了一个极其宝贵的观察区域经济社会发展变革的参照，可以与其他区域发展模式比较，可以在比较的基础上总结中国市场化改革的一般道路和共性理论问题。

（一）制度与结构变迁的系列理论问题

温州发展的奇迹在20世纪八九十年代改革开放初期引发了理

论思考，为什么温州能短时间内大量形成包括个体工商户和民营企业在内的市场主体？为什么能在短时间内就密布各类商品市场，并把温州的地产商品分销到各地？温州在商品经济领域发生的创新，是改革开放之初局部地区先行市场化的表现，是其他地区不可想象的创新，因此理论问题自然就转入了温州市场化特殊表现的深层次原因。在各地农村工业化兴起后，区域模式的讨论增多。温州模式的内涵、显著特色及与其他模式的区别，这一问题在研究中明确后，其理论基础就愈加明显地转向了制度变迁。制度变迁的理论和视角，使得温州模式研究在温州的经济绩效和温州特色之间建立起了理论联系，理论问题就转变为温州模式的制度变迁是否能解释改革开放初期温州农村工业化的成绩。温州模式的整体研究，要么是以制度变迁来解释温州的市场发育、产业集群、民营企业这些创新事物如何出现并何以提升了经济发展，更为一般的是关注了温州何以能率先实现局部的制度变迁，或者说温州的制度变迁有什么特色并且为什么能成功？如自发秩序[①]、准需求诱致性制度变迁、多种制度变迁并存等理论假说，后续的研究自然会进一步深挖温州的区域文化对市场发育、产业集群以及制度变迁的影响。不可否认，在整体的区域模式研究中，制度变迁无疑是核心的理论概念和问题，史晋川[②]将其表述为"制度变迁与经济发展"的命题，在其专著中把文化精神和地方传统等非经济因素都囊括到这一理论假设体系之下，经验上可以形象地称为"市场化+民营化"推动"工业化+城市化"。这一理论假说是在借鉴了经济发展中的结构变迁理论的基础上的具体化，因此，温州模式的理论参照是经济发展的结构变迁理论，并结合中国改革开放的具体国情，资源配置的

[①] 冯兴元：《市场化——地方模式的演进道路》，《中国农村观察》2001年第1期；徐明华：《温州模式发生与发展的政治经济学——兼论过渡经济学相关的几个问题》，《深圳大学学报》（人文社会科学版）1999年第3期。

[②] 史晋川：《浙江的现代化进程与发展模式》，《浙江社会科学》1999年第3期。

主体和方式首先要发生变化，资源配置的产业结构和空间结构才有可能改变并带来经济增长。温州模式的研究，不断发掘理论问题，从而使得温州的结构变迁与经济发展的路径在理论解释中日趋明显。

区域经济模式的整体研究，建立了模式比较的理论参照基础，该方向的研究日趋成熟。本文从产业集群、城市化、民间金融和民间商会四个方面汇集了一些研究文献。这些侧面，显然就是结构变迁更为具体的一面。这些热点主题的出现，与温州区域经济表现有关，即使产业和市场衰落、民间借贷发生危机，这些令温州模式褪去色彩的绩效表现，都不能阻挡理论界对温州的重点关注。显然，温州模式的发展动态还是引出了一些有价值的理论问题。沿袭资源配置的结构这一理论假设，可以整理出这些研究贯穿的一套理论线索。

产业集群和专业市场由盛转衰，传统产业集群如何升级，这是一个资源配置的产业结构是否有效、是否可以升级的问题，深层次的问题是温州特色的市场交易扩展是否有效的问题，对此提出了一些有意思的理论假说，如本地社会网络对产业分工网络、交易分工网络的锁定[1]，阻碍企业引进人才和创新的角度来论证[2]，朱允卫、董美双[3]、朱华晟、谭文柱[4]等研究产业集群能否嵌入全球价值链，能否吸引创新要素的，能否持续扩张。

温州的城市化是要素配置的空间结构调整，朱康对的研究表明

---

[1] 白小虎:《产业分工网络与专业市场演化——以温州苍南再生腈纶市场为例》,《浙江学刊》2010年第6期。

[2] 谢健:《区域经济国际化:珠三角模式、苏南模式、温州模式的比较》,《经济理论与经济管理》2006年第10期。

[3] 朱允卫、董美双:《基于全球价值链的温州鞋业集群升级研究》,《国际贸易问题》2006年第10期。

[4] 谭文柱、王缉慈、陈倩倩:《全球鞋业转移背景下我国制鞋业的地方集群升级——以温州鞋业集群为例》,《经济地理》2006年第1期。

温州模式具有自下而上的城市化机制①，后续的研究提出的问题是温州的城市规模、城市化水平能否提升，温州能否形成大都市区，问题的本质是推动要素配置和产业布局的空间结构调整的市场化机制能否扩展，为什么空间结构调整的结果仅仅限于大量自发形成的中小城市。

民间金融的研究揭示的温州特色在于自发的金融市场，反映的是社会资金配置的结构，一类问题是从民间融资正面的积极效应提出的，扭曲的金融制度下温州如何形成民间融资的市场结构，民间的资金"会"具有什么样的利率结构和风险机制，民营中小企业的发展对金融的民营化改革有什么影响，是否能形成规范化的民营金融；另一类问题是从民间金融危机负面效应提出来的，民间借贷的信息机制、风险机制、合约机制存在什么样的缺陷②，面对民间金融规模扩张与国家层面的金融制度安排之间的矛盾，急需金融改革还是民间金融的自我规范③。民间借贷和其他形式的民间金融是资金的市场化配置结构的表现，民间自发市场的配置方式在什么条件下有效、是否能扩展到更多的实体经济领域，抑或这种方式越来越难以适应产业升级、新兴产业和城市化的需要，这是民间金融研究的一条理论问题主线。

民间商会、协会在温州大量涌现并在各行业的治理中起到了很广泛的作用，商会的活动介于市场主体与地方政府之间，是资源配置主体结构的新变化，不仅配置市场资源，而且还配置公共资源。现有的研究分析论证了温州商会是真正意义上的民间自主自治的组织，也指出了民间商会的发展空间，理论上的问题是这种新型的资源配置结构和第三方组织机制是否是有效的，是否能持续地扩展以

---

① 朱康对：《来自底层的革命——从龙港农民城看温州模式城市化中的市民社会成长》，《战略与管理》2003 年第 6 期。
② 史晋川：《人格化交易与民间金融风险》，《浙江社会科学》2011 年第 12 期。
③ 张仁寿：《民间借贷与制度性公共品供给》，《浙江社会科学》2011 年第 12 期。

及最终的边界在哪里。纵观以上围绕四个方面的资源配置结构的理论问题，一方面要体现出温州模式具有的配置结构的特色，另一方面也要说明温州模式的配置方式和结构有局限性，自发扩展到一定程度就无法持续。

（二）自发扩展秩序与制度秩序的切换

温州特色的资源配置方式和结构是多方面的，其共性是自发的市场化。在计划经济的配置方式之外先发从局部领域自发交易、自发市场化配置，这一点逐渐扩展到空间结构、金融结构，从市场资源扩展到公共资源。温州模式的自发市场化以及带来的诸多体制外创新的奇迹，给理论研究者带来了丰富的研究问题。在研究中逐渐形成了一条肯定温州模式积极意义的"自发扩展秩序"理论解释思路，这一点在前面的论证中已经充分体现。"自发扩展秩序"思想的影响，体现在具体的市场化行为上，如专业市场、产业集群和城市建设，还体现在对"温州模式"整体的解释上[①]。自发秩序与演化的含义比较接近，强调扩展演变的过程，对特定温州现象的研究过程更加全面，突出了自发性的演化动力。一种资源配置的结构形成，背后有自发的动力和演进的秩序。自发的动力侧重于市场主体，而扩展的秩序强调的是交易中竞争与合作的规则。自发扩展秩序使加入这一秩序的市场主体从生意中获益，自发秩序扩展，意味着加入的市场主体增加，市场的类型和空间范围也在扩张。自发扩展秩序，很好地解释了温州先发的市场经济快速成长的重要方面。但是，自发扩展秩序为主线的研究，在温州模式的发展绩效表现优异时有较强的说服力，但是当温州模式的某一些方面暴露出问题，

---

① 徐明华：《温州模式发生与发展的政治经济学——兼论过渡经济学相关的几个问题》，《深圳大学学报》（人文社会科学版）1999年第3期；冯兴元：《市场化——地方模式的演进道路》，《中国农村观察》2001年第1期。

甚至爆发一些危机的时候，"自发扩展秩序"的解释力遭到极大挑战。尤其是2011年温州民间借贷危机爆发引发的学术讨论，引发了对自发的非正规金融的缺陷有更多的认识，呼吁对民间金融加以正规的金融制度引导。民间资金的配置在自发扩展秩序下，"人格化交易"和"关系型合约"的扩张只能局限于有限的孤立区域和传统产业。

与自发扩展秩序同时出现的理论假设是制度变迁，经适当改造为"准需求诱致性制度变迁"。[①]制度变迁理论的供给需求框架，把政府和自发的市场主体结合起来，地方政府响应市场主体的自发秩序而提供的正式制度，制度这种公共物品向更大范围、更多主体供给的成本相对节约。纵观温州模式的研究，侧重于温州实践的先发性和创新性时，自发扩展秩序的理论假设就相对盛行，也能给以很好的解释，而且对中国其他区域的市场化改革的推进也有启发意义。当温州模式的实践遇到困境，理论研究就反思温州特色的自发扩展秩序的局限性，自上而下的制度供给的呼声上升，对制度秩序的思考就增多。自发扩展秩序和制度秩序不完全是替代的关系，自发秩序下市场主体探索了资源配置的一种新的结构的可能性，而当自发秩序扩展到一定范围和程度，始终超越不了温州特定的"关系网"[②]其产业结构（对应产业升级）、空间结构（对应城市化）、国内国外结构（对应对外开放）、主体结构（对应民间金融）锁定温州模式。而制度秩序是对自发秩序的改造，正式制度供给不仅对一部分先发的市场主体适用，也对更多的市场主体，甚至是对非温州的市场主体适用，反而有助于市场化配置方式和结构的扩展。温州模式的研究，从提出理论问题的视角而言，自发扩展秩序和制度秩

[①] 金祥荣、朱希伟：《"温州模式"变迁与创新——兼对若干转型理论假说的检验》，《经济理论与经济管理》2001年第8期。

[②] 史晋川：《温州模式的历史制度分析——从人格化交易与非人格化交易视角的观察》，《浙江社会科学》2004年第2期。

序是两条鲜明的问题主线，经过 30 年的理论思考，温州模式的出发点和落脚点也在这两类秩序的有效切换上。

（三）秩序切换中的发展模式

一直以来对温州模式从区域发展模式、制度变迁模式、工业化模式、治理模式等多个角度阐述内涵。为什么出现如此多样化的模式，归根结底还是因为改革开放的中国正处于转型和发展中，从初始状态到与全球化接轨的现代市场经济，必然会出现若干种可能的路径和更多可能的转型切换方向。显然，温州模式只是其中的一域的转型路径和切换方向的总和。

温州模式作为一个考察对象，因为其是最早的农村工业化模式，起步时间较早，很少受到外部模式的影响，是一个初始条件相对有区域特色的样本，是转型路径和切换方向比较能独立于外部条件的一种模式。温州模式经常与苏南模式展开理论和实践的比较[1]，本文依据转型发展的共同点，设置了两种模式共同的参照图。如图 9 所示，从计划到市场是资源配置的主体与方式维度的变迁。两种农村工业化模式都不是完全的计划模式，都处于半计划半市场的状态。从传统到现代，是资源配置的结构维度的变迁，受二维平面的限制，只能把产业结构、空间结构、国际国内区域结构、劳动力素质结构等统一成传统和现代的区别。

两种模式起步时的条件有所不同，主要是配置结构上，苏南模式比温州模式更为现代。苏南模式的工业化可以追溯到明清时期，近代以来更多受上海的辐射，计划经济体制下苏南的农村社队企业就与上海的国有企业、本地的国有企业协作配合，配置结构上已经到了半传统半现代化的阶段（B）。温州模式起步时处于半计划半

---

[1] 洪银兴、陈宝敏：《"苏南模式"的新发展——兼与"温州模式"比较》，《宏观经济研究》2001 年第 7 期。

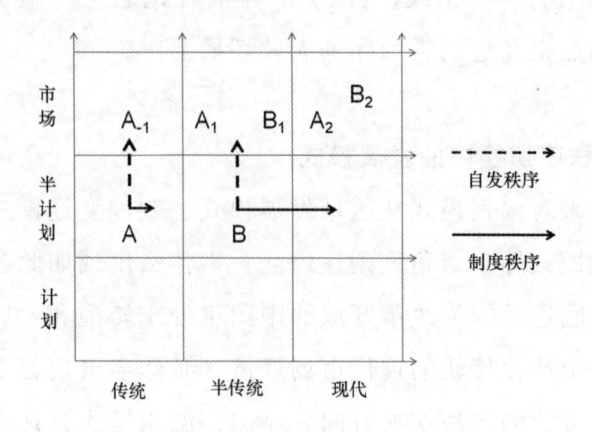

图9　秩序切换中的发展模式

市场的传统经济阶段（A）。温州模式是一种先发、原生态的转型发展路径，有很多种可能，当然也就更加丰富多彩。自发扩展秩序是温州模式转型发展路径中的大致方向，这是一种市场扩展的力量，影响是多方面的。一种可能是依靠自发秩序的力量（如图中虚线箭头所示）和自发市场的配置方式但是一直停留于传统经济，如状态A_{-1}，民间借贷和一些萎缩了的产业集群是例证。温州模式的发展绩效更多是通过自发秩序的力量发展起了半现代化的产业而实现的，温州的古典企业有很强的学习能力，这是温州模式的企业制度创新的优势。[①] 学习现有的产业知识，工厂化的制造业产品，依托温州人的专业市场和全国性销售网络，能迅速占领市场，如状态A_1，温州的中小城镇相应兴起，民间资本实力增强。但是，自发扩展秩序的局限性也在逐步增强。温州产品的市场份额不断扩张，但专业市场和购销网络没有发生变化。温州的中小城市规模扩张，但是大城市和中心城市功能没有形成。温州民营企业向外扩张，但是

---

① 金祥荣：《多种制度变迁方式并存和渐进转换的改革道路——"温州模式"及浙江改革经验》，《浙江大学学报》（人文社会科学版）2000年第4期。

很难与国际要素结合，产业外溢严重，但是引进严重不足。温州经济发达，异地商会复制了本地温州商会的模式，温州商人在异地投资经商活动中与当地政府的特殊照顾，获得了其他区域商人无法获得的优势，但是，也排斥了温州人与更多区外、国外正常的合作，也阻碍了温州企业家与地方政府形成正常的契约化制度化政商关系。

民间自发扩展秩序动力强大，制约了地方政府的作为，在争取制度化的优势与特殊化的政策优势这两者之间，显然温州商人通过商会组织更能争取到更大的优势。在很多时候，温州商人的能量大大超过了温州地方政府，地方政府的公共物品和公共服务被商会等组织替代，"准需求诱致性制度变迁"丧失了需求基础。自发扩展秩序是一种市场成长的秩序，但是在温州却是"特殊主义"的秩序，在局部分割的市场和规模经济不够明显的产业里，温州的自发秩序发挥了很大作用。但是，在区域更广且规模经济明显、交易更为标准化的领域，自发扩展秩序劣势明显，特殊主义的自发秩序的交易成本更高，而一视同仁的制度秩序的交易成本更低。反观苏南模式（B），可以更好地利用自发秩序与制度秩序这两种力量。苏南模式的半计划状态，并不是按照计划来配置资源，而是因为苏南的社区官员同时又是企业家，既提供公共物品，又指导着企业的经营，连接了与中心城市国有企业的配套协作，模仿了国有企业的现代产业组织，招商引资连接了国外的技术资源，直接从半传统半现代转向现代结构（B_1）。苏南模式的长处是制度秩序，对市场主体没有地域的偏向，更加容易学习温州模式中"自发秩序"的优势。苏南模式通过两次民营化的改革（如图中实线箭头所示的制度秩序力量），完成了市场主体的再造，同时吸纳了跨国企业，市场主体的结构更加多元丰富。结构的现代化和主体的民营化两种力量互补形成合力，推动了苏南模式向现代市场经济转型（B_2）。

温州模式仍然是其他区域的学习模仿对象，也在温州商人和企业的活动推动下向区域外扩散，影响到了其他区域的转型发展路径，例如苏南模式的转型中就吸收了温州模式的一些积极因素。温州模式为其他区域模式提供了参照，也可以比较互鉴，初始条件可能会有所不同，但现代市场经济的终极目标是一样的。温州模式研究在基于区域特色的转型发展路径模式的研究基础上，不断修正发展模式，为其他区域模式的转型发展找到了一条有普遍共性的路径和转型的规律。温州模式的实践，是观察中国改革开放以来渐进式市场化的窗口。温州模式有特殊性的一面，因为温州模式的先发性和探索性，难免带有地方一域的文化社会根基的影响，但是这种特殊性并没有改变向现代市场经济转型发展的根本方向。温州模式也具有一般性的一面，自发秩序的力量和政府提供正式制度的力量，在转型发展进程中不同阶段发挥的不同作用，温州模式系列研究中已经充分总结出了这一规律，这是温州模式研究在理论上的一般意义。而且，不管是哪种区域模式，一旦主要力量从自发扩展秩序切换为制度秩序，达到了现代市场经济的目标，区域模式的特殊性也将消失。尤其是在全球化不可逆转的当今时代，一个地区的发展，更应该与国际接轨，与更大范围内的国际市场接轨，而不是过于强调区域特色，因为，直接面对区域竞争的只有地方政府，而企业是面向全国竞争和全球竞争的。

"义乌发展经验"研究及其理论贡献

郑小碧 白小虎[*]

改革开放 40 年来，义乌从一个农业小县发展成为"全球最大的日用品商品批发市场"，成长为集聚了国内外外贸公司、采购商等在内的"万国商城"，由此被称为"建在市场上的城市"。义乌的市场演进、产业成长、城乡一体化、社会治理、对外开放等方面呈现出了具有义乌特点的发展现象，2006 年浙江省委、省政府向全省发出号召学习"义乌发展经验"。[①] 针对这些现象，学界从不同角度进行了研究，并在很多方面形成了"义乌发展经验"研究的理论贡献。

一 "义乌发展经验"的实践

义乌发展经验 24 个字，层次清晰。经济发展的成就巨大，市

---

[*] 郑小碧，经济学博士，浙江师范大学经济与管理学院副教授。研究方向：新兴古典经济学与经济组织变迁；新兴古典贸易理论与贸易方式演进。白小虎，浙江大学西方经济学硕士、政治经济学博士，浙江省行政学院经济学教研部教授。长期从事劳动分工与经济发展的理论、制度变迁与经济发展关系的研究。

[①] 2006 年 4 月 30 日，浙江省委、省政府联合下发《关于学习推广义乌发展经验的通知》，决定在全省范围内学习推广义乌推进全面建设小康社会、走科学发展之路的经验。义乌发展经验概括为 24 个字：兴商建市，产业联动，城乡统筹，和谐发展，丰厚底蕴，党政有为。

场是发展的引擎,带动了产业发展,推动了城市化。积极推动城乡一体化,经济和社会和谐发展。政府积极有为,市场(企业)、社会和政府三方协同,探索治理机制。

(一) 市场、产业与工商联动

1. 市场演化与发展

义乌市场的形成起源于义乌劳动人民"鸡毛换糖"的传统,根植于重商的民风。在物资匮缺的年代,义乌人多地少,人均耕地不到半亩,且多为丘陵红壤,自然禀赋匮乏。因此义乌小商贩走南闯北走街串巷,以红糖、草纸等低廉物品,换取居民家中的鸡毛等废品以获取微利。到20世纪70年代末,由于农民沿街摆摊经商的数量增加,义乌农村的集市贸易有了很快的发展。但当时国家政策对此类的民间经济活动不认可,义乌地方政府为此进行劝阻、制止甚至驱赶。义乌人为了摆脱贫困进行的民营经济,不仅解决了自身的生存问题还提供了大量的就业机会,更是拉动了当地经济的发展。这种情况之下,义乌当地政府出台一系列的政策支持和引导义乌市场的发展,此后的三十多年里,把义乌小商品市场建成全球最大的小商品批发专业市场。它的发展经历了四个阶段:

萌芽起步阶段(1978—1987)。中共十一届三中全会之后,义乌抓住国家政策逐步放开的机遇,1982年提出"四个允许":允许农民经商;允许从事长途贩运;允许开放城乡市场;允许多渠道竞争,迈出了由"鸡毛换糖"到小商品市场的第一步。当时投资9000元,建成了水泥板铺设的第一代露天市场,摊位700个。1984年提出了"兴商建市"总体发展战略,从制度上确立了小商品批发市场在义乌经济发展中的主导地位,通过优先发展批发业带动义乌经济发展。此时政府推动建立了第二代棚架集贸市场,近2000个摊位,2700多种商品,经营者由"行商"变为"坐商"。之后的市场发展完全超出人们的预计，市场的再度扩建随之而来。1986年拥有5483个摊位，人均占地面积4.4m²，同时配套综合商业服务和多方位管理的第三代棚架市场建成。

稳步发展阶段（1987—1993）。义乌市场迅速扩张导致市场空间、区位、结构布局等缺乏体系性规范，市场秩序混乱。为了解决市场扩张中的"混乱"问题，更好地进行市场治理，义乌政府1992年提出"划行归市"战略。同时第四代大型室内柜台式市场于1991年动土兴建，1992年投入使用，共有7000余个摊位。1993年，义乌小商品市场走上了股份制发展的路子，创立中国小商品城股份有限公司（商城集团前身），至此义乌小商品城成为国内最大的小商品交易专业市场。

全面拓展阶段（1993—2001）。1994年义乌小商品城二期通过验收，面积扩大到228000m²。90年代初期，义乌小商品城受到国内外经济形势的影响，年交易额出现下降。义乌市政府在坚持"兴商建市"总体发展战略的同时，及时实施了"以商促工、工商联动"的政策，将小商品贸易中集聚的资本转向工业化，推进制造业发展，形成了"前店后厂"联动发展势态，实现了小商品市场与产业集群的良性互动发展。

转型升级阶段（2001年至今）。进入21世纪，义乌小商品市场走上了国际化的发展道路。2001年，中国加入世贸组织，为顺应国际化发展需求，义乌于2002年提出建立国际商贸城的计划，第五代国际商贸城应运而生，致力引领传统集散型市场向现代化国际市场飞跃。这一阶段，义乌专业市场大力发展电子商务与会展经济。通过第三方交易平台实现了网上交易额的成倍增长，于2012年自建"义乌购"交易平台，网络订单量占总业务量的30%以上，涉及电子商务的商家超5.5万，义乌成为全国网商集聚中心、全球网货营销中心和跨境电子商务高地。2011年，义乌实行国际贸易综合改革试点，采取"市场采购"这一新型贸易方式，为众多中小型企业和经营者搭建了通往国际市场的桥梁。

义乌专业市场走向国际化拥有特有的国际竞争优势：小商品种类繁多，用途广泛，涉及日常生活的方方面面。成本优势明显，小商品属于劳动密集型产品，义乌拥有绝对的成本比较优势。产业集群优势逐渐积累，从20世纪90年代初开始，义乌涌现出衬衫、袜业、饰品等10多个优势产业。尽管如此，义乌小商品国际化面临的问题突出：出口产品结构性矛盾明显，多是中低档的劳动密集型产品，缺乏高新技术产品和强势品牌；国际市场不确定因素多，国际贸易环境压力增大；人才匮乏，严重制约着外向型经济的发展。

针对上述问题，首先，将义乌出口产品的重点放在科技含量高，附加值高的产品上。厂家需调整产业结构，大中小企业数量应形成合理的比例，进行产业升级，使得自身产品具有不可复制性，增加出口企业的品牌意识，大胆创新属于自己的品牌。其次，鼓励出口企业运用电子商务平台，应对国际环境变化。小商品出口商可充分利用阿里巴巴国际站、EBAY、义乌购等电商平台，甚至利用国际聊天工具来加强和外商的沟通。改善人才引进模式。培养有创新性和全球性战略眼光的人才，对企业进行市场经营和国际贸易知识的专业培训，做好反倾销和应诉准备机制。

2. 专业市场与电子商务的融合发展问题

随着信息技术的发展，以互联网为基础的电子商务获得了空前的发展，它提供的无实体、无现金、无现货的网上交易平台对依托于现金、现场、现货的"三现"交易模式发展起来的专业市场造成了重大冲击。义乌专业市场也面临相同的困境，实现专业市场与电子商务融合发展具有重要意义。义乌专业市场与电子商务经历了相互排斥、相互结合与融合发展这三个阶段。20世纪90年代，电子商务刚开始兴起时就被引入义乌市场，但这个时期的专业市场发展正处在成熟期，刚起步的电子商务发展还极其不完善，义乌专业市场能够排斥电子商务和网上交易，义乌失去了发展电子商务的第一次机会。直到2007年义乌中国小商品城网站的建立，义乌市场才尝试利用电子商务开展网上交易，但是义乌当时并没有充分利用好自身优势，加上其长久发展的路径依赖，专业市场的转变十分困难，因此使自己的网上市场发展远远滞后于外部发展条件。2008年的金融危机过后，由于一些义乌淘宝卖家的示范效应，政府也开始着力寻找市场发展的新方向，比如电子商务培训的普及、外部成熟网上平台的引入以及各项电子商务扶持政策的实施等，市场内外的经营主体也都开始探索开展电子商务的途径，充分利用专业市场的优势资源大力拓展网上市场交易方式。义乌专业市场与电子商务的排斥关系才有所缓解，使得市场进入实体市场与电子商务相互结合的阶段。2012年义乌小商品城与阿里巴巴强强联合，2013年的"30万网商培育计划"的启动，义乌小商品城独立、完整的网上市场交易平台"义乌购"的升级、传统企业的快速转型等都体现了专业市场与电子商务向融合阶段的转变。

3. 专业市场与产业集群互动发展问题

专业市场是指以现货批发为主，集中交易某一类商品或若干类具有较强互补性和互替性商品的场所，是一种大规模集中交易的坐商式的市场制度安排。产业集群是经济发展的重要组织形式，是产业演化发展的一种重要地缘现象，是区域乃至国家竞争优势的载体。义乌正是建立在专业市场上的城市，以专业市场为依托，义乌形成了众多特色鲜明、创新突出、具有世界影响力的产业集群，两者之间形成了如下几个方面的良性的互动关系。

专业市场为产业集群提供共享式的销售平台。作为集中交易的场所，专业市场为无力构建销售渠道的中小企业，提供销售平台，使企业以较低的成本进入市场，保持地区经济活力。专业市场承担了大部分的销售环节，集群企业因此可将更多资源投入产品生产环节。

专业市场促进产业集群产生，加快产业升级。专业市场以其集聚优势吸引交易者，产业集群里的中小企业"背靠大树好乘凉"。专业市场提高交易效率，缩短交易时间，降低了交易成本，促进专业化生产。企业因此能够协调配合，分工协作，促进产业集聚。专业市场竞争机制的强化使得企业不断增强自身竞争力，加强研发力度，创新自主品牌，产业集群竞争力因此加强。产业结构伴随着专业市场发展不断优化。

专业市场与产业集群关系良好，相互促进，但也存在一些明显的问题。首先，由于小商品市场中产品同质化现象严重，必然会引发过度、无序、恶意竞争，最终引发价格战，信用崩溃。在小商品产业集群内形成良性竞争循环至关重要。因此，要规范义乌市场内的竞争行为，减少市场内耗，防止无序竞争；地方政府和行业协会应维持市场竞争秩序及企业之间良好的竞争合作秩序，特别是制止压价竞争和因之诱发的假冒伪劣现象。其次，市场在规模扩张的同时，新进入的经商者越来越成为市场集群的对立力量，破坏协调机制的负面循环也在增加。市场集群从一种循环进入另一种循环完全是受外部环境的影响，是集群对外部环境变化作出的反应。这就要求市场的建设开发和管理者对经营者的行为作出适当的规定，使经营者的行为有利于市场集群摆脱恶性循环，并向良性循环转变。针对这一问题，义乌小商品市场建立了完善的管理体制和制度，并通过"划行归市"引导市场集群步入了协调范围经济和专业化规模经济的良性循环。[1]

---

[1] "划行归市"是加强市场经营秩序管理的一种重要手段。以1991年建成的篁园市场（第四代小商品市场一期工程）为例，所谓划行归市，就是把市场内所有摊位10000多个商品品种，划分为服装、针织、小百货三大类，以及服装、鞋、袜、针棉内衣、线带、纽扣、箱包袋、小五金、工艺品、玩具、花、文体用品、日常用品、电子产品、音像产品、化妆品、电器等20余个分类，分别归口到13个交易区经营，经商户按行业申报登记，由市场管理部门统一安排摊位。

(二) 政府有为与市场制度扩展

1. 政府如何培育市场

地方政府是义乌市场形成的第一推动力。在义乌市场形成与发展的不同时期，地方政府根据实际情况制定相应对策，才使得义乌在每一个关键时期都把握住了发展机会，经历五代市场变迁发展为国际化小商品市场，如表1所示。但在义乌市场转型的过程中，如何正确处理地方政府与义乌专业市场问题，也曾一度令义乌政府为难。历史上义乌农民是有名的"货郎担"，做"鸡毛换糖"的小本生意。在20世纪70年代末，义乌农村集贸市场贸易快速发展。这些自发的民间活动，与当时的国家政策相违背，义乌政府曾经感到十分为难，对这些民间的经济活动进行过一些劝阻、制止甚至驱赶，但是效果并不好。因为改革开放初期义乌人民深陷贫困，这些为摆脱贫困而自发开展的经济活动有着很强的生命力。事实上，这些民营经济的发展不仅解决了一批人的就业和贫困问题，而且极大地活跃了当地的经济。在极有说服力的事实面前，义乌地方政府很快转变了认识和态度，顺势造市，通过政府有效的措施来主动弥补市场的缺陷，积极引导民营经济快速发展。

初期，义乌政府颁布文件指出正当的农村集市贸易不是"资本主义的自由市场"，应当加以恢复。接着，义乌县政府专门就个体摊贩数量、农民经商对象、商贩进城范围、小百货批发和自由市场等事项进行研究，对小百货市场进行全面管理，一是登记，二是发放临时执照，三是建立组织，四是按营业额征税，五是成立市场整顿临时机构。1984年义乌提出"兴商建县"。整整20年后，义乌的建成区扩大了近18倍，使义乌从一个一不靠海、二不靠边的农业县，变成了"以商兴市""连通四海"的经济强县，国家商务部还将义乌作为中国国际小商品市场博览会永久性会址。这一切，如果没有义乌历届党委政府班子一届又一届的共同努力，没有政府强有力的组织、规划和推动，是不可能实现的。义乌小商品市场从1982年开放，至今已发展到了第五代，从露天市场到室内市场，再到市政府控股的"商城集团"，再到建设国际商贸城的战略构想，毫无疑问，义乌市场发展的每一步，都带有鲜明的政府烙印，都是在政府的直接组织和推动下发展起来的。

表1　　　不同发展阶段义乌地方政府的政策措施及其影响

发展阶段	时间	政府措施	影响
沿街摆摊	20世纪70年代末	劝阻、制止甚至驱赶	效果并不好
第一代马路市场阶段	1982年	开放200个小百货市场	小商品市场在义乌得以合法化
第二代棚架集贸市场阶段	1984年	兴商建县	市场发展超乎预计
第三代棚架市场阶段	1985年	兴建商贸城	小商品市场的地位和作用开始被越来越多的人所认识，更多商人参与市场
第四代大型室内柜台式市场阶段	1992年	引工转商	把原始积累的商业资本迅速转化为工业资本
第五代国际商贸城阶段	21世纪	加快建设现代化的商贸名城，扩大经济的外向度	实现市场贸易与国际接轨

2. 政府规范联托运市场

义乌物流是以小商品联托运市场为主导的商贸物流。改革开放以来，义乌物流业从无到有，从小到大，从最初的联托运市场到"一带一路"枢纽城市，走出了一条"因市而生、相辅相成"的发展模式，一路支撑并带动着义乌整体商贸业的发展。截至2016年年底，全市拥有国内物流企业1639家、国际物流企业1056家、快递物流企业134家、跨境电子商务物流企业100余家。

义乌自1982年开始兴办小商品交易市场，至1986年，市场交易额突破1亿元，初步形成一个具有较强的信息积聚功能和较广辐射范围的小商品集散地市场，随着小商品市场辐射范围的不断扩大，小商品的运输量迅速增加，传统体制下的铁路不适合运输短途、零散、体积小、重量轻的小商品，人力车、拖拉机、客运汽车、货运汽车甚至价格高昂的邮政包裹等运输方式也不能满足日益增长的运输需求。常年从事从小商品市场至火车站的小商品短途运输的人力车夫是一个非常特殊的群体，正好处于货物中转的衔接部位，非常熟悉运输市场的供求矛盾以及公、铁运输的协作关系。1985年几名人力车夫发起成立第一家专业代理运输小商品的联托运处，他们联系客商（货源）、调度、雇用车辆，承诺并将货物安全运抵目的地，义乌联托运市场应运而生。

之后，义乌联托运发展主要经历以下几个阶段。（1）起步阶段（1985—1990），当时缺乏有效的政府管制，联托运处无证经营、买卖执照、偷税漏税、敲诈客商、打架斗殴等恶性竞争现象相当普遍，使得经营线路很难固定，义乌市政府抓住联托运线路经营权这一根本环节，对联托运行业进行了整顿，明确联托运线路和联托运处挂靠的企事业单位的关系，同时从线点的承包、风险押金、货源组织等方面加强了管理和控制；固定线路的经营权，变"一线多点"的无序经营为"一线一点"的固定、挂靠经营；成立"义乌市联托运行业管理委员会"及其办公室，集中交通、公安、物价、财税、工商5个职能部门的功能，对联托运行业实行统一管理。（2）强化管理阶段（1995—1998），经过90年代初的治理整顿后，联托运行业展现出良好的利润前景，许多部门和单位纷纷要求拥有线路所有权,但是,由于联托运处由多家部门和单位主管,这也使得联托运业务"有主无管"的现象更加严重,联托运线路的承包、经营、管理等环节很不规范,严重影响了小商品市场客商的利益和小商品市场的发展。针对这种所有权过于分散的局面,市政府于1993年决定组建市联托运开发总公司,委托其统一经营联托运线路发包和新线路开发业务。1995年,市政府收回全市所有联托运线点的所有权,由主管部门——"运输市场管理委员会"及其办公室统一管理;联托运开发总公司统一负责经营(线路开发和发包权)与管理(货源组织和运输服务及安全等)。尽管1995年以来运管办制定了"三统一"(统一计价、统一收费、统一计量)的管理原则,由市联托运开发总公司具体负责联托运业务的管制,但对垄断经营很难采取有效的监督,挂靠垄断专营的弊端也日益暴露。(3)动态化管理阶段。针对小商品客商普遍反映联托运业"价格过高、服务不好"的问题,1998年7月5日,市政府出台了新的《联托运市场整治方案》,要求对联托运市场实行"定点式经营、门槛式放开、动态化管理",全面打破"一线一点"垄断经营的格局,其中130余条主要的联托运线路分七个批次有序地向社会开放,展开竞争。

3. 政府推动小商品国际贸易改革试点

改革开放以来,全国各地诞生了一批专业市场,其形成的规模经济、范围经济吸引了许多国际客商来此采购,这种从专业市场直接采购进行出口的方式也因此促使一种不同于传统一般贸易、加工贸易的"市场采购"型贸易方式的形成,浙江省义乌市就是这种新型贸易方式的典型案例。义乌的"市场采购"型贸易方式主要经历了三个阶段(见表2),政府在其发展过程中也扮演着不可或缺的角色。

表2　　　　　　　　义乌"市场采购"型贸易方式发展阶段

发展阶段	特点	问题	政府作用
初始萌芽阶段（1996—2002）	市场积聚效应形成交易价格优势、产品数量优势；订货及付款方式发生变化	物流系统不完善，外国采购商采购商品种类较少	制定并出台一系列的便利化措施为外商进入当地市场与采购经营提供诸多便利
逐渐形成阶段（2002—2011）	国际化发展迅速，专业化经济、多样化经济、规模经济及分工经济效应明显	小商品的单笔出口数量少、品种多，交易商多采用拼框组框方式装运，极易存在单货符、通关单缺失等违规行为，使得通关效率不高	海关总署特别针对义乌市场设计出"旅游购物模式"小商品的出口申报实施简化归类，但是几年的实行也暴露了很多局限性
生成完善阶段（2011年至今）	"市场采购"贸易方式正式试行，经济性积聚和嵌入代替地理性积聚	义乌多年来形成了独特的"市场采购"型国际贸易方式与传统的以生产企业为主要监管对象的检验检疫模式较为不适应，时常发生出口主体不报、漏报商品的情况	海关总署特别针对义乌市场设计出"旅游购物模式"小商品的出口申报实施简化归类，但是几年的实行也暴露了很多局限性

（三）经济社会治理的其他实践

1. 社会组织治理

改革开放40年来，行业协会这样的社会组织伴随着市场经济的发展在不断壮大，它是一种非营利性的中介组织，不仅沟通着市场与政府，而且代表着行业的利益，为企业带来了更多的权益与利益。义乌市场的行业协会在政府职能转变与市场经济发展中不断涌现，并且在经济社会生活中地位凸显，发挥着重要的作用，协会在不断成长的过程中也出现了一些问题。

各行业协会在发展过程中太过于关注实体市场，并且随着电子商务的快速发展，协会对行业的电子商务发展熟悉程度不高，不了解国内外电子商务的竞争态势，因此协会在引导企业开展网络市场方面有待提高。行业的部分功能开始慢慢退化，而新的功能并没有得到确立，例如，个体劳协的维护会员在经营过程中的合法权益有所弱化的同时又缺乏新的维权手段。社会中介组织可能会被所谓"土政客"把持或操纵，从而使得群众的要求无法体现。不同行业协会与政府关系由于与自身资源禀赋的不同而有所不同，政府在协会治理过程中也扮演着不同的角色，因此行业协会又被分为政府导向型、企业导向型和政府—企业双向型等多种形式并存的协会。

2. 城乡一体化治理问题

党的十七大报告中阐述和部署了社会主义新农村建设任务，提出了城乡经济社会发展一体化的发展新思路。在城乡发展一体化这一方面，义乌作为一个县级市取得了突出的成绩，地方政府雄厚的财政实力、较大的行政权限及政府向农村倾斜的公共政策这三点对义乌城乡一体化的发展起到了重要的推动作用。但是在城乡一体化进程中，义乌新农村建设也不是一帆风顺的，由于义乌的城市品位不高，旧村改造出现了大量的土地浪费，并且形成了"空心村"。旧村改造的建筑除了色彩存在差异，其余构造基本雷同，统筹规划滞后，而且过分注重房屋出租经济效益，忽视绿化及环境保护。随着新农村建设进程的加快，义乌随即出现了"食租"群体，他们靠着收取外来人口的房租生活，不愿就业，丧失了进取精神。另外，教育均衡问题也在城乡一体化进程中不断体现，由于经济发展的不平衡，优质的教育资源都向经济发达的地区转移、向城市地区积聚，从而使得农村教育水平薄弱落后于城镇。现阶段的义乌应该正确理解和把握城乡一体化发展的基本规律和义乌面临的实际情况，找准症结，拓宽思路，切实解决制约义乌城乡一体化发展的主要因素。

3. 水权交易

东阳市和义乌市均隶属于浙江省金华市，同在钱塘江支流金华江一带，二者处于上下游的相对位置。20世纪90年代，由于干旱原因，义乌多次出现"水危机"，并且义乌市原本供水能力就严重不足，市内的水库供水潜力也比较有限，区域水资源相对缺乏，水源不足也因此成为义乌经济社会发展的瓶颈。在政府的协调下，东阳也多次给予义乌供水帮助，但是这不能从根本上解决义乌迫切需要从境外开辟新的水源量约5000万立方米以满足城市发展用水的需求。在这个问题上，义乌政府也规划了多个解决水源的方案，但相比而言，还是从毗邻的东阳市横锦水库引水是最优的方案，这一方案投资省、周期短、水质好。在两地的多次协调下，终于在2000年11月24日在东阳市举行了水权转让协议签字仪式，这也标志着中国首例区域政府间水权交易案的达成。

二 有关"义乌发展经验"的理论研究

（一）市场产业联动与区域经济发展的研究

1. 市场演化与发展问题

义乌市场的产生与发展离不开两个主要因素：市场演化力量与政府支持。白小虎认为规模经济性和范围经济性共同推动了义乌市场的演化发展。[①] 陆立军指出，历史上义乌人素有"鸡毛换糖"的传统，改革开放后，义乌经济的崛起也是从个体商贩起步的。[②] 马力宏认为义乌历史上有重商的民风，并且义乌人们有着吃苦耐劳、

[①] 白小虎：《专业市场集群的范围经济与规模经济——义乌小商品市场的实证分析》，《财贸经济》2004年第2期。

[②] 陆立军：《"义乌商圈"形成机理与发展趋势——三论"义乌模式"》，《商业经济与管理》2006年第6期。

敢打敢拼的精神。[①] 陆立军[②]概括出20世纪80年代初，义乌政府提出"兴商建县"的总体发展战略，20世纪90年代中期，提出"以商促工，工商联动"；进入21世纪，提出建设国际性商贸城市战略。白小虎通过构建一个新兴古典框架，从分工结构演进的视角深入分析揭示了义乌市场的历史起源。[③] 而在政府对市场发展的作用方面，很多研究都支持政府对义乌市场具有正向影响。例如，刘成斌归纳出1982年"四个允许"、1984年"兴商建县"、1992年"划行归市"、2000年"名城战略"，认为地方政府的积极作为对义乌市场的演化发展起到了重要作用。[④] 关于义乌市场国际化，有关研究提供了更多的思路：李玉辉认为，我国专业市场国际化转型升级要加强专业市场电子商务应用；充分发挥政府在专业市场国际化中的引导作用；完善相关配套基础设施为贸易便利化提供保障。[⑤] 钱兰指出，国际贸易目前主要关注的焦点在于贸易的结构和流量，因此义乌必须适当开拓市场，促进市场多元化战略的落实。[⑥] 袁亚妮认为，加强外资利用率，改善投资环境，维持外商投资企业的积极性，促进外商扩大投资规模。[⑦]

2. 有关专业市场与电子商务融合发展的研究

国内外有很多学者对关于电子商务、专业市场以及两者之间的

---

① 马力宏：《地方政府管理对民营经济发展的影响——对温州和义乌地方政府管理模式的比较分析》，《中国行政管理》2006年第2期。
② 陆立军：《"义乌商圈"形成机理与发展趋势——三论"义乌模式"》，《商业经济与管理》2006年第6期。
③ 参见白小虎《劳动分工与市场起源》，浙江大学，2011年。
④ 刘成斌：《活力释放与秩序规制——浙江义乌市场治理经验研究》，《社会学研究》2014年第6期。
⑤ 李玉辉：《贸易便利化视角下我国专业市场国际化转型升级探讨》，《国际经贸》2017年第14期。
⑥ 钱兰：《论义乌小商品出口现状与对策》，《现代商业》2017年第13期。
⑦ 袁亚妮：《"一带一路"背景下义乌出口问题及对策分析》，《现代营销》2016年第12期。

联系进行了研究。以斯密、施蒂格勒为代表的国外学者认为，随着市场中某一产品或服务的需求增加到一定程度时，就会使市场的范围扩大，并由此生发出专业的生产者，导致市场分工和专业化程度的提高。杨格年指出，市场专业化的分工能促进市场实现规模化生产，产生规模化经济收益，而规模化收益又能降低产品成本，提高消费者的购买力，促进市场的规模化扩张，如此就形成了循环互动的发展过程。国内学者主要从专业市场的形成与发展、专业市场的转型与升级角度进行了研究。关于跨境电子商务的研究，国外学者主要从宏观层面上对电子商务进行研究，至于中小企业如何利用电子商务达到专业市场转型升级的研究就相对缺乏，国内学者对其研究角度也相对单一，主要是对电子商务在发展过程中存在的问题及如何解决进行了探讨。对电子商务和专业市场两者关系的研究，陆立军和于斌斌认为电子商务与义乌有形市场的联动发展所形成的新型专业市场将代替传统型专业市场[1]。赵红英就电子商务的发展对义乌专业市场的转型影响进行了分析[2]。郑小碧和刘广从资产专用性、交易的不确定性、交易频率三个维度分析专业市场与电子商务联动发展的演化特征、动力及其路径选择。[3] 钱坤以大数据为背景从营销模式和营销策略两个方面对义乌电子商务的发展现状及存在的问题作了探讨。[4] 由于贸易全球化与"一带一路"倡议的开展，跨境电商也成为国内外学者的研究热点。赵丽清等从物流、税收、信用风险三方面对中国小额跨境电子商务存在的主要问题进行了深

---

[1] 陆立军、于斌斌：《论电子商务与专业市场的转型、提升——基于义乌小商品市场的实地调查与问卷分析》，《情报杂志》2009年第7期。

[2] 赵红英：《电子商务对义乌市场转型的影响力分析》，《泰山学院学报》2012年第3期。

[3] 郑小碧、刘广：《专业市场与电子商务联动发展的演化路径研究——以义乌中国小商品城为例》，《东华经济管理》2013年第7期。

[4] 钱坤：《大数据背景下义乌电商营销发展现状与未来趋势分析》，《现代商业》2016年第9期。

入分析。① 王丽分析了义乌跨境电商在"一带一路"倡议下的现状，并对其模式和特点进行了归纳总结。② 葛利红就跨境电商环境下新型专业市场的生成机理及演化路径进行了探讨，并探索性地构建了跨境电商和专业市场融合发展的新模式。③

3. 有关专业市场与产业集群互动发展的研究

关于专业市场和产业集群的关系，现有研究如下：徐剑锋以义乌为例的研究指出产业集聚首先由小商品市场启动，接着先横向集聚再纵向集聚。④ 陈红儿等研究认为专业市场的发展有利于促进义乌特色产业的形成，带动义乌生产要素市场的发育。⑤ 陆立军等提出专业市场和产业集群是中国改革开放以来产生的两种重要制度创新，义乌专业市场对本地产业集群的带动、提升作用与其本身的性质有着显著关系，并且得到了实证研究的支持。⑥ 陆立军和郑小碧认为义乌专业市场与产业集群的互动是一个多层次多阶段的共同演化博弈互动过程，在不同的互动发展阶段，学习机制、动力机制和选择机制分别发挥各自不同的作用，从而形成了"义乌商圈"。⑦ 谢守红认为关于专业市场与产业集群的互动作用研究均显示两者之间存在密切的相互作用。谢守红等指出义乌专业市场已经进入转型升级的关键时期，这与产业集群的发展水平密切相关，产业集群中

---

① 赵丽清、虞忠平：《中国小额跨境电子商务发展现状及对策》，《市场营销》2015年第5期。
② 王丽：《"一带一路"背景下义乌跨境电商的现状和模式研究》，《中国商论》2016年第3期。
③ 参见葛利红《跨境电商环境下专业市场转型升级的研究——以浙江义乌中国小商品城为例》，硕士学位论文，南昌航空大学，2016年。
④ 徐剑锋：《城市化：义乌模式及其启示》，《浙江社会科学》2002年第6期。
⑤ 陈红儿、赵降英：《中国农村专业市场向现代化迈进》，《宏观经济管理》2000年第3期。
⑥ 陆立军、俞航东：《论专业市场对产业集群的带动和提升——基于浙江省义乌市的调查与分析》，《东华经济管理》2009年第2期。
⑦ 陆立军、郑小碧：《基于演化动力学的专业市场与产业集群互动机理的理论与应用研究——以义乌商圈为例》，《南开管理评论》2011年第3期；陆立军：《"义乌商圈"形成机理与发展趋势——三论"义乌模式"》，《商业经济与管理》2006年第6期。

的同质化竞争越来越激烈,品牌竞争加剧,部分企业的离心倾向开始出现,专业市场的转型升级因而受到很大影响。[1] 张凤提出小商品集群是一项庞大的系统工程,要投入资源条件、基础设施建设、人力资本、知识资本等,因此片面强调加工企业的规模扩大,或者只注重义乌市场的设施建设,而不能系统地看待义乌商圈的整体发展是不可取的。[2]

4. 有关义乌"市场采购"型贸易方式的文献研究

"市场采购"型贸易方式是一种新型的贸易方式,不管是贸易主体还是交易行为都与传统的贸易方式有很大不同,它是专业市场国际化的产物。对于"市场采购"型的新型贸易方式的研究,国外的研究较少,主要是国内一些学者对此有所研究。黄艺根据义乌的出口特点及其特殊的监管模式,对现行监管政策中存在的问题、困境作出综合性评价,并就其解决方法进行探讨;[3] 张汉东认为,市场采购贸易方式是指国内外企业和个人通过在小商品市场洽谈成交进行进出口贸易的行为。[4] 蔡向东和余永成以福建石狮出口市场采购物流商品检验监管模式为例,分析了其出口市场采购物流商品特点及检验监管难点,并提出相应举措。王君英对义乌进口贸易的发展现状进行了分析,明晰了现阶段加快推进义乌进口贸易发展的必要性和可行性,并提出了促进义乌进口贸易发展的相关政策建议。[5] 王建军、张姚旺、杨英莹[6]就市场采购过程中如何加强检验检疫监

---

[1] 谢守红、王平、常梦竹:《义乌市专业市场与城镇化发展互动关系》,《经济地理》2017年第1期。
[2] 张凤:《基于钻石模型的产业集群要素分析——以浙江义乌小商品产业集群为例》,《北京理工大学学报》2011年第4期。
[3] 黄艺:《义乌市场采购出口商品检验监管模式创新研究》,《现代商贸工业》2010年第6期。
[4] 张汉东:《探索建立"市场采购"新型贸易方式》,《今日浙江》2011年第10期。
[5] 王君英:《推进试点改革加快义乌进口贸易发展研究》,《观察与思考》2012年第8期。
[6] 王建军、张姚旺、杨英莹:《市场采购竹木草制品出口考验检验检疫监管模式》,《中国外资》2012年第8期。

管进行了探讨;陆立军、郑小碧以劳动分工结构演进到职业中间商生成为分析路径揭示了"市场采购"型国际贸易的内在机理及演进路径。① 傅菁博对市场采购型贸易方式的特点、内涵、形成机制进行了研究,并分析了这种方式在现实生活中面临的体制机制难题,并提出了相应的建议。② 以上研究主要是对如何对市场采购贸易方式进行监管及其存在的问题进行了研究,很少就这种新型国际贸易方式的基础、生发机制及其与本地特色专业市场和区际分工协作体系之间的内在关系进行学理性分析。郑小碧以义乌为研究对象揭示特定国际贸易方式的生发、演进机理及其经济增长效应。③ 近些年关于市场采购的研究,学者们将方向转移到了其与贸易便利化的联系,汪如珺通过对义乌市场采购贸易方式对其贸易便利化的成效的评估,深入探究"市场采购"对促进贸易便利化的内在作用机制。④ 张鑫和俞健萍借鉴义乌实施新型贸易方式这一成功案例,对海宁的"市场采购"贸易方式实施条件和影响因素进行了研究,并根据海宁现实情况提出了贸易便利化途径和措施。⑤

(二) 政府与市场制度变迁的研究

1. 义乌市场与地方政府关系

对于政府与市场的关系,诺贝尔经济学奖获得者萨缪尔森认为

---

① 陆立军、郑小碧:《劳动分工、职业中间商与市场采购型国际贸易》,《南方经济》2014年第2期。

② 傅菁博:《基于"义乌试点"的"市场采购"型国际贸易方式研究》,中共浙江省委党校,2014年。

③ 参见郑小碧《职业贸易中间商、国际贸易方式演进与经济发展》,博士学位论文,浙江工业大学,2015年。

④ 汪如珺:《义乌"市场采购"对贸易便利化的成效评估》,《浙江学刊》2015年第4期。

⑤ 张鑫、俞健萍:《"市场采购"方式下海宁皮革城实施贸易便利化路径探索》,《对外经贸》2017年第10期。

某些由市场带来的经济缺陷要通过政府制定政策来纠正，中国如果实行完全的自由市场经济是非常大的错误，应该保持政府在经济中的重要角色。[①] 日本著名经济学家大野健一在分析市场与政府关系时提出要重视政府的积极作用，市场经济不会在发展中国家自动形成，市场经济发展还需要政府在生产领域的积极参与。[②] 华民认为政府功能是根据市场经济发展阶段决定的，发育阶段政府应当发挥制度创新作用，当市场经济成长以后，政府应当起到纠正"市场失灵"的功能。[③] 陈天祥认为，地方政府在我国的市场化进程中的功能是不可替代的。[④] 义乌市场的形成与发展，是我国市场经济发展的特殊典型，这其中义乌地方政府的行为极具研究价值。陆立军等在《市场义乌——从鸡毛换糖到国际商贸》一书中总结出义乌小商品市场的形成是商人集体行动与政府的开明政策的互动结果。[⑤] 郭占恒认为造就义乌发展奇迹的成因是多方面的，其中党政善谋全局、把好方向；因势利导，调控有度，坚持走科学有为的发展路子，不失为一条重要经验。[⑥] 陆立军和郑小碧指出，正是义乌党委政府在不同历史时期的正确发展战略对义乌市场的科学发展发挥了十分重要的推动作用。[⑦]

2. 联托运市场制度与物流业发展

对于义乌联托运市场的发展，陆立军和白小虎从制度经济学的

[①] 参见萨缪尔森《经济学（第12版）》（上册），中国发展出版社1993年版。
[②] ［日］大野健一：《通向市场经济的路径选择和政府的作用——90年代日本的主流发展观》，《经济社会体制比较》1999年第7期。
[③] 参见华民《转型经济中的政府》，山西经济出版社1998年版。
[④] 陈天祥：《地方政府在市场化过程中的功能分析》，《政治学研究》2002年第4期。
[⑤] 参见陆立军、白小虎、王祖强《市场义乌——从鸡毛换糖到国际商贸》（第1版），浙江人民出版社2003年版。
[⑥] 郭占恒：《科学有为——义乌发展奇迹的重要经验》，《政策瞭望》2006年第19—21期。
[⑦] 陆立军、郑小碧：《基于演化动力学的专业市场与产业集群互动机理的理论与应用研究——以义乌商圈为例》，《南开管理评论》2011年第3期。

角度对义乌联托运市场的演变进行了分析。他们认为要想解决联托运初期的"公地悲剧""一切人坑一切人"的混乱局面,需要制度知识较为丰富的人去促成一场界定产权的"集体行动",组成规模较小的集团,采取统一的集体行动,排除"搭便车"行为。同时在组成的集团扩展过程中,经营者与政府之间要相互协调与安排,政府要在适当的时机和领域退出市场竞争,引导经营者自我约束,规范竞争行为,并采取有效的监督措施,制止不正当的竞争、"合谋"等侵权行为;对于市场主体而言,可以在原有知识的基础上形成"市场集团",进行企业制度的创新。[1] 王立行同样从制度经济学角度研究了联托运市场的发展,并且分析了政府在这一市场的作用与功能,他认为联托运市场的发展过程就是市场力量与管制力量的博弈过程,也是政府制度创新的过程。[2] 朱慧和周根贵运用核密度等方法对义乌现阶段的物流分布状况进行了研究,发现物流企业分布团状积聚现象明显,随后又利用负二项回归模型对物流企业区位选择因素进行探讨,发现市场临近、政府决策等对物流企业区位决策影响较大。[3]

(三)经济社会治理问题

1. 行业协会治理问题

郁建兴认为行业协会带有社会性,也带有一定的经济性,是"经济组织的再组织",因此行业协会需要特定的治理模式。[4] 关于行业协会的治理模式,江静认为存在执行被授权、社会契约、提供

---

[1] 陆立军、白小虎:《"合作集团扩展"论——义乌联托运市场制度变迁案例研究》,《经济研究》2000年第8期。
[2] 参见王立行《义乌联托运市场研究》,硕士学位论文,浙江大学,2004年。
[3] 朱慧、周根贵:《国际陆港物流企业空间格局演化及其影响因素——以义乌市为例》,《经济地理》2017年第2期。
[4] 参见郁建兴《在政府与企业之间:以温州商会为研究对象》,浙江人民出版社2004年版。

服务和利益协调四种。[①] 最近的隋曲阳和张冉从国家法规视阈下对行业协会的治理方式进行了分析，认为行业协会的治理需要协调公私部门之间的关系，政府需要从行业协会的经济社会功能有针对性地进行治理。[②] 从区域层面来看，关于义乌行业协会学者们也有所研究。例如，罗仲伟最早通过对义乌市个体劳动者协会和义乌市保护名牌产品联合会这两个行业协会的详细研究分析，得出了五个关于中介组织在市场化进程中的基本理论。[③] 徐峰以义乌为例研究了义乌行业协会如何与电子商务在快速发展的经济环境中协同发展，充分发挥优势。[④]

2. 城乡一体化治理问题

随着城市化进程的加快，资本和劳动力等生产要素不断向城市集聚，城乡之间渐渐形成的经济差距引起了学者们的广泛关注，并且从各个角度对其进行了研究。关于城乡一体化的概念，应雄[⑤]、洪银兴和陈雯[⑥]、倪鹏飞、蔡书凯、王雨飞[⑦]、高波和孔令池[⑧]等分别从城乡建设、经济、公共服务、社会管理、人民生活方式以及城乡生态环境一体化这几个方面对城乡一体化概念提出自己的想法。对城乡一体化的发展模式研究，学者们主要从地域、发展动力机制以及城乡社会经济一体化动力源这几个角度对国内不同的城乡一体

---

① 江静：《转型国家行业协会功能发挥的制约因素——基于政府视角的分析》，《财经问题研究》2006 年第 11 期。
② 隋曲阳、张冉：《国家法规视阈下的行业协会——概念界定和法规演变》，《上海商学院学报》2014 年第 3 期。
③ 罗仲伟：《经济治理中的政府与社会——关于义乌市小商品市场中社会中介组织的调研报告》，《管理世界》2001 年第 3 期。
④ 徐峰：《基于行业协会的电子商务抱团发展研究——以义乌为例》，《现代经济信息》2012 年第 21 期。
⑤ 应雄：《城乡一体化趋势前瞻》，《浙江经济》2002 年第 13 期。
⑥ 洪银兴、陈雯：《城市化和城乡一体化》，《经济理论与经济管理》2003 年第 4 期。
⑦ 倪鹏飞、蔡书凯、王雨飞：《中国城乡一体化进程研究与评估》，《城市观察》2016 年第 1 期。
⑧ 高波、孔令池：《中国城乡发展一体化区域差异分析》，《河北学刊》2017 年第 1 期。

化模式进行探讨。现阶段关于城乡一体化的测度和评价的研究主要从区域和全国层面这两个方面进行：区域层面，焦必方、林娣和彭婧妮[①]、王舒傲[②]分别从区域层面对河南、长三角地区以及山西地区进行了城乡一体化的测度与评价。而汪宇明和刘高[③]、高波和孔令池[④]等从省域角度对一体化进行了测度，倪鹏飞、蔡书凯、王雨飞[⑤]以市为单位进行了城乡一体化测度。在这些理论研究的基础上，关于强县义乌的城乡一体化发展，学者们对此也作了不少研究。李翔认为义乌在城乡一体化发展过程中，只有剥离附着在集体土地上的农村社会组织管理体制、扬弃"一户一宅"政策，才能在保持建设用地总规模相对稳定的前提下，满足经济社会发展对新增建设用地的需求；[⑥]蔡小玲分析了义乌市城乡建设过程中出现的"空心村"现象并指出其危害及此现象形成的原因，提出一些解决方法与途径；[⑦]方晓以城乡一体化为背景研究了义乌乡村发展与产业发展的特征、经验、条件，在此基础上提出了两者融合发展的建议从而推动义乌城乡一体化更全面的发展。[⑧]

3. 水权问题

对于东阳—义乌水权交易，国内学者也分别从不同角度对此进

---

① 焦必方、林娣、彭婧妮：《城乡一体化评价体系的全新构建及其应用——长三角地区城乡一体化评价》，《复旦学报》（社会科学版）2011年第4期。

② 王舒傲：《山西省城乡发展一体化水平测度与评价》，《生产力研究》2011年第8期。

③ 汪宇明、刘高：《中国城乡一体化的省区分异》，《中国人口·资源与环境》2012年第4期。

④ 高波、孔令池：《中国城乡发展一体化区域差异分析》，《河北学刊》2017年第1期。

⑤ 倪鹏飞、蔡书凯、王雨飞：《中国城乡一体化进程研究与评估》，《城市观察》2016年第1期。

⑥ 李翔：《建设用地增长的制约因素与中国城乡一体化发展特殊路径选择——以义乌为例》，《现代经济探讨》2011年第3期。

⑦ 蔡小玲：《城乡一体化背景下的义乌市空心村现象的原因分析及治理措施》，《安徽农业科学》2012年第12期。

⑧ 参见方晓《城乡发展一体化背景下的义乌乡村建设与产业发展融合研究》，硕士学位论文，苏州科技学院，2013年。

行了分析,郑玲通过查证国内外有关水权和水权交易的理论研究及实践经验,立足于我国水资源管理和利用的现实情况和制度背景,详细分析了该事件的性质,认为这次交易是两市政府之间在水资源方面行政权力的重新配置;苏青等[①]对东阳拥有水权是否合法,东阳政府作为水权转让的主体是否合适的问题作了论证;傅晨[②]从产权理论的角度对义乌—东阳水权交易进行研究,认为东阳和义乌转让的水权是水产权"权利束"中的使用权;杨力敏则论证了东阳—义乌水权交易的内涵,指出东阳—义乌水权转让中转让的不是水资源的使用权,而是地方政府对其所管辖地区水资源的管理支配权,是水体管理支配权的有偿转移;沈满洪以及王亚华和胡鞍钢等从制度变迁角度对水权交易进行了论述。[③][④] 姜楠等结合东阳—义乌水权交易案例,利用比较优势理论从技术经济层面和制度层面分析了我国水权交易的制约因素。[⑤] 赵连阁等从经济影响角度对水权交易进行了分析,得出水权交易不仅大大改善了义乌居民的用水满意度,而且提高了居民的支付意愿的结论。[⑥]

三 "义乌发展经验"研究的理论贡献

如前所述,改革开放 40 年的发展演变过程中,义乌商业文化

[①] 苏青、国庆、湘婷:《区域水权及其市场主体对东阳—义乌水权转让实践的认识》,《水利经济》2002 年第 4 期。

[②] 傅晨:《水权交易的产权经济学分析基于浙江省东阳和义乌有偿转让用水权的案例分析》,《中国农村经济》2002 年第 10 期。

[③] 沈满洪:《水权交易与政府创新——以东阳、义乌水权交易案为例》,《管理世界》2005 年第 6 期。

[④] 王亚华、胡鞍钢:《水权制度的重大创新——利用制度变迁理论对东阳—义乌水权交易的考察》,《水利发展研究》2001 年第 1 期。

[⑤] 姜楠、梁爽、谷树忠:《中国产业间水权交易潜力及制约因素初步分析》,《资源科学》2005 年第 5 期。

[⑥] 赵连阁、胡从枢:《东阳—乌水权交易的经济影响分析》,《农业经济问题》2007 年第 4 期。

向市场资源、义乌市场向义乌分工经济网络、义乌市场向产业集群、义乌商圈向义乌贸易网络次第演进与升级,义乌发展实践推动着有关义乌发展经验的理论创新和发展,从而构建形成了不同的理论阐释。综观这种种义乌发展实践的理论研究,当前有关"义乌发展经验"的研究至少在分工网络的理论分析框架、新兴古典经济学超边际拓展的研究方法和市场自发秩序与组织协同共生的区域发展模式演进三个方面形成了一定的理论贡献。

(一) 构建了比较成熟的分工与网络分析框架

斯密的分工理论主要从企业工序的意义上解释了劳动生产率的增进,进而建立了分工与国民财富之间的内在关系。在区域经济社会发展的层面上,现有有关义乌的理论和实证研究,非常重要而显著的研究特点和贡献就在于利用劳动分工结构演进及其所形成的分工网络来构建对义乌专业市场、产业群、经济圈和贸易方式等的分析框架。例如,白小虎等以浙江省义乌小商品市场为例,展现了当地经商农民与地方政府的产权博弈过程和"鸡毛换糖"的演化过程,揭示了不同分工角色在促进义乌市场变迁中的历史性贡献。[①] 同样,更为深入地对义乌市场的研究,来自白小虎在其博士学位论文中通过构建一个劳动分工结构演进模型,全面而到位的劳动分工演进与义乌市场起源之间的关系,正是职业中间商这一分工主体从无到有、从分散到地理性集聚,才带来了义乌市场从传统商业文化的内核中生发出市场的种子,并逐步成长扩大。[②] 在此基础上,最值得关注和研究的是国内外一些研究者使用分工与网络分析来刻画围绕义乌中国小商品城而形成的"义乌商圈"的历史演进规律。陆

[①] 白小虎、史晋川:《义乌小商品市场的传统与变迁的历史制度分析——分工产权与市场》,《中国经济史研究》2008年第3期。

[②] 参见白小虎《劳动分工与市场起源》,博士学位论文,浙江大学,2011年。

立军首先通过对义乌产业群与市场群的前后关系的研究提出了"义乌商圈"概念。[①] 此后，陆立军和杨海军通过模型构建和问卷调查实证分析认为，义乌中国小商品城市场存在与发展的根本原因是由于其提供了一条形成跨区域分工协作网络——"义乌商圈"的有效路径，而这一跨区域分工协作网络的内在机制在于分工网络外部性。[②] 陆立军和郑小碧从专业市场与产业集群共同演化博弈互动的视角动态性地揭示了市场经营户、集群企业、中介组织、政府等不同主体构建形成分工网络对"义乌商圈"的影响机制，认为"义乌商圈"的形成和演进是一个由专业市场与产业集群之间多层级多阶段博弈互动的分工结构变迁过程。[③] 最近几年，学术界对分工与网络分析的核心应用在于对义乌贸易模式的分析。陆立军和郑小碧[④]、郑小碧严格论证了义乌市场采购贸易模式的内在本质在于职业贸易中间商卷入分工结构的可能性及其程度，包括贸易公司、外国采购商在内的各类贸易中间商推动了义乌国际贸易模式的历史演进。[⑤]

基于上述理论贡献分析，有如下结论：劳动分工结构演进及其分工网络的外部性是理解经济组织生发、变迁的核心动力机制，分工网络的形成及扩张为市场交易组织、经济圈、贸易组织方式的演进提供了有效路径。

[①] 陆立军：《"义乌商圈"形成机理与发展趋势——三论"义乌模式"》，《商业经济与管理》2006 年第 6 期。

[②] 陆立军、杨海军：《市场拓展、报酬递增与区域分工——以"义乌商圈"为例的分析》，《经济研究》2007 年第 4 期。

[③] 陆立军、郑小碧：《基于演化动力学的专业市场与产业集群互动机理的理论与应用研究——以义乌商圈为例》，《南开管理评论》2011 年第 3 期。

[④] 陆立军、郑小碧：《劳动分工、职业中间商与市场采购型国际贸易》，《南方经济》2014 年第 2 期。

[⑤] 参见郑小碧《职业贸易中间商、国际贸易方式演进与经济发展》，博士学位论文，浙江工业大学，2015 年。

（二）确立了比较规范的新兴古典超边际分析范式

20世纪八九十年代以来，以 Borland and Yang[①]与杨小凯和黄有光[②]为代表的新兴古典经济学家，运用现代数学工具和超边际分析方法，突破新古典经济学生产者与消费者两分法，从专业化和分工视角揭示新古典经济学无法洞察的经济组织变迁规律与内在机制，从而为交易方式和经济组织变迁提供了有力的分析框架和工具。如前所述，"义乌发展经验"中所呈现的诸如专业市场、产业聚集区、"义乌商圈"、市场采购贸易方式等经济现象，其本质上也是经济组织。对此类经济组织的生发和演进进行研究，找到合适的理论分析工具无疑是首要问题。从现有研究成果来看，白小虎[③]、陆立军和郑小碧[④]、郑小碧[⑤][⑥]尝试性地利用新兴古典经济学超边际分析方法对义乌经济组织变迁进行了探索性研究，在一定程度上形成了"义乌发展经验"的新兴古典经济学的研究团队，推动了义乌研究的方法论新拓展，相关研究成果也取得了一定的影响。例如，白小虎以新兴古典的劳动分工超边际分析框架为基础构造了两个职业中间商模型，分析了义乌商业历史发展中的六个分工结构及其演进，并阐释了劳动分工演进与义乌市场的形成与发展之间的关系，初步构建形成了义乌市场起源研究的新兴古典分析框架。[⑦] 陆立军和

---

① Yang X. and J. Borland, "A Microeconomic Mechanism for Economic Growth", *Journal of Political Economy*, 1991, 99 (3): 462–482.
② 参见杨小凯、黄有光《专业化与经济组织》，经济科学出版社1993年版。
③ 参见白小虎《劳动分工与市场起源》，博士学位论文，浙江大学，2011年。
④ 陆立军、郑小碧：《劳动分工、职业中间商与市场采购型国际贸易》，《南方经济》2014年第2期。
⑤ 参见郑小碧《职业贸易中间商、国际贸易方式演进与经济发展》，博士学位论文，浙江工业大学，2015年。
⑥ 郑小碧：《国际贸易方式演进与经济发展：职业中间商视角》，经济科学出版社2016年版。
⑦ 参见白小虎《劳动分工与市场起源》，博士学位论文，浙江大学，2011年。

郑小碧[①]、郑小碧将新兴古典经济学超边际分析方法拓展到对义乌市场采购贸易方式的研究,较为系统地揭示了市场采购型国际贸易生发的内在机理及演进路径。[②] 郑小碧在对市场采购这一特殊贸易方式进行研究基础上,从特殊到一般地构建了理论分析框架,以这一义乌为案例,运用新兴古典经济学超边际分析方法揭示并模型化职业贸易中间商"从无到嵌入性生发"及"从零散分布到嵌入性集聚"影响国际贸易方式变迁和经济增长的一般性机制,从而初步构建了利用新兴古典经济学分析贸易方式演进的一般化框架。[③]

因此,基于上述理论贡献分析,有如下结论:新兴古典经济学在中国情景下地区经济组织变迁层面的具体应用具有较强的理论探索和政策启示价值。推动新兴古典框架与中国案例的有效对接,这对新兴古典经济学更好地解释和指导中国的经济改革与转型发展实践,并从中提炼出更多的研究课题具有十分重要的现实意义。

(三)形成了"有效"市场与"有为"政府"有机"结合的区域经济发展"双元、三有"解释范式

以哈耶克为代表的奥地利学派强调了市场自发秩序对经济发展的核心作用,并认为正是经济主体之间的市场化互动成就了经济体系的内生增长。然而很多研究的观点认为,单纯依靠市场力量并不能启动和推动经济发展,特别是对后发的发展中国家来说,政府等的组织力量也许是不可或缺的。前面的文献

[①] 陆立军、郑小碧:《劳动分工、职业中间商与市场采购型国际贸易》,《南方经济》2014年第2期。

[②] 参见郑小碧《职业贸易中间商、国际贸易方式演进与经济发展》,博士学位论文,浙江工业大学,2015年。

[③] 参见郑小碧《国际贸易方式演进与经济发展:职业中间商视角》,经济科学出版社2016年版。

研究已经指出,在实践上,推动义乌从一个农业小县发展成为全球最大的小商品批发市场的关键机制不仅在于数量众多的自发性市场化主体,更为重要的是义乌积极有为的党政力量发挥了十分重要的推动作用。义乌有为政府与有效市场的有机结合推动了"义乌发展经验"从实践到理论、再到实践的形成与升级,学界初步构建了"义乌发展经验"研究的市场自发秩序与有为政府双元协调的分析范式,这为我国改革开放以来很多典型地区的经济社会发展模式的动力机制分析提供了典型研究样本。例如,罗仲伟就通过对义乌小商品市场中政府、中介组织的调查研究,构建了经济治理的政府与社会双元互动模型,揭示了义乌小商品市场发展的内在动力要素。[①] 徐峰从义乌电子商务发展历程中勾勒出义乌电子商务行政管理机构、行业协会等与市场经营户之间的多向互动关系,从中揭示了政府引导对义乌电子商务快速发展的作用机制。[②] 陆立军、王祖强和杨志文[③]、郑小碧都从不同视角论证分析了义乌政府在小商品市场从萌芽、成长、发展到国际化、网络化拓展这一纵向发展历程中的重要作用,为认识地方型市场与政府协同发展中的规律提供了比较有效的分析范式。[④]

　　处于转型升级中的区域经济发展需要借助有为政府与有效市场的有机结合,"双元"侧面的"三有"分析范式是研究和理解义乌等先发地区经济快速起飞和迅猛发展的理想视角。

[①] 罗仲伟:《经济治理中的政府与社会——关于义乌市小商品市场中社会中介组织的调研报告》,《管理世界》2001年第3期。

[②] 徐峰:《基于行业协会的电子商务抱团发展研究——以义乌为例》,《现代经济信息》2012年第21期。

[③] 参见陆立军、王祖强、杨志文《义乌模式》,人民出版社2008年版。

[④] 参见郑小碧《国际贸易方式演进与经济发展:职业中间商视角》,经济科学出版社2016年版。

四 结论与展望

促进县域经济社会的发展是政府的重要目标取向，也是学界观察和分析区域经济发展模式的重要内容。然而，改革开放以来，很少有如浙江义乌的区域样本，不仅提供了县域经济社会发展的成功路径，更为重要的是，义乌发展中所形成的市场扩张、交易网络拓展、贸易方式演进、城乡治理等经济组织化和制度化现象多数成为研究者的重要研究对象，并从中得出了很多富有启示的理论研究成果。本文通过对国内外有关"义乌发展经验"研究文献的分析，系统梳理了义乌发展中出现的经济社会现象及其相关理论研究，并提炼出学界有关"义乌发展经验"的重要理论贡献和启示。就目前来看，我们的文献回顾研究发现，当前学界主要从专业市场演化、市场与政府关系、专业市场与产业集群互动、专业市场与电子商务融合发展、国际贸易模式等视角对义乌发展经验及其形成的模式化特征进行研究，并在很多方面形成了较为统一的共识。此外，我们的文献分析发现，当前有关义乌发展经验研究的理论成果的核心贡献在于利用新兴古典经济学超边际分析方法，将义乌专业市场演化问题、市场治理问题、市场与产业集群互动问题、贸易模式演进问题等放在一个劳动分工结构与分工网络拓展的框架内，揭示了义乌市场秩序、制度秩序协同促进区域经济社会发展的动态机制，从而初步构建形成了比较成熟的有关义乌模式研究的新兴古典分工网络与交易秩序分析范式。

与苏南模式、浙江模式、杭州模式、温州模式等具有更高行政级别的区域经济发展模式相比，学界对义乌发展模式的关注和研究具有自身独特的理论视角和方法，并形成了前面已述及的边际理论贡献。当然，"义乌发展经验"及其形成的义乌发展模式在实践上本身仍然处于发展之中，与义乌市场、贸易模式等交易秩序相关的问题仍然会不断形成或者出现新的发展形态，因此，"义乌发展经验"的理论研究必然也是不会停止，相反一定会在更多的方面取得研究成果，并在现有理论贡献的基础上形成更具有突破意义的理论价值。只不过，未来的研究，可能需要进一步有效整合现有的理论视角，形成更为集中的分析视域和理论框架，并且在促进义乌发展模式研究新兴古典分析范式的可实证、可推广方面作出新的努力和提升。

dock
基于经济与资源环境脱钩视角的绿色发展路径研究

夏 勇[*]

一 经济增长与资源环境关系文献综述

学界对于绿色发展的认识随着资源环境问题愈演愈烈而逐步深化,而贯穿既有绿色发展理念以及相关环境政策演变的中心思想,特别是强调经济增长与资源消耗脱钩的研究。Solow[①]阐述了有限资源存量与经济增长之间的矛盾,并认为对有限资源进行最优开采,可维持人均消费水平的持续增长。随着工业化与城镇化的快速推进,环境外部经济问题凸显,Pearce[②]对此首提生态可承受的"绿色经济"概念,此后以经济增长抵消资源环境损失的"弱可持续发展"观点兴起。Schou[③]和Grimaud[④]认识到资源的稀缺性会制约社会财富的积

---

[*] 夏勇,南开大学经济学院博士,现任中共浙江省委党校浙江行政学院经济学教研部讲师。

① Solow R. M.," A Contribution to the Theory of Economic Growth", *Quarterly Journal of Economics*, 1956, 70 (1): 65 – 94.

② Pearce R. D.," The Growth and Evolution of Multinational Enterprise: Patterns of Geographical and Industrial Diversification", 1993.

③ Schou P.," Polluting Non-Renewable Resources and Growth", *Environmental & Resource Economics*, 2000, 16 (2): 211 – 227.

④ Grimaud A.," Funding Directly Research in Growth Models Without Intermediate Goods", *Frederic Tournemaine*, 2003.

累,因而建议将资源环境作为制约经济增长的一项约束条件,并认为如果技术进步足够有效,则人均产出的增长率能持续为正。随着经济全球化背景下的跨国能耗与污染成为全球性问题,学者们开始关注以关键自然资本非减化为特征的"强可持续发展",强调技术力量有限以及经济增长的规模控制。[1]

在环境污染加剧与经济增长矛盾方面,环境库兹涅茨曲线(EKC)假说提供了基于绝对量视角认识经济增长与环境污染由"挂钩"向"脱钩"转变的思路。EKC假说先于脱钩理论出现,主要用于描述环境污染水平随着人均收入水平的提高呈现出的倒"U"形曲线关联[2]:上升阶段为经济与环境"挂钩",下降阶段为二者的"脱钩"。作为一种经验性总结,EKC假说在得到一些支持[3]的同时亦受到一些质疑:一是不同国家或地区的经济增长所引致的环境污染存在"异质性"[4];二是从全球样本来看,EKC的存在有可能是一种假象:收入水平对环境污染影响的拐点并不存在[5]。

---

[1] [美]戴利:《超越增长——可持续发展经济学》,诸大建等译,上海译文出版社2001年版;诸大建:《可持续性科学:基于对象—过程—主体的分析模型》,《中国人口·资源与环境》2016年第7期。

[2] Grossman G. M., Krueger A. B., "Economic Growth and the Environment", *Quarterly Journal of Economics*, 1995, 110 (2): 353 – 377.

[3] 陆旸、郭路:《环境库兹涅茨倒U型曲线和环境支出的S型曲线:一个新古典增长框架下的理论解释》,《世界经济》2008年第12期。Esteve V., Tamarit C., "Threshold Cointegration and Nonlinear Adjustment Between CO_2, and income: The Environmental Kuznets Curve in Spain, 1857 - 2007", *Energy Economics*, 2012, 34 (6): 2148 – 2156。

[4] Brock W. A., Taylor M. S., "Economic Growth and the Environment: A Review of Theory and Empirics", *National Bureau of Economic Research*, Inc, 2005, 1: 1749 – 1821. 施锦芳、吴学艳:《中日经济增长与碳排放关系比较——基于EKC曲线理论的实证分析》,《现代日本经济》2017年第1期。

[5] Eugenio F. B., Roberto P. C., "Country-Specific Environmental Kuznets Curves: A Random Coefficient Approach Applied to High-Income Countries", *Estudios De Economia*, 2007, 6 (1): 5 – 32. 钟茂初、张学刚:《环境库兹涅茨曲线理论及研究的批评综论》,《中国人口·资源与环境》2010年第2期。

"脱钩"由经合组织[①]引入经济学,对应到经济增长与环境污染脱钩,是指经济增长率超过了污染排放增长率,即经济增长的"去污染化"过程(资源消耗同理),后Tapio[②]采用弹性系数法加以量化,其数值由污染排放增长率与经济增长率之比而得,经济学含义为经济增长每变化一个单位所带来的污染排放变化的大小。夏勇和钟茂初[③]通过数理模型的推导,得到了脱钩与EKC假说的关联:相对脱钩与绝对脱钩的临界点正好对应于倒"U"形EKC的拐点。与此同时,他们的实证结果显示实际人均GDP水平为26903元/人(以2004年为基期,下同)是相对脱钩向绝对脱钩转变升级的可能门槛值。根据国家统计局网站公布的数据,以人均GDP指数测算的2012年中国实际人均GDP水平为26931元/人,此后逐年递增,2016年达到34808元/人,顺利跨过EKC的拐点,并由此迈入绝对脱钩阶段,即经济持续增长但环境污染排放持续下降的阶段。

文献评述。脱钩理论与方法,适合讨论经济—环境关系问题,适合用于评判绿色发展。但须进一步解决以下问题。一是既有研究仅从技术创新或环保措施等具体技术层面强调经济增长的"去污染化"过程,尚未上升至发展模式或治理模式的绿色发展理论研究。二是主要集中于分析脱钩的指标选取、指数测算、状态分类等内容,却较少涉及脱钩的动力因素问题,即主要集中于"何为脱钩"的阐述,对于"为何脱钩"以及"如何脱钩"则缺乏充分的论述以及严谨的逻辑体系构建。三是虽有学者认可脱钩为衡量地区可持

[①] Organization for Economic Co-operation and Development, "Indicators to Measure Decoupling of Environment Pressure from Economic Growth", Paris: OECD, 2002.

[②] Tapio P., Banister, David, et al., "Energy Andtransport in Comparison: Immaterialisation, Dematerialisation Anddecarbonisation in the EU15 between 1970 and 2000", *Energy Policy*, 2007, 35(1): 433–451.

[③] 夏勇、钟茂初:《经济发展与环境污染脱钩理论及EKC假说的关系——兼论中国地级城市的脱钩划分》,《中国人口·资源与环境》2016年第10期。

续性的工具，但目前脱钩指数仅限于测算经济驱动力与环境压力是否同步变化的关联，尚未将其纳入绿色发展指数评价指标体系之中。考虑到当前绿色发展指数偏向于以总量指标衡量生产的绿色化，可采用以弹性系数形式的脱钩指数剔除总量指标受到人口、土地、经济规模等因素的影响偏差。综上，本文预期拓展脱钩理论的适用边界，并使用脱钩指数搭建起连接抽象的"绿色发展"理念与可供操作的政策措施之间的桥梁，使脱钩理论成为研究绿色发展模式的理论支撑与突破口。

二 绿色发展的核心任务是实现经济与资源环境的脱钩

考虑到 Tapio 脱钩弹性系数理论克服了 OECD 脱钩理论因为不同基期导致脱钩系数值不稳定的缺陷，本文以 Tapio 脱钩弹性系数理论为参考对象，其测算公式为 $e = (\Delta E/E)/(\Delta Y/Y)$，其中，$e$ 为脱钩弹性系数值，ΔE 为基期与末期的污染排放量之差，ΔY 为基期与末期的地区生产总值之差。当 $e<0$ 时，地区经济增长与资源环境处于绝对脱钩状态，此时，地区经济的增长率超过了资源消耗和污染排放的增长率，并且后两者的增长率为负，即实现了去能耗化和去污染化的经济增长。当 $0<e<0.8$ 时，为相对脱钩，此时，经济增长率与资源消耗和污染排放的增长率均为正，但前者的增长率大于后两者。除绝对脱钩与相对脱钩外，Tapio 对其他 6 类脱钩状态做了相应划分，为简化起见，本文统一归为未脱钩状态。

借助脱钩理论的核心思想及测算方法，本文将绿色发展定义为：通过助推生产端经济增长与资源消耗绝对脱钩以及消费端经济增长与环境污染绝对脱钩，以实现地区经济由扩张型流量增长到优化型存量创新的一种可持续发展形态。根据 Tapio[①] 脱钩弹性系数的含义,生产端的经济增长与资源消耗绝对脱钩,意味着地区经济的增长率超过资源消耗的增长率,即经济增长的"去能耗化"过程;与此相对应,消费端的经济增长与环境污染绝对脱钩,是指地区经济的增长率超过污染排放增长率,即经济增长的"去污染化"过程。

(一) 经济发展去能耗化

现有经济发展模式仍然比较粗放,与此同时,技术创新手段仍然以增加 GDP 为首要目标,并且大众消费理念仍处于追求物质最大化阶段。在此环境下,经济增长伴随着大量的能源消耗。据《中国环境状况公报 2017》的数据显示,2017 年,全国能源消费总量 44.9 亿吨标准煤,比 2016 年上升 2.9%,其中,煤炭消费量占能源消费总量的 60.4%。此外,全国土地利用数据预报结果显示,截至 2017 年年末,全国耕地面积为 13486.32 万公顷,但因建设占用、灾毁、生态退耕、农业结构调整等因素导致耕地面积减少了 32.04 万公顷,除去土地整治、农业结构调整等保护性措施的成效,年内净减少耕地面积 6.09 万公顷。由此可见,经济增长所取得的成绩是以大量的能源消耗为代价的。

经济发展去能耗化,指的是生产投入的减量化、生产成本减量化或者生态赤字减量化,即用较少的物质资源消耗实现社会福利的最大化。这就要求降低生态足迹,减少人类经济社会活动对生态资源的负荷,确保经济社会发展的物理规模不能超越有限的资源环境

---

① Tapio P., Banister, David, et al., "Energy Andtransport in Comparison: Immaterialisation, Dematerialisation Anddecarbonisation in the EU15 between 1970 and 2000", *Energy Policy*, 2007, 35 (1): 433-451.

承载力。张华等[①]的研究表明,能源节约型技术进步可以实现去能耗化的目标,其作用路径主要体现在三个方面,分别为:一是学习诱导效应,即通过"干中学",助推能耗的单位成本成为该技术的减函数;二是直接价格诱导效应,即相对价格的变化(主要是资源要素价格的上升)可以刺激技术创新,从而减少甚至替代更昂贵资源投入的使用;三是研发诱导效应,R&D投资影响技术进步的速度和方向,一旦能源节约型技术创新实现产业化,则有助于降低资源能源消耗。当能源节约型技术进步使得资源消耗的增长率不断下降同时经济增长率持续上升,则可实现地区经济的去能耗化发展。

(二) 经济发展去污染化

在现有经济发展模式、技术发展水平及消费增长模式下,经济增长亦伴随着大量的污染排放。据《中国环境状况公报2017》的数据显示,2016年,全国2591个县域中,生态环境质量处在"较差"和"差"的县域占33.5%;2017年,全国有239个地级及以上城市环境空气质量超标,占所统计的338个城市的70.7%;在2145个测站地下水质量综合评价结果中,水质优良的测站比例仅为0.9%,较差和极差的测站比例高达75.5%;此外,2017年,全国耕地平均质量等级为5.09等,其中,评价为7至10等的耕地面积达到5.59亿亩,占总耕地面积的27.6%。以上数据不难看出,经济发展的环境代价较高。

经济增长的去污染化,是指负的产出减量化、生态环境负荷减量化或者生态赤字减量化。如果将GDP视为货币表征的好的产出,那么环境污染则可视为坏的产出,在既有的总的生产规模下,如何压缩坏的产出的空间以尽可能多地生产好的产出,是实现经济可持

---

① 张华、魏晓平、吕涛:《能源节约型技术进步、边际效用弹性与中国能源消耗》,《中国地质大学学报》(社会科学版)2015年第15期。

续发展的持久命题。实现去污染化的手段较多，主要包括：环境规制、产业集聚、绿色技术创新等[1]。其中，政府环境规制能够通过设置环境门槛（如污染税、技术准入、污染惩罚等），倒逼污染性企业节能降耗；产业集聚的优势之一在于污染治理的规模效应；绿色技术创新则从技术层面实现单位污染的下降。

（三）生态资源资本化

生态资源环境系统除了为我们提供绿水青山这些直接的产品外，其所提供的诸如自净化调节功能、经济社会发展支撑功能、塑造个性文化功能等所产生的效益可能更大，也更能反映生态资源的内在价值。随着生态资源消耗的加剧以及对日益严峻的生态负荷的深入研究，人们逐渐认识到生态资源环境的稀缺性及其市场价值的重要性。由于价值论体现了生态资源的社会效益（效用），学者们因此将其视为生态资源资本化的理论基础。[2]

与经济增长的去能耗化和去污染化不同，生态资源的资本化是一种增量化指标，包含了生态价值增量化、生态资本增量化、生态容量增量化等。在如何实现生态资源的资本化方面，需要通过引入社会资本，打通将绿水青山转化为金山银山的通道。将生态资源转化为生态资本，其实质是在资源承载力约束下对自然资源进行合理开发，将生态资本进一步转化为富民财富。引入社会资本的优势在于，一方面减轻地方政府的财政压力，另一方面可以采用市场的手段实现资源配置的自由流动，引导社会各方参与环境保护和生态建设。此外，助推生态资源资本化，可以培育资源市场，开放生产要

---

[1] 夏勇、胡雅蓓：《经济增长与环境污染脱钩的因果链分解及内外部成因研究——来自中国 30 个省份的工业 SO_2 排放数据》，《产业经济研究》2017 年第 5 期。

[2] 严立冬、谭波、刘加林：《生态资本化：生态资源的价值实现》，《中南财经政法大学学报》2009 年第 2 期。

素市场，积极探索资源使（取）用权、排污权交易等市场化的补偿模式，使环境要素的价格真正反映其稀缺程度，可达到节约资源和减少污染的双重效应。

三 践行绿色发展长期面临的两大困境

（一）公共物品与负外部性下的市场失灵

由于自然资源等公共物品的产权不明晰，导致市场在配置公共物品时往往存在一定的失灵。产权不清晰造成"公地悲剧"，尤其是针对具有非排他性的自然资源这一类公共物品而言，尽管其所有权属于国家或集体，然而自然资源所有权与管理权不分，森林、矿产、海洋等不同部门分散管理与多头管理易致互相推责。沈满洪[1]指出，生态资源产权的模糊性阻碍了生态资源的商品化、市场化改革。产权不清晰还会导致负的外部性难以采用单纯的市场手段解决。

为弥补市场失灵，一方面需要充分发挥政府的主观能动性并有效行使其职能，明晰产权，比如确立自然资源资产产权制度，降低交易成本；另一方面需要进行体制机制改革。刘湘溶[2]认为改革的主体是政府，指出转变政府职能是改革的核心，职能转变的突破口在于政府的简政放权，基于此，他建议构建综合性的政府管理部门及综合性的法律政策体系，推进体制改革。沈满洪[3]认为体制机制改革主体应该包含两个方面：一是上下级政府；二是政府、企业、公众等不同主体，其中，政府是体制改革的引导力量、企业是体制改革的主导力量、公众是体制改革的推动力量，建议形成政府、企业、公众

---

[1] 沈满洪：《权交易与政府创新——以东阳、义乌水权交易案为例》，《管理世界》2005年第6期。

[2] 刘湘溶：《关于生态文明体制改革的若干思考》，《湖南师范大学社会科学学报》2014年第43期第2卷。

[3] 沈满洪：《推进生态文明产权制度改革》，《中共杭州市委党校学报》2015年第1期。

相互支持、相互支撑、相互制约的格局。王东京[①]指出政府和市场单独一方在解决自然资源时均会失灵，因此需要发挥市场在资源配置中的决定性作用和更好地发挥政府作用。

（二）不当规制导致效率下降与成本上升的政府失灵

公共部门在提供公共物品时趋向于浪费和滥用资源，致使公共支出规模过大或者效率降低。政府不当计划带来的资源和环境浪费可视为政府失灵，政府失灵的原因在于：信息不对称。改善信息不对称的弊端，进而弥补政府失灵，需要充分发挥市场在资源配置中的决定性作用。针对公共服务供给或者公共物品的开发利用，可以恰当引入社会资本进行市场化导向的运营，典型如浙江省德清县"洋家乐"模式。通过民宿经营，一方面将莫干山中的原有建筑，经过绿色化改造，节能降耗，比如"洋家乐"建筑采用高隔热材料以减少能耗、用水循环的方式提供冷暖气、使用竹子颗粒锅炉以及太阳能热水器，平均能耗约为一般酒店业和农家乐的60%，生活污水处理率达95%以上；另一方面，通过民宿业态的崛起，"洋家乐"品牌为当地带来丰厚的经济效益，让德清乡村经济走出了一条独特的绿色发展之路，绿水青山真正变成了金山银山。

在社会主义市场经济体系中，政府与市场之间并非对立关系，陆立军[②]指出，在中国，发挥市场之"手"在资源配置中的决定性作用，是对商品—市场经济的价值规律、竞争规律、创新规律等的充分尊重和肯定；与此同时，更好地发挥政府之"手"的作用，是完善和发展中国特色社会主义制度、决胜全面建成小康社会、实现社会主义现代化宏伟目标的根本保障。因此，正确处理政府与市场

---

① 王东京：《习近平经济思想与中国特色社会主义政治经济学构建》，《管理世界》2017年第11期。

② 陆立军：《以人民为中心推动"两只手"相结合——政府与市场关系的浙江实践与启示》，《治理研究》2018年第1期。

的职能分工与角色定位，合理协调二者的对立统一关系，对于遵循经济规律的科学发展、遵循自然规律的可持续发展、遵循社会规律的包容性发展具有举足轻重的作用。

四 破解绿色发展困境的有效机制

（一）生态资源向生态经济的价值转化

生态资源以形态转换来体现其价值并实现价值的增值[①]，而这种转换形态又集中体现为生态资源的资本化。生态资源向以货币资本表征的生态经济的价值转化，货币资本再通过生产周期的循环利用以实现生态资源的不断增值。在区域社会经济发展中，能否实现区域生态资源存量转变为资本增量，完成生态资源向生态经济的价值转化，对一个地区乃至一个国家都具有极其重要的作用。

绿水青山并不天然是金山银山，一方面需要加入人力资本，负责对绿水青山的合理规划和使用，是生态资源转化为生态资本的智力要素；另一方面需要引入物质资本（社会资本），使生态项目得以支撑，是生态资源转化为生态资本的资本要素。在充分发挥人力资本的主观能动性与社会资本的资源配置能力的基础上，方可实现"两山"的价值转化。

绿水青山在工业经济中是内生因素，但是在新经济中，绿水青山是外生变量，是吸引人才等高端要素的约束条件。中国改革开放初期，城市通过招商引资提供源源不断的就业岗位，这种以商业吸引人才的发展模式，即"人追随商业"模式（people follow business）。但进入新时代，随着人们对于更高质量美好生活的向往与追求，至少是率先跨过 EKC 拐点的城市的发展模式颠倒了，变成

[①] 蔡云辉：《生态资源的资本转换》，《经济问题》2005 年第 11 期。

了"商业追随人才"（business follow people）模式。为增强地区经济的内生增长动力，各大城市开启了"抢人大战"，而这些人才很大程度上会考虑城市质量（quality of city）。拥有较高生态环境质量的城市要比在吸引人力资本方面拥有更强的优势，即绿水青山可以匹配高端要素，而臭黑水仅能留住低端要素。为此，要从原来的经济社会发展伴随着资源、土地、能源消耗正增长，转向可持续发展要求的经济社会发展与资源环境消耗脱钩。

（二）环境外部性成本的内部化与交易化

明晰产权的方式使得外部性内部化（即科斯定理）。只要财产权是明确的，并且交易成本为零或者很小，那么，无论在开始时将财产权赋予谁，市场均衡的最终结果都是有效率的，均可实现资源配置的帕累托最优。实践中运用科斯定理解决环境外部性成本内部化与交易化的案例较多，比如嘉兴市的排污权交易。嘉兴2007年9月在全国率先建立排污权交易制度，实行总量控制型的排污权有偿使用和交易，截至2015年6月，全市排污权有偿使用和交易累计金额11.96亿元，总金额占浙江省三分之一。

实践中另一种运用较为广泛的解决环境外部性问题的方法，是基于庇古税的各种环境税费。根据污染所造成的危害程度对排污者征税，用税收来弥补排污者生产的私人成本和社会成本之间的差距，使两者相等。通过税收杠杆把资源环境的开发利用与促进生态环境保护结合起来，提高资源环境的使用效率。

（三）政府倒逼与市场激励的平衡

在中国的快速工业化与新型城镇化过程中，由于委托—代理的信息不对称及相应目标函数的冲突，城市垃圾处理、园林绿化、公共交通等公共服务无法完全依靠政府的财政投入或转移支付来实现。[①] 陆立军[②]指出,市场这只"无形之手"是经济发展成就的重要基石,与此同时,政府这只"有形之手"是经济发展成就的坚强保障。"无形之手"和"有形之手"共同作用,降低了各类市场主体的负担特别是制度性交易成本,让企业和个人可以集中精力去发展经济、创造财富。[③]

1. 政府倒逼体现在环境规制方面

生态资源是一种公共产品,容易导致市场失灵,必须要有国家的政策作为支撑,为生态资源资本化提供政策支持。一是改革消费税、资源税、所得税以及出口退税制度,增强税收在促进资源节约和环境保护方面的调控作用。二是建立完善排污收费制度,开征水资源费、矿产资源补偿费等多项收费项目,引导企业保护环境、走可持续发展道路。三是制定《节能产品政府采购实施意见》《环境标志产品政府采购实施意见》等政府采购办法,引导"绿色"技术研发和可持续消费。四是对开展资源综合利用与治污的企业给予财政补贴,鼓励节能环保。中国已经制定与生态资源可持续利用有关的法律主要有:水土保持法、防洪法、节约能源法、森林法、土地管理法、渔业法、水法、草原法、野生动物保护法、清洁生产法、环境保护法、固体废物污染环境防治法、环境噪声污染防治法、防震减灾法、海洋环境保护法、大气污染防治法、防沙治沙法、环境影响评价法、放射性污染防治法等。

---

① 诸大建、佘依爽:《从所有到所用的共享未来——诸大建谈共享经济与共享城市》,《景观设计学》2017 年第 3 期。

② 陆立军:《以人民为中心推动"两只手"相结合——政府与市场关系的浙江实践与启示》,《治理研究》2018 年第 1 期。

③ 车俊:《坚持以人民为中心的发展思想将"最多跑一次"改革进行到底》,《求是》2017 年第 20 期。

2. 市场激励体现在社会资本方面

市场在资源配置中起决定性作用，是党的十八届三中全会在理论上的重大突破和实践上的重大创新，具有鲜明的时代特征。经济发展就是要提高资源尤其是稀缺资源的配置效率，以尽可能少的资源投入生产尽可能多的产品，获得尽可能大的效益并取得尽可能高的社会福利。理论和实践发展均表明，市场是配置资源的一种高效率的组织形式。在生态资源转化为生态资本的过程中，社会资本的引入解决了资金短缺问题。加强社会资本与政府的有效合作，缓解了政府单纯通过税收、发行债券、售卖土地等方式增加公共服务的不可持续性症状。因此，类似于PPP的发展模式，对于生态资源向生态资本的价值转化起到了不可忽视的作用，应该作为地区可持续发展的一种长期战略。

五 浙江践行绿色发展的路径探索

政府与市场的结合成为浙江实现"富民强省"和高水平全面建成小康社会、高水平推进社会主义现代化建设的重要保障。归纳总结浙江在"两鸟理论""两山理论"等重要思想指导下的绿色发展实践可知，浙江通过"由下而上"和"自上而下"的两种生态实践实现了经济的高质量发展。

（一）"由下而上"的绿色发展实践探索路径

由下而上：基层或地方政府自主性探索解决环境外部性成本内部化问题，在形成一定的成功经验之后通过上级政府的推广，上升为上级政府甚至国家行动，并发展成为一种新的解决问题的模式。浙江的实践探索主要有：一是水权交易破冰的"东阳—义乌"模式；二是引入社会资本的德清"洋家乐"民宿经济；三是新安江跨省流域的生态治理与生态补偿问题。

1. "东阳—义乌"模式破解水权交易难题

2000年11月,浙江省义乌市一次性出资2亿元,向东阳市买断了每年4999.9万立方米水资源的永久使用权,成为中国水权交易的第一案。东阳在满足本区域水资源使用的情况下,充分利用多余的水资源取得了巨大的经济利益,同时也解决了义乌方面水资源短缺的问题,因此,在本次水权交易中东阳和义乌实现了双赢。[①] 东阳—义乌水权交易为中国的水资源配置体制改革拉开了序幕,并揭示了水资源配置体制改革的方向,[②] 标志着中国水权市场的正式诞生[③]。

东阳—义乌水权交易案提供的思考在于,水权制度改革的关键环节在于界定水资源的物品属性和产权属性,在此基础上实现由包括外部收益和外部成本在内的水权交易向只包括内部收益和内部成本的水权交易转变。[④] 简而言之,通过明晰水资源这一公共物品的产权,方可实现外部性问题内部化解决目标。然而,公共物品产权的确立并非易事,即使初始产权明晰,由于下游经济实力弱的地区难以形成有效需求[⑤],仍然不利于公共物品的市场化交易。产权顺利确立的保障在于地方政府与上级政府之间的有效配合,正如杨瑞龙[⑥]所指出,"小政府"是水权交易的主体,而"大政府"则作为

[①] 覃琼霞:《浙江水权交易实践的效益分析——以东阳—义乌为例》,《苏商论》2010年第12期。

[②] 苏青、施国庆:《从东阳—义乌水权交易看中国水资源配置体制改革的方向——对东阳—义乌水权交易的再认识》,《水利发展研究》2001年第6期。

[③] 胡鞍钢、王亚华:《转型期水资源的优化配置》,《光明日报》2001年5月25日。

[④] 沈满洪:《水权交易与政府创新——以东阳、义乌水权交易案为例》,《管理世界》2005年第6期。

[⑤] 苏青、施国庆:《从东阳—义乌水权交易看中国水资源配置体制改革的方向——对东阳—义乌水权交易的再认识》,《水利发展研究》2001年第6期。

[⑥] 杨瑞龙:《对〈水权交易与政府创新——以东阳、义乌水权交易案为例〉一文的评论》,《中国制度变迁的案例研究·浙江卷》(第五集),2006年版。

第三方起着协调交易与合同的作用。

2. 德清"洋家乐"民宿经济化解社会资本不足困境

德清"洋家乐"民宿经济成功的奥秘在于向资源优势显著的地区引入社会资本,将生态资源变为富民财富。借助社会资本,即市场的力量,向生态资源禀赋较高的地区导入项目与资金,如此,使得当地一方面拥有资源支撑,另一方面拥有资金支撑,生态资源变为生态经济的条件成熟,地方经济自然能够持续健康发展。刘传喜和唐代剑[①]认为"洋家乐"模式在运作上形成了具有族裔特色的"生态循环"商业运行模式。在这一经济现象的形成过程中城市环境问题是推力,乡村自然生态环境和旅游市场结构中的机会是拉力,而族裔社会资本、区位交通、当地政策与社会文化是条件因素。德清"洋家乐"民宿经济的实践探索及其理论研究可为中国乡村旅游转型升级与国际化建设提供有益的参考。

3. 新安江跨省生态补偿破解流域治理难题

流域生态补偿是应对流域水资源外部性的制度创新。学者们从强调社会正义的角度提出流域生态补偿的定义,如钱水苗和王怀章[②]认为流域生态补偿是以实现社会公正为目的,在流域内上下游各地区间实施的以直接支付生态补偿金为内容的行为。再比如卢祖国和陈雪梅[③]提出流域生态补偿是指由于流域上下游之间基于水资源开发利用的受损和收益的不公平,由下游地区对上游地区因为保护生态环境所付出的代价给予一定的

---

① 刘传喜、唐代剑:《乡村旅游新业态的族裔经济现象及其形成机理——以浙江德清地区为例》,《经济地理》2015年第11期。

② 钱水苗、王怀章:《论流域生态补偿的制度构建——从社会公正的视角》,《中国地质大学学报》(社会科学版)2005年第5期。

③ 卢祖国、陈雪梅:《经济学视角下的流域生态补偿机理》,《深圳大学学报》(人文社会科学版)2008年第6期。

补偿。

浙江与安徽联手打造的新安江流域生态补偿机制自2012年正式启动以来，首轮试点现已收官。所谓跨省流域水环境生态补偿试点，即根据奖优罚劣的渐进式补偿机制，由环保部每年组织安徽、浙江监测跨界水质，并以省界断面达标的水质为基本标准。若安徽提供的水质达到考核标准（$P \leqslant 1$），则浙江补偿给安徽1亿元；若安徽提供水质劣于基本标准，则安徽拨付给浙江1亿元；不论上述何种情况，中央财政3亿元全部拨付给安徽省，补偿基金将用于新安江流域水环境保护和水污染治理。通过生态补偿解决新安江上游的黄山市需要开发与下游杭州市需要用水之间的矛盾，以实现上游水资源利用与下游用水脱钩。

（二）"自上而下"的绿色发展实践探索路径

自上而下：上级政府在制度的供给上着手，通过体制机制改革化解公共产品（自然资源资产）的产权不明晰与市场失灵问题。沈坤荣和金刚[1]指出中国政府主导的环境政策都是自上而下的，主要表现为，中央政府制定环境政策，由地方政府负责执行。浙江在这方面的探索主要有：一是"两山"科学论断指导下的县域绿色经济发展模式；二是"五水共治"助推经济与环境脱钩的绿色发展模式。

1. "两山"重要理念指导下的县域生态经济发展模式

县域绿色经济发展模式的指导理论："绿水青山就是金山银山"重要思想。"两山"重要思想是时任浙江省委书记的习近平同志于2005年8月在湖州市安吉县考察时提出。"两山"重要思想集聚了发展中国家现代化绿色跨越发展的智慧和经验，不仅为发展中国家

---

[1] 沈坤荣、金刚：《中国地方政府环境治理的政策效应——基于"河长制"演进的研究》，《中国社会科学》2018年第5期。

避免重蹈"先污染，后治理"工业化道路提供理论指导，而且对全球现代化绿色发展提供新思路和新样式。① 经过实践的检验，"两山"重要思想已经成为美丽浙江建设、美丽中国建设的指导思想。"两山"重要思想提供了解决资源需求的无限性与资源供给的有限性以及资源利用效率低下之间的矛盾的理论指导，在实践上提供了美丽中国的县域样本：一是以安吉、桐庐和鄞州为典型代表的"放弃金山保青山，保得青山换金山"县域样本；二是以仙居、开化、遂昌和定海为典型代表的"宁保绿水青山，发展山水产业"的县域样本；三是以嘉善、浦江、新昌和永嘉为典型代表的"五水共治"倒闭产业转型升级的县域样本。②

2. "五水共治"强力淘汰落后产能、助推产业绿色化转型

县域绿色经济发展模式的抓手在于"五水共治"。2013年，浙江作出推进治污水、防洪水、排涝水、保供水、抓节水等"五水共治"的决策部署。"五水共治"是一项综合解决水环境、水资源问题的系统工程，是一场由政府主导、社会参与的治水攻坚战、持久战。经过多年实践已收获突出成果，数据显示：截至2014年10月底，全省清理垃圾河6492公里，治理黑臭河4481公里。"五水共治"的实践之所以取得突出成果，主要是实现了环境治理理念从"政府管理"向"多元治理"转变③，以及环境治理手段从行政、技术手段为主向行政、技术、经济、法律以及道德教育手段并重转变。通过"五水共治"，浙江省实现了经济总量（增量）持续上升与污染水平不断下降的双重目标，进入经济增长与环境污染脱钩的发展阶段。

---

① 沈满洪：《"两山"重要思想在浙江的实践研究》，《观察与思考》2016年第12期。
② 葛慧君：《"两山"重要思想在浙江的实践研究》，浙江人民出版社2017年版。
③ 虞伟：《五水共治：水环境治理的浙江实践》，《环境保护》2017年第z1期。

六 中国城市层面的脱钩状态定位

判断一个地区的"脱钩系数—人均 GDP"关系类型，实际上是通过经济增长与资源环境消耗关系的重新"排列组合"，对脱钩状态进行更为细致的划分。与传统上主要以脱钩弹性系数作为脱钩状态判定标准的做法不同，本研究在其基础上加入了经济发展水平这一判定要素，从而突破了现有关于不同初始经济发展水平的城市可能拥有同一脱钩状态的研究困境。参考夏勇和钟茂初[①]的做法，本研究构建一个以人均 GDP 为横轴 y、脱钩弹性系数为纵轴 e 的平面直角坐标系。然后以 EKC 曲线拐点处的人均 GDP（用 y^* 表示）和 0.8 的脱钩弹性系数为临界点，分别作一条垂直与横轴和纵轴的分界线，从而将平面坐标系划分为六个象限（见图 1）。考虑到中国经济增速基本维持在比较高的水平，此处将人均 GDP 为负增长的情形省略。

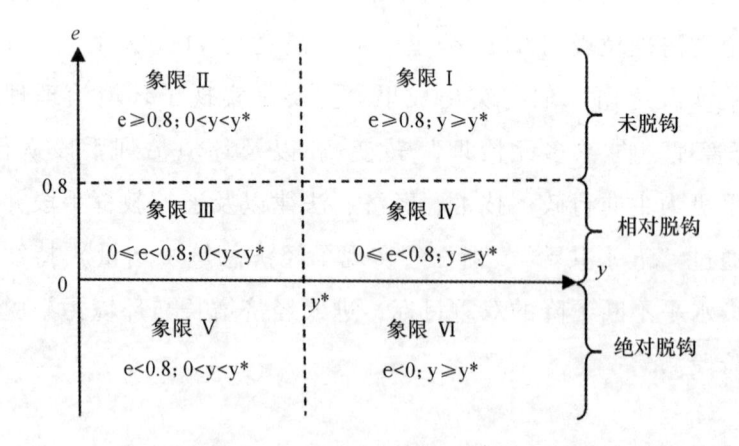

象限 II $e \geq 0.8; 0 < y < y^*$	象限 I $e \geq 0.8; y \geq y^*$	未脱钩
象限 III $0 \leq e < 0.8; 0 < y < y^*$	象限 IV $0 \leq e < 0.8; y \geq y^*$	相对脱钩
象限 V $e < 0.8; 0 < y < y^*$	象限 VI $e < 0; y \geq y^*$	绝对脱钩

图 1 "脱钩系数—人均 GDP"关系类型（象限）

[①] 夏勇、钟茂初：《经济发展与环境污染脱钩理论及 EKC 假说的关系——兼论中国地级城市的脱钩划分》，《中国人口·资源与环境》2016 年第 10 期。

运用Tapio脱钩弹性系数法，也即运用式（1）测算出2004—2013年全国271个地级城市的经济增长与工业SO_2排放脱钩的弹性系数。最后，将2004—2013年各地级城市经济增长与工业SO_2排放脱钩的弹性系数均值和实际人均GDP均值作为样本量，对全国271个地级城市的脱钩状态进行象限的划分，以期通过对城市的定位，寻找城市建设过程中存在脱钩状态与经济增长不匹配（或滞后或超前）现象的原因与改进措施，最终为建设绿色脱钩城市的目标提供相应的建议。表1展示了全国271个地级城市所在象限的分布情况。

表1　　　　　　　　全国271个地级城市的象限分布

象限	城市
象限Ⅰ	鞍山、鄂州、福州、海口、惠州、吉林、江门、昆明、辽阳、南通、盘锦、泉州、沈阳、营口、玉溪、漳州、肇庆、镇江（18/271）
象限Ⅱ	安康、安顺、巴中、百色、保山、亳州、潮州、赤峰、防城港、阜新、阜阳、赣州、广安、河池、河源、贺州、鹤岗、葫芦岛、揭阳、九江、酒泉、开封、丽江、丽水、辽源、临沧、六盘水、娄底、泸州、吕梁、梅州、南充、宁德、萍乡、七台河、庆阳、曲靖、汕尾、商洛、四平、绥化、通辽、咸宁、新余、宿州、徐州、延安、阳江、银川、榆林、岳阳、云浮、张家界、昭通、周口、株洲、自贡、遵义（58/271）
象限Ⅲ	安庆、安阳、巴彦淖尔、白城、蚌埠、保定、北海、沧州、朝阳、郴州、承德、池州、崇左、滁州、抚州、菏泽、黑河、衡水、衡阳、淮安、淮北、黄冈、黄山、吉安、焦作、晋城、晋中、荆州、景德镇、临沂、六安、龙岩、漯河、眉山、南平、南阳、内江、平顶山、濮阳、钦州、衢州、三门峡、汕头、商丘、上饶、韶关、邵阳、十堰、朔州、随州、遂宁、台州、铁岭、通化、铜川、梧州、西宁、湘潭、孝感、新乡、信阳、宿迁、许昌、宣城、雅安、伊春、宜春、益阳、永州、运城、长治、驻马店（72/271）
象限Ⅳ	包头、本溪、滨州、常州、大连、丹东、哈尔滨、合肥、呼和浩特、黄石、济南、济宁、嘉兴、金华、莱芜、兰州、廊坊、马鞍山、南昌、攀枝花、秦皇岛、日照、三明、上海、苏州、唐山、潍坊、乌海、乌鲁木齐、无锡、芜湖、扬州、宜昌、长春、郑州、中山、淄博（37/271）

续表

象限	城市
象限 V	白山、宝鸡、常德、达州、大同、德阳、德州、广元、贵港、贵阳、桂林、邯郸、汉中、鹤壁、呼伦贝尔、怀化、淮南、鸡西、佳木斯、锦州、荆门、来宾、乐山、连云港、聊城、临汾、茂名、绵阳、牡丹江、南宁、莆田、普洱、齐齐哈尔、清远、三亚、石嘴山、双鸭山、松原、渭南、乌兰察布、西安、咸阳、襄阳、忻州、邢台、盐城、阳泉、宜宾、鹰潭、玉林、湛江、张家口、重庆、资阳（54/271）
象限 VI	北京、成都、大庆、东莞、东营、鄂尔多斯、佛山、抚顺、广州、杭州、湖州、洛阳、南京、宁波、青岛、厦门、绍兴、深圳、石家庄、太原、泰安、泰州、天津、铜陵、威海、温州、武汉、烟台、枣庄、长沙、舟山、珠海（32/271）

注：本表为作者计算得出。

分析表1可知，在经济增长与工业 SO_2 排放的脱钩状态中，位于象限 I 的城市只有18个，在6个象限中最少，且绝大多数来自东部地区，这其中包含11个东部地区的非省会城市、4个省会城市和3个中西部城市。这类城市的特点是人均收入水平较高，但较快的经济增长伴随着很高的污染排放，并且经济增长与工业废水排放尚未脱钩。因此，象限 I 属于脱钩状态滞后于经济增长的城市发展类型。这类城市在今后的建设过程中，应当努力提高经济发展的资源利用率和污染排放达标率，力争做到绿色发展。

处在象限 II 的城市有58个，其中西部城市有26个，中部城市也有20个，仅剩下的12个城市来自东部。从中可知，中西部地区城市的数量占到象限 II 城市总数的近80%。这类城市大多处于经济发展水平不高，但伴随着经济增长产生了较多污染排放的阶段，因此，属于粗放扩张的城市发展类型。由此可以看出，处于象限 II 中的城市既无雄厚的经济发展基础，也不存在经济增长与污染排放的脱钩效率优势。欲达到绿色脱钩城市的建设目标，这类城市面临着"保增长"和"促脱钩"的双重任务。

位于象限Ⅲ的城市最多，高达72个，占全部城市的四分之一还多。这些大多是致力于发展经济的三线和四线城市，且多位于中部地区。由表1可知，象限Ⅲ里中部城市的数目高达45个，约占该象限内全部城市的63%。因此，以中部地区居多的象限Ⅲ中的城市属于低效扩张的发展类型。目前，中国大多数城市正处于象限Ⅲ当中，尽管达到了经济增长与污染排放的相对脱钩状态，但这类城市的经济发展水平仍有待提高。

落在象限Ⅳ的城市有37个，这其中大多是具有优越地理区位的东部沿海城市或港口城市（如大连、苏州、中山等）、较高自然资源禀赋的资源型城市（如攀枝花、马鞍山、唐山等），还有以10个省会城市为典型代表的综合型城市。分析可知，这类城市往往具有较高的经济发展水平，并且经济增长与污染排放之间呈现出相对脱钩的状态。因此，可以将象限Ⅳ视为集约发展的城市类型。若能在保持较快经济增长的同时，努力促进相对脱钩向绝对脱钩的发展，那么这类城市离建设绿色脱钩城市的目标就不远了。

表1显示象限Ⅴ的城市数目有54个。象限Ⅴ的城市，广泛分布于东中西部地区，既有以贵阳、南宁、西安和重庆等为代表的西部省会城市和直辖市，也有以淮南和盐城为代表的资源型城市和港口城市，还有诸如茂名、三亚、连云港等的东部城市。由于上述城市的实际人均GDP水平小于门槛值（26903元），但经济增长与污染排放却处于绝对脱钩状态，因此，我们可以将象限Ⅴ的城市视为经济增长滞后于脱钩状态的发展类型。对于这类城市而言，其首要任务是在生态承载力可承受的范围内，以经济建设为中心，努力提高城市的人均收入水平。

象限Ⅵ拥有32个较高经济发展水平，同时达到绝对脱钩状态的地级城市。这其中大多是出自东部地区的省会城市和沿海城市。具体来看，除10个省会城市和4个中西部城市外，剩余18个城市均来自东部地区。这类城市基本属于底子好、发展快，且产业结构以服务业为主的大城市，如北京、广州、深圳等；同时也有较高自然资源禀赋的城市，如东营、大庆、鄂尔多斯、铜陵等。以象限Ⅵ为代表的城市达到了经济发展与绝对脱钩的双重目标，可以看作是现阶段的绿色脱钩城市。

其他象限的城市应以象限Ⅵ的城市为参照系，努力改善实际建设过程中的经济发展与脱钩发展不匹配的状态。

单独看浙江省的11个地级市，可以发现：丽水处于"低收入—未脱钩"的象限Ⅱ中，在长期中面临着"保增长"和"促脱钩"的双重任务，考虑到共同而有区别的责任，可以恰当放松丽水市的脱钩要求，确保其先脱贫再脱钩。衢州和台州位于"低收入—相对脱钩"的象限Ⅲ中，收入水平仍有待提高，与此同时，要助推脱钩水平向着绝对脱钩的方向迈进。嘉兴和金华位于"高收入—相对脱钩"的象限Ⅳ中，尽管收入水平跨过了EKC的拐点，但是需要进一步提高经济增长的质量，促使经济与环境绝对脱钩。杭州、温州、湖州、宁波、舟山和绍兴处于"高收入—绝对脱钩"的象限Ⅵ中，无论是收入水平还是脱钩水平均处于较优的状态，未来，需要在保持绝对脱钩的硬约束红线下，进行更高质量的可持续发展。

综合来看，偏重于较高人均收入水平的象限Ⅰ、象限Ⅳ和象限Ⅵ的城市数量较少，仅有87个；大多数城市分布在较低人均收入水平的象限Ⅱ、象限Ⅲ和象限Ⅴ当中，数据显示这一部分的城市数量高达184个，占到所有地级城市的68%。从脱钩状态来看，处于相对脱钩状态的城市最多，达到109个；绝对脱钩的城市次之，为86个；尚未脱钩的城市数量最少，仅为76个。分析这一结果可知，现阶段中国大多数城市属于经济发展水平不高，同时经济增长与工业废水排放处于相对脱钩状态的低效扩张型。从象限所包含的城市分布来看，同一象限既包括相对发达的东部城市，也有不少中西部城市，比如象限Ⅱ和象限Ⅴ，这种包罗东、中、西三区域城市的情况更为突出。这说明中国的城市发展存在区域内以及区域间的不平衡状态，特别是东部地区有绿色脱钩发展相对滞后的城市，而中西部地区也有绿色脱钩发展较好的城市。尽管全国地级城市的经济增长与污染排放大多处于相对脱钩和绝对脱钩状态，但真正处于"高收入绝对脱钩"的象限Ⅵ中的城市却不到12%。这说明，目前中国城市在建设过程中不仅存在经济发展的地区不平衡，而且经济发展与脱钩发展不匹配的现象在6个象限中均有体现。打破城市经济发展滞后于脱钩发展，或者脱钩发展滞后于经济发展的状态，建设绿色脱钩城市，既面临促进相对脱钩向绝对脱钩转变，也面临提升经济发展水平的双重任务。

内源渐次开放的浙江实践及理论贡献

潘家栋[*]

改革开放 40 年来，浙江对外出口和对外投资快速发展，成为中国开放经济发展高地。纵观研究脉络，浙江对外开放优势在于获得性要素，体制机制创新引致民营企业快速发展，区域贸易壁垒降低促使市场区际化，最终形成企业国际化的竞争性优势。所以，浙江对外开放属于内源渐次开放，以民营企业为主体，先区域开放后国际开放。在此过程中，浙江内源渐次开放路径形成得益于习近平总书记在浙江工作期间所提出的"八八战略"，鼓励民营企业发展、提高对内对外开放水平，将内源发展与对外开放、外向拓展相结合。

浙江经济发展的动力来源于体制机制创新，民营企业快速发展，市场活力不断被激发。由此所延伸的浙江对外开放，其比较优势在于获得性要素，即制度创新所带来的竞争优势。具体而言，浙江对外开放是内源渐次开放，制度创新激发民营企业异军突起，促进浙江开放从区际开放向国际开放演进。内源发展是指

---

[*] 潘家栋，浙江大学西方经济学专业博士，现任中共浙江省委党校浙江行政学院经济学教研部讲师。

依靠内部资金、技术、人才等生产要素，围绕内部需求和内部市场发展经济。但并不意味着内源发展的经济为封闭经济，内源发展也需要通过吸引外资、对外投资、进出口贸易等途径，保持经济的全球化水平。纵观浙江对外开放的研究，其脉络亦是遵循了内源渐次开放的发展路径。本文搜集了浙江省对外开放、对外投资、进出口贸易等方面的学术性文献 167 篇（如表1），其中对外开放 40 篇、对外投资 59 篇，进出口贸易 68 篇。统计结果表明，研究进出口贸易的文献所占比重高达 40.72%，高于对外开放和对外投资的相关文献。其中，对外开放的首篇学术性论文发表于 1985 年，进出口贸易的首篇学术性论文发表于 1986 年，对外投资的首篇学术性论文则是发表于 1997 年，说明进出口贸易的实践与对外开放同步展开，而对外投资明显晚于对外开放和进出口贸易。进出口贸易文献高峰出现在 2006 年，这与浙江经济转型升级密切相关；而对外投资的文献第一波高峰出现在 2002 年，与中国全面实施"走出去"战略相关（如图1）。早期研究聚焦于浙江对外开放的比较优势，充分论证浙江对外开放的路径及模式。由此可知浙江对外开放的研究脉络，学术界关于浙江对外开放的研究主要聚焦于出口与投资两大层面，但其研究核心依旧聚焦于浙江对外开放的比较优势（如图2）。

表1　　　　　　　　1985—2017 年论文数据统计　　　　　　单位：篇

年份	进出口贸易论文数量	对外开放论文数量	对外投资论文数量	合计
1985	0	3	0	3
1986	1	2	0	3
1987	0	0	0	0
1988	4	1	0	5
1989	1	0	0	1
1990	0	0	0	0

续表

年份	进出口贸易论文数量	对外开放论文数量	对外投资论文数量	合计
1991	0	0	0	0
1992	0	2	0	2
1993	0	2	0	2
1994	1	3	0	4
1995	1	0	0	1
1996	1	0	0	1
1997	1	2	1	4
1998	0	1	0	1
1999	0	0	0	0
2000	1	0	1	2
2001	2	0	3	5
2002	0	1	7	8
2003	5	2	4	11
2004	5	1	3	9
2005	11	2	4	17
2006	3	1	2	6
2007	3	1	4	8
2008	1	4	7	12
2009	0	0	2	2
2010	7	0	1	8
2011	1	1	7	9
2012	5	0	4	9
2013	6	0	3	9
2014	0	1	1	2
2015	2	4	1	7
2016	3	3	4	10
2017	3	3	0	6
合计	68	40	59	167

资料来源：根据中国知网搜索统计而得。

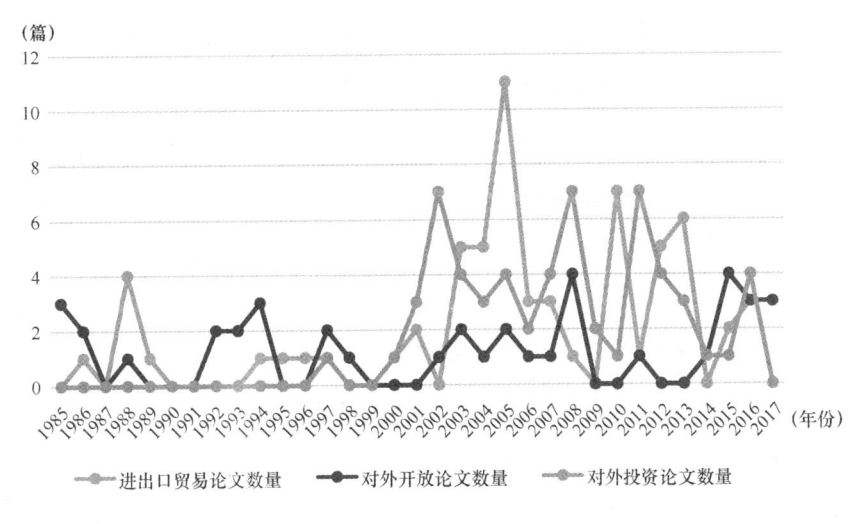

图1 浙江对外开放等文献统计

资料来源：根据中国知网搜索统计而得。

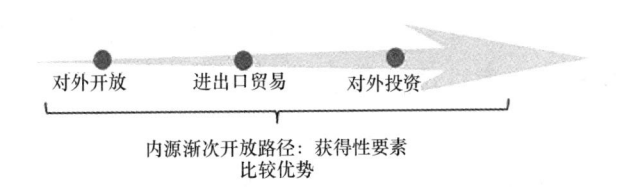

图2 浙江对外开放研究脉络

资料来源：作者绘制。

一 获得性优势与区域对外开放的理论探源

(一) 区域开放的双重路径

两国之间开展贸易的原因在于要素禀赋存在差异，即各国都存在比较优势，出口比较优势产品、进口比较劣势产品。[1] 区域对外开放面临着区际开放与国际开放的双重选择，区际开放指的是对国

---

[1] ［英］大卫·李嘉图：《政治经济学及赋税原理》，周洁译，光明日报出版社2009年版。

内其他地区的开放,而国际开放指的是对国外开放。不论哪种层面的开放,都是拉动中国经济增长的重要力量,研究表明区际开放和国际开放都能够促使制造业集聚、带动劳动力等要素流动。[①] 区际开放是左右中国区域经济差距的主要因素,其中政策不平衡将是导致区际开放不平衡的主要原因。从国际经验而言,英国模式是区际开放先于国际开放,而美国模式则是国际开放先于区际开放。[②]

(二) 获得性优势下中国区际开放的轨迹

改革开放之后,中国对外开放的路径则是区际开放与国际开放之间的融合发展,以改革打破国内市场壁垒促进区际开放,以开放助推"走出去"促进国际开放。但对比长三角和珠三角,两大三角洲呈现了不同轨迹的开放路径。长三角地区是先区际开放后国际开放,而珠三角地区则是先国际开放后区际开放。[③] 原因在于改革开放后珠三角的政策变迁是以开放促改革,譬如广东的发展很大程度上依靠外资引进,所以珠三角国际开放快于区际开放。比较优势异质性导致了对外开放路径与模式的差异,例如浙江与广东,两省都是开放强省且都以民营企业为主。但浙江对外开放的比较优势在于制度优势,广东的比较优势在于外资利用及开放程度,所以浙江的开放路径为先区域市场再国际市场,而广东则为先国际市场再区域市场,这也导致了两省开放的不同轨迹。广东的对外开放度属于波浪式演进,1994年达到峰值然后逐步回落;2002年开始持续上升,

---

[①] 毛其淋:《二重经济开放与中国经济增长质量的演进》,《经济科学》2012年第2期;张萃、赵伟:《中国区域经济"二重开放"与制造业区域集聚》,《当代财经》2009年第2期;赵伟、李芬:《区际开放与劳动力区际流动——浙江与广东的比较研究》,《技术经济》2006年第12期。

[②] 赵伟:《区际开放:左右未来中国区域经济差距的主要因素》,《经济学家》2001年第5期。

[③] 赵伟:《从国际化到区际化抑或从区际化到国际化——中国两大三角洲经济转型中的开放路径比较》,《浙江社会科学》2002年第2期。

但受全球金融危机影响，2008年有所下降，后续起伏演进。虽然浙江也受到了全球金融危机影响，但从整个发展轨迹来看，则是更加平稳，对外开放度稳步前进。[①] 回归到长三角，"苏南模式"和"浙江模式"都是以改革来降低国内区域市场进入壁垒，由此形成先区际开放后国际开放的路径，但两者最终的落脚点在于区域市场、国际市场的有机融合。浙江的开放路径也是先区际开放后国际开放，以民营企业为载体形成专业市场平台，加速国内区域间的贸易流动，此后才推进国际开放。[②]

（三）中国对外开放的实践分析

1978年至2017年，中国对外开放持续加深，不断融入全球化的浪潮。40年来，进出口贸易总额从355亿元上升至277923亿元，增加了781.88倍（如图3）。其中，出口贸易总额从167.6亿元上升至153321亿元，增加了913.80倍；进口贸易从187.4亿元上升至124602亿元，增加了663.90倍（如图4）。出口增加幅度远远高于进口增加，改革开放之后中国不断从贸易逆差国向贸易顺差国转变，充分说明中国经济增长更多的是依靠出口拉动，而且对外开放程度不断提升，开放经济进入快速发展的通道。

不仅如此，中国利用外商直接投资和对外直接投资也呈现快速增长的态势，刻画了中国不断融入全球经济发展，且利用外商投资和对外投资增长也说明中国参与国际竞争能力不断提升。1983年至2017年，中国利用外商直接投资从92000万美元上升至13100000万美元，增长了141.39倍（如图5）。外商直接投资一方面解决了中国发展初期资金紧张的问题，另一方面也带来了先进的技术和管

---

① 彭燕林：《广东与浙江对外开放度比较》，《企业导报》2010年第3期；周艺、王小毅：《区际开放与国际开放均衡——广东模式和浙江模式发展路径比较》，《浙江经济》2004年第6期。

② 周艺、王小毅：《区际开放与国际开放均衡——广东模式和浙江模式发展路径比较》，《浙江经济》2004年第6期。

理经验，助力改革开放以来中国内源发展的要素资源禀赋。不仅如此，中国坚持"引进来"与"走出去"并重，对外直接投资也呈现快速增长。2007年至2017年，中国对外直接投资从2650609万美元上升至12010000万美元，增长了3.53倍，增长势头平稳（如图6）。与此同时，中国也不断从对外投资的输入国转向对外直接投资的输出国，国际竞争力进一步提升，改革开放成效显著。

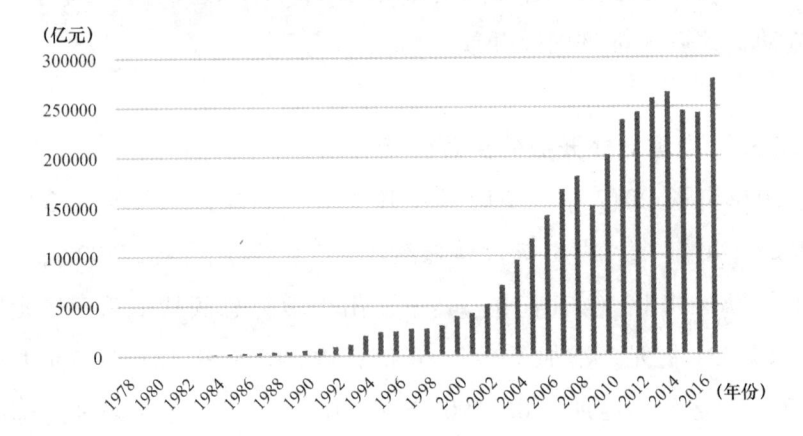

图3　1978—2017年中国进出口总额

资料来源：国家统计局数据库。

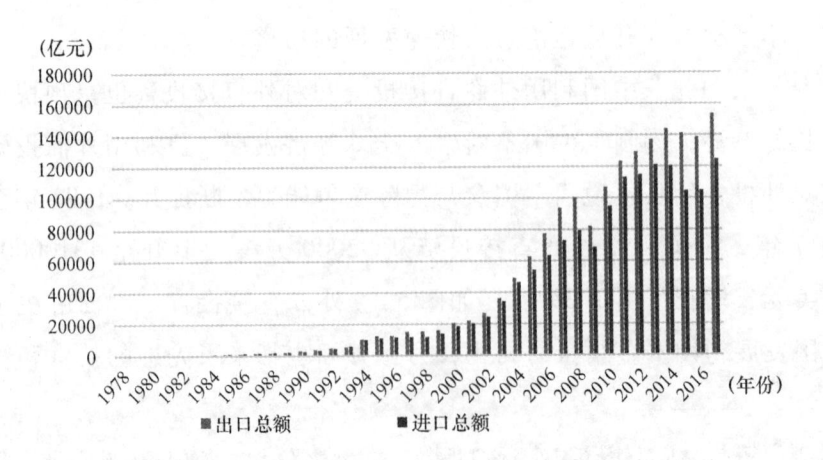

图4　1978—2017年中国进口总额和出口总额

资料来源：国家统计局数据库。

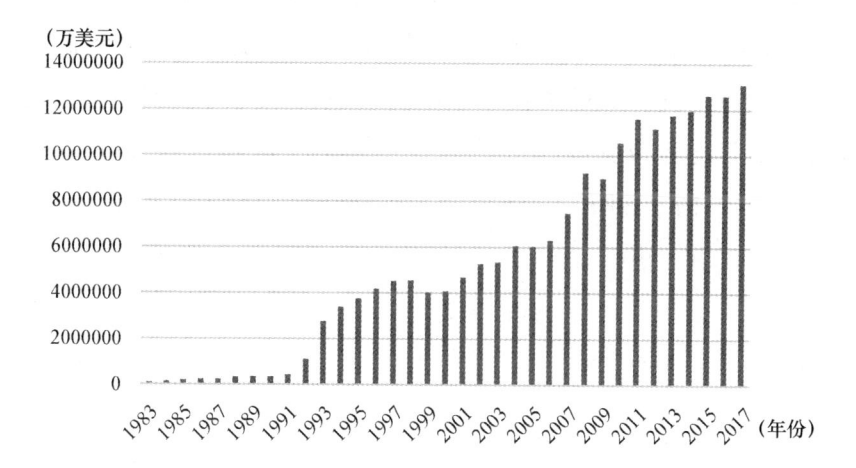

图 5　1983—2017 年中国利用外商直接投资金额

资料来源：国家统计局数据库。

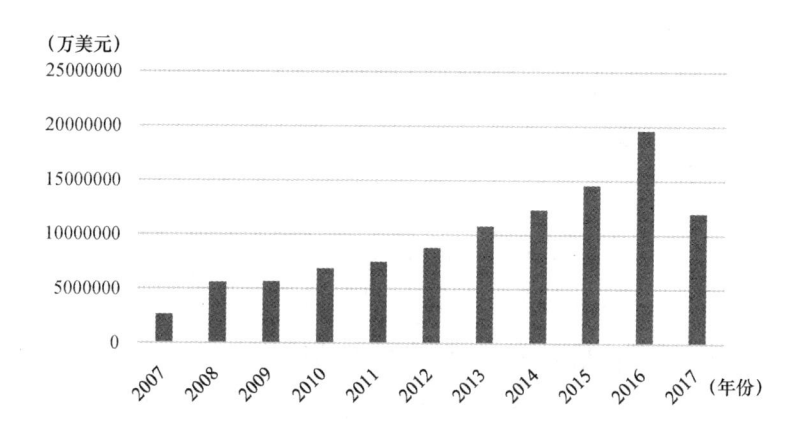

图 6　2007—2017 年中国对外投资净额

资料来源：国家统计局数据库。

二　内源渐次开放的浙江实践

改革开放40年来，浙江经济快速发展，取得了巨大成就。国民生产总值从1978年的123.72亿元增加至2017年的51768亿元，增长了417.43倍。尤其是近十几年，浙江始终沿着"八八战略"所指引的路子走下去，不断创新体制机制、大力发展民营企业、全面深化对外开放，形成了民营经济、块状经济、开放经济等特色，且民营企业已经成为推动浙江经济发展、加速浙江对外开放的主力。2017年浙江进出口总额高达25604亿元，较2016年增长15.3%。其中，出口19446亿元，增长10.1%；进口6158亿元，增长35.6%；民营企业出口14956亿元，增长11.8%，占出口总额的76.9%，是浙江对外贸易的绝对主体。浙江对外开放的比较优势在于获得性要素，体制机制创新引致民营企业快速发展，区域贸易壁垒降低促使市场区际化，最终形成企业国际化的竞争性优势。基于此种逻辑，浙江对外开放的路径在于"市场区际化→市场国际化→企业国际化"，即内源渐次开放。

（一）内源渐次开放的比较优势在于获得性要素

自古以来，浙江是资源小省，"七山一水二分田"，在自然资源禀赋上不存在比较优势。然而，浙江经济高速增长，靠的是获得性要素上的比较优势，包括制度要素等。党的十四大明确提出"建立社会主义市场经济体系"、党的十六大提出"两个毫不动摇"，浙江始终坚持"八八战略"，创新体制机制优势、大力发展民营企业，努力实现民营经济"新飞跃"。浙江对外开放的比较优势在于获得性要素，立足于发挥和增进内源式经济的比较优势。[1]

当然，浙江也围绕产业方面的比较优势来培育国际竞争力。在农业新优势培育上，主要通过规模经营来发展效益农业，根本在于农村土地使用权的有偿转让以及失地农民的就业安置问题，以此促使农业从传统发展模式转向现代的效益农业。在工业新优势培育

---

[1] 黄先海：《浙江开放模式：顺比较优势的"倒逼型"开放》，《浙江社会科学》2008年第1期。

上，重点在于强化轻纺工业的比较优势和培育新兴产业，尤其是引进国际先进技术和管理经验来提高产业技术水平和附加价值。在服务业新优势培育上，大力发展金融、电信、旅游等现代服务业，深化服务业管理体制的改革。①

（二）浙江内源渐次开放的路径

浙江开放的比较优势在于获得性要素，通过制度创新等来发展民营企业，从而形成了对外开放路径"市场区际化→市场国际化→要素投入国际化"②。改革开放之后浙江积极探索市场化发展路径，尤其是党的十四大之后，浙江乡镇企业、民营企业异军突出，并且形成了以区域为载体、以产业为纽带的专业化市场，由此可见浙江走的是内源式发展道路。随着对外开放程度不断加深，浙江民营企业成为开放型经济发展的主体，而且专业市场也日益国际化，即内源渐次开放发展的模式。

具体而言，浙江内源渐次开放包括了企业国际化、市场国际化、分工国际化等不同层面，而分工国际化的最终目标是提升浙江在全球价值链分工中的地位。全球价值链是将国际产业分工进行有序串联，而浙江产业往往处于生产环节，说明浙江产业国际竞争力依旧较弱专业市场是浙江内源发展的产物③，其本质是产业集群，专业市场国际化过程可以理解为产业集群嵌入全球价值链的过程，那么浙江提升全球价值链的地位需要提高产业集群发展实力，提升内源发展的水平。一方面，产业集群应当从"蔓延式小集群"转向

---

① 程惠芳：《加入 WTO 与浙江开放经济发展的若干思考》，《浙江社会科学》2000 年第 6 期。

② 黄先海：《浙江开放模式：顺比较优势的"倒逼型"开放》，《浙江社会科学》2008 年第 1 期。

③ 汪斌、侯茂章：《浙江地方产业集群嵌入全球价值链的若干问题研究——以杭州典型地方产业集群为例》，《浙江学刊》2006 年第 4 期。

产业内"大集群"①；另一方面，产业集群需要集聚高端要素，演变为创新网络。②

三 出口转型升级的浙江实践及理论

改革开放初期，浙江对外开放以出口贸易为主，早期研究主要聚焦于出口贸易转型升级，包括出口结构升级、出口模式升级等。随着民营经济不断发展，民营企业逐步取代国有企业成为浙江出口贸易的主体，关于浙江出口贸易的研究更多的是讨论浙江出口贸易主体及其背后的逻辑，内源渐次开放成为学界关注的重点话题。

（一）获得性要素的比较优势促使浙江出口转型升级

出口是拉动经济增长的主要动力，改革开放以来浙江出口贸易快速增长，且结构不断转型升级，早期的出口贸易主要为了出口创汇，以此来振兴浙江经济。③ 纵观浙江出口贸易发展的历史，呈现出如下特征：出口规模大、增长速度快，商品结构不断改善、从初级产品向劳动力密集型产品转变，出口市场日益多元化，以民营企业为主体、一般贸易为主要方式等。④ 在此进程中，浙江出口贸易的快速发展是建立在获得性要素的比较优势之上。所以，浙江出口以民营企业为主体，通过培育主导产业、布局全球市场营销网络、推动专业市场来促进对外开放。⑤

随着民营企业快速发展，浙江依靠丰富的劳动力资源来发展传

---

① 陆立军、郑小碧：《全球价值链下地方化产业升级路径研究——以浙江纺织服装业为例》，《商业经济与管理》2010年第10期。
② 贾生华、吴晓冰：《全球价值链理论与浙江产业集群升级模式研究》，《技术经济》2006年第4期。
③ 王萱寿：《扩大出口创汇 振兴浙江经济》，《探索》1986年第5期。
④ 肖武岭：《浙江省外贸出口的特点、问题与对策》，《国际贸易问题》2006年第7期。
⑤ 陈家勤：《浙江扩大出口的成功经验值得借鉴和重视》，《财贸经济》2002年第8期。

统制造业,由此浙江出口商品结构不断以劳动力密集型产品替代初级产品①,但出口产品的附加价值依旧不高。更进一步,浙江民营企业的发展模式不断从投资驱动、要素驱动转向创新驱动,产品的科技含量提高、附加价值增加。所以,出口商品结构的再调整主要聚焦于技术密集型产品以及高科技产品。② 与此同时,世界货物贸易的市场饱和度不断增加,使得浙江货物贸易虽然还呈现增长趋势,但是增长速度有所放缓。全球已经进入服务化社会,浙江大力推进服务贸易势在必行,出口贸易结构的转型也从货物贸易向服务贸易演进。这也是浙江破解货物贸易发展空间缩减、服务贸易发展不足的必然举措,是浙江建设贸易强省的必然路径。③

从出口贸易模式而言,浙江出口贸易以一般贸易为主,加工贸易与一般贸易之间存在较大差距。这是因为浙江出口贸易的优势在于制度因素等获得性优势,政策更加偏重于完善市场环境,以内资为主来发展民营企业并生产出口商品,即以内源式发展为主导,所以浙江的贸易模式主要为一般贸易。④ 而广东、江苏、上海等省市,政策更加倾向于外资引进,导致企业发展很大程度上依赖于外商投资,以此培育新兴的产业群,即以外向型发展为主导,由此广东、江苏、上海主要以加工贸易为主体。⑤

(二) 出口贸易发展以民营企业为主体

改革开放初期,浙江发展以计划经济为主导,国有企业占据了市场主体地位,所以浙江出口贸易的主体是国有企业。同时,国有

---

① 吴敏一:《浙江产业进出口结构的选择》,《探索》1988 年第 2 期。
② 吴声澄、吴钢:《论浙江出口商品结构的再调整》,《浙江社会科学》1996 年第 6 期。
③ 郑吉昌、夏晴:《浙江对外贸易结构转换:从货物贸易到服务贸易》,《现代管理科学》2005 年第 5 期。
④ 钱方明:《江苏、浙江两省外贸发展模式的比较研究》,《国际贸易问题》2004 年第 10 期。
⑤ 钟慧中:《浙、粤、沪出口增长方式的比较研究——基于增长源视角的实证分析》,《国际贸易问题》2008 年第 1 期。

企业积极调整经营方式、明确产权界定，推进企业出口贸易发展。[①]随着浙江民营经济不断发展，民营企业逐步取代国有企业成为对外贸易的主力军。就浙江出口市场而言，民营企业能够脱颖而出的原因在于以小商品为主的产业结构能够最大限度地发挥成本优势，民营企业能够灵活地调整经营机制以及浙江完善体制机制来鼓励民营企业发展。[②] 但不可否认，民营企业出口也存在产品结构低端、科技含量不高、缺乏国际竞争力等劣势。[③]

民营企业起源于乡镇企业，依靠内源发展路径而形成，所以浙江民营企业往往属于中小企业，规模小、抗风险能力弱，但恰恰是中小企业却充分利用浙江本土优势来发展出口贸易。一方面，中小企业以廉价劳动力为资源禀赋，生产具有价格竞争优势的劳动力密集型产品，从而占据国际市场；另一方面，通过小企业集群形成特色专业市场，进而扩大出口贸易。[④] 其本质原因还在于中小企业能够充分把握市场方向，利用好浙江既有的资源要素来推动出口贸易发展。不仅如此，互联网技术的快速发展催生了电子商务，而外贸企业利润空间缩小迫使中小企业转型开展跨境电商。[⑤] 结合开放经济发展中的获得性要素优势，浙江对外贸易发展的比较优势也在于内源经济的开放式发展。

（三）浙江出口转型升级的实践

浙江是对外开放高地，利用其体制机制优势，不断扩大开放，

[①] 浙江省外经贸厅：《国有外贸企业——浙江出口主力军》，《中国经贸》2002年第6期。

[②] 邱月、蔡茂森：《从浙江出口增长看私营企业在外贸中的作用》，《云南财贸学院学报》（社会科学版）2003年第4期。

[③] 吴钢：《私营企业出口结构偏差效应分析——以浙江为例》，《浙江社会科学》2001年第1期。

[④] 姚利民、唐晓黎：《浙江小企业出口的相对优势产业分析》，《国际贸易问题》2003年12月。

[⑤] 马银琦、赵京芳：《浙江中小外贸企业转型开展跨境电商的现状及对策研究》，《科技创新与应用》2016年第11期。

推动进出口贸易、对外投资等不断发展。40年来，浙江进出口规模不断扩大，呈现几何式增长的态势，进出口总额从1986年的129291万美元增长至2014年的35504894万美元，增长了273.61倍（如图7）。其中，出口从109128万美元增长至27332897万美元，增长了249.47倍；进口从20163万美元增长至8171997万美元，增长了404.30倍（如图8）。不论是进口还是出口，都实现了快速发展。与此同时，浙江利用外资水平也不断提高。外资进入，促进了浙江经济快速增长，也通过技术外溢效应提升了浙江的产业结构和技术水平。尤其是浙江以民营企业为主体，分布于传统制造业，早期外资进入解决了发展资金不足的问题。另一方面，外资进入往往带来了先进的生产流程和管理经验，或者投资在高新技术产业，有利于带动浙江产业整体升级。1984年至2017年，浙江利用外商直接投资从252万美元上升至1790000万美元，呈现跨越式的增长，说明浙江已经成为外商直接投资的重要目的地（如图9）。浙江始终沿着"八八战略"所指引的路子走下去，不断完善市场经济体制，实现民营企业再飞跃，构建良好的政商关系，为外商直接投资提供良好的市场环境。

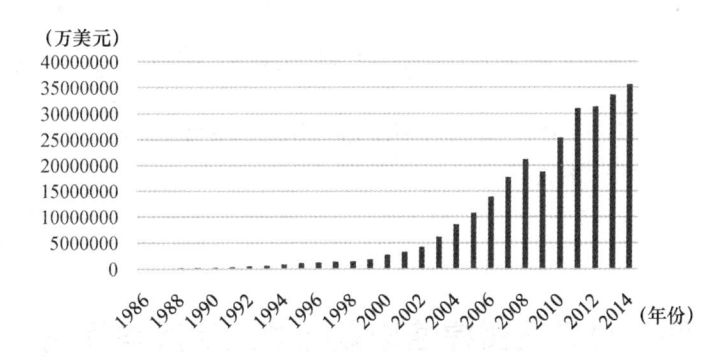

图7　1986—2014年浙江进出口总额

资料来源：浙江省统计年鉴。

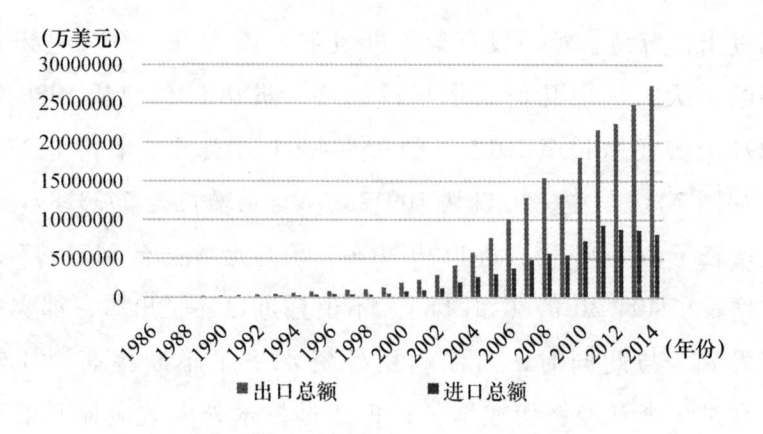

图 8　1986—2014 年浙江出口和进口总额

资料来源：浙江省统计年鉴。

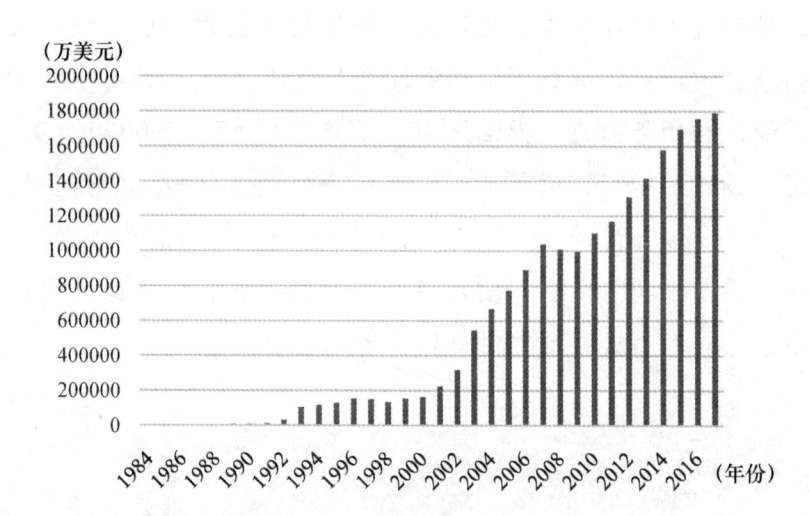

图 9　1984—2017 年浙江实际利用外商直接投资额

资料来源：浙江省统计年鉴。

四　对外投资提速增效的浙江实践与理论

2002 年中国全面实施"走出去"战略，浙江对外直接投资不断扩张，对外开放格局也从以出口为主体向出口与投资双向演进而转变。在此之后，浙江对外直接投资的研究不断增多，主要聚焦于投资动机与区位选择、投资主体以及集群式对外投资模式。

(一) 对外投资动机、区位与主体

小规模技术理论由威尔斯提出，旨在解释发展中国家对外直接投资行为，浙江对外直接投资动力分析亦可置于小规模技术理论的分析框架中。早期浙江利用外资及对外投资的体量都较小，1999年浙江对外投资和利用外资占国民生产总值的比重仅为0.012，低于全国0.013的平均水平，导致这一结果的原因包括投资企业的母体规模小，存在较大的风险等。[1] 从投资动机而言，浙江企业对外投资的初衷是由国内外发展环境所决定及企业成长所要求。[2] 随着浙江经济不断发展，企业对外投资从被动型转向主动型，投资动机主要是寻求资源和市场促进企业发展、更直接地吸收国外先进技术和管理经验、促进国际收支平衡、促进产业结构升级等。[3]

浙江对外投资的比较优势也在于获得性要素，即内源发展，使得浙江对外投资动机从被动到主动、从市场和资源寻求到技术和资产寻求，也决定了浙江对外投资的区位分布。浙江企业主要以传统制造业为主，资源和市场是促进制造业发展的重要因素，所以浙江企业对外投资还是聚集于亚洲国家等。早期研究表明，1999年浙江省非贸易性境外企业分布在全球近60个国家和地区，其中亚洲53家占比31.4%，其次是北美45家占比26.6%。[4] 但从国别分布而言，浙江境外机构共计603家，其中美国122家、香港48家、俄

---

[1] 李欣：《浙江对外直接投资的分析与思考》，《经济师》2000年第8期。
[2] 徐艳、熊永芳：《浅析浙江民营企业对外直接投资现状及对策》，《新西部》2008年第16期。
[3] 高田歌、汪焰：《新常态下浙江对外直接投资动机研究——基于省内国企和私企的三维模型分析》，《浙江工贸职业技术学院学报》2016年第9期。
[4] 李欣：《浙江对外直接投资的分析与思考》，《经济师》2000年第8期。

罗斯45家、日本34家等,说明浙江企业对外投资不仅是市场扩大,也在于技术和管理经验的寻求。[①] 即便到现在,浙江企业对外投资的主体转变为民营企业、投资动机更加侧重于技术等高端要素寻求,但浙江对外投资的区域分布仍旧以亚洲为主,也将海外投资布局延伸至非洲地区,尤其是"一带一路"建设巩固了这种现状。从对外投资的方式而言,设立子公司及培育政府共同扶持的项目是两大主要方式。

随着民营经济快速发展,民营企业成为浙江对外直接投资的主体,而且学者们的研究目光也聚焦于民营企业对外投资。20世纪90年代中期,万向集团、钱江摩托等大型民营企业开始在海外设立贸易公司、建立营销点或者在发展中国家设立工厂,民营企业逐步成为浙江对外投资的中坚力量。[②] 浙江民营企业对外投资能够快速发展,主要因素在于民营企业自身的快速发展为对外直接投资提供了根本性的保障,同时明确的产权、良好的国内经济发展环境以及前期万向等集团的成功经验,都有效推动了民营企业对外直接投资的高速增长。[③] 改革开放的不断推进,浙江市场化体系不断建立,相较于国有企业,民营企业更具备优势来进行对外直接投资,所以民营企业成为对外直接投资的主体。

(二) 跨国并购的吉利案例

跨国并购是对外直接投资的重要手段,吉利集团是浙江民营企业的典型代表,成功收购了沃尔沃等诸多国外知名品牌,提高了吉利集团的技术水平和国际竞争力,也推动了浙江民营企业"走出

---

① 姚利民、张炜、沈瑞:《浙江对外直接投资的国别区位选择》,《浙江经济》2001年第4期。
② 季晓伟:《浙江民营企业对外直接投资能力分析》,《中小企业管理与科技》2007年第11期。
③ 任伟:《浙江民营企业对外直接投资研究》,《合作经济与科技》2008年第7期。

去"。吉利集团自1998年生产第一辆汽车以来，凭着完善的管理机制和不断的自主创新，精益求精，发展程度日新月异。在并购VOLVO之前的2009年年底，吉利集团的总产值已经达到了人民币141亿元，并且连续6年被评为中国"五百强企业"。凭借以低价取胜的策略，吉利汽车在亚太和非洲等发展中国家取得了极大的成功。然而，一味的低价策略并不是长久之计，销售策略的转变和品牌地位的提升逐渐成为吉利汽车在全球市场生根发芽、获得所在海外市场认可的关键性因素。2010年3月底，吉利与VOLVO公司在瑞典签署了最终股权并购协议，确认以并购全部股权及包括知识产权在内的相关资产的方式并购VOLVO公司。

VOLVO是福特公司旗下高端汽车品牌的典范，与奔驰、宝马等共同跻身国际豪华汽车系列，其品牌价值和技术能力得到全世界的认可。吉利作为民营经济型自主轿车品牌，要在合资品牌和进口轿车双重竞争压力的局面下脱颖而出，需要将定位转变为清洁和安全的未来汽车这一概念。VOLVO的技术价值及品牌价值正好填补了这一空缺。加之国家一直以来对环境友好型、安全型汽车的支持，吉利并购VOLVO也是国内汽车行业发展的大势所趋。反过来看，VOLVO轿车品牌虽然拥有成熟的品牌和技术，但由于产销规模受限，难以实现规模经济；过度依赖母公司，自主经营决策动力不足以及金融市场冲击带来资金链的断裂等一系列问题的共同冲击，急需寻求新的管理模式和新的市场开拓；而吉利正是帮助VOLVO进行这一转变的合适"人选"。

吉利公司并购VOLVO公司的首要出发点是获取其技术资产与品牌知名度。由于VOLVO在轿车生产领域的技术明显高于吉利，在技术整合的初期，吉利并没有强行将VOLVO的技术纳入原先吉利的生产线，而是采取了技术共存的整合模式。这一模式保护了VOLVO原先的国际化特色和品牌文化，保存了VOLVO的技术优势。随后，吉利对 VOLVO 进行了技术整合，逐步吸收 VOLVO 的先进生产技术。在人力资本方面，吉利对员工业务内容、语言、国际文化、国际法律等方面进行了培训，促进公司人力要素的融合，减少了文化差异引起的冲突；在物力资本方面，吉利集团将VOLVO先进的生产技术逐步嵌入自己的生产设备中，实现要素与技术的融合。为了实现进一步的融合，吉利还积极整合企业文化，在外部专业整合机构罗兰贝格公司的帮助下，形成了"one family"的研发组织机构和与此相对应的创新组织设计，充分实现了技术资源共享，发挥出"1+1>2"的协同效应。除了股权并购及技术转让，吉利和 VOLVO 轿车公司在零部件制造和供给等方面也达成了一系列协议，这些协议在充分保障 VOLVO 轿车公司独立运营的基础上，也帮助吉利集团获取全球零部件供应的优势。

五　民营企业集群式对外投资的理论与实践

（一）民营企业对外投资的集群模式

浙江民营企业对外直接投资的优势也决定了民营企业对外投资的模式，主要包括建立境外加工基地、构筑营销网络、跨国并购、建立研发机构等。[①] 因为浙江民营企业主要还是以劳动力密集型制造业为主，随着国内人力成本等要素价格不断上升，企业会选择对外直接投资东南亚等廉价劳动力国家，通过建立生产工厂来降低企业资本。同时，民营企业也面临转型升级的压力，研发创新能力对于企业至关重要，促使民营企业通过在海外建立研发机构、跨国并购等模式来吸收发达国家的先进技术和管理经验，以此反哺民营企业转型升级。当然，民营企业在对外投资中也需要处理好与出口贸

---

① 王会龙：《浙江民营企业对外直接投资的模式及其策略》，《经济研究导刊》2011年第28期。

易之间的关系，使得两者之间能够相互促进发展，而不是此消彼长的替代关系。浙江省对外直接投资与出口、进口贸易存在着显著的长期均衡关系，大部分地区的对外直接投资对出口贸易起到促进作用，对进口贸易起到抑制作用。同时，也应当符合国际发展潮流，以全球化为契机，扩大企业对外投资的优势。①

浙江产业集群以民营中小企业为主体，而浙江民营企业依托产业集群建立起了低成本竞争优势，由此形成了集群式民营企业。②具体而言，集群式民营企业的产业组织形式包括以专业市场为核心，如义乌小商品城，形成了"小商品、小企业、大市场"的结构；以区域品牌为核心，没有核心企业但区域形成了品牌效应，如绍兴纺织等；以大企业（企业集团）为核心，拥有自主创新的典型企业，如台州路桥汽摩配集群等。③ 随着浙江民营企业不断转型升级，集群式发展向集群式创新演进④，包括了地方政府推动、产学研合作互动、龙头企业主导型等模式的集群式创新网络⑤。

集群式对外投资更加符合浙江集群式民营企业发展模式，也更能够凸显政府对于对外直接投资的引导作用，相较于单个企业的对外直接投资，集群式对外投资更具备竞争优势，包括专业化的资源、隐性成本优势、创新能力优势、区位品牌价值、规模经济优势、信息资源优势。从模式上来看，集群式对外投资包括了营销网络型和加工生产型，但不论何种形式集群式对外投资的载体都在于

---

① 王革平：《浙江民营企业对外直接投资的风险及对策》，《现代商业》2007年第11期。
② 王祖强：《集群式民营企业发展现状与趋势的实证研究》，《上海经济研究》2005年第12期。
③ 王祖强：《浙江集群式民营企业的典型特征、组织模式与发展趋势》，《浙江树人大学学报》2006年第1期。
④ 楼杏丹、徐雄祥、寿萍：《集群式创新与浙江高新技术产业的发展》，《经济论坛》2005年第11期。
⑤ 疏礼兵：《浙江民营中小企业集群式技术创新模式选择》，《科技管理研究》2007年第10期。

境外经贸合作园区。①

(二) 民营企业集群投资的理论基础

产业集群指的是以特定产业为核心,大量具有分工合作关系的企业集聚在某个区域内,形成了紧密联系。这些企业或者是具有纵向联系,属于产业链上的不同环节进行集聚与整合,或者是具有横向联系,属于同一产业,形成彼此之间的合作与竞争关系。但不论是纵向联系还是横向联系,产业集聚作为一种经济组织形态,得益于在资源、信息等方面的共享,产业集群相较于单个企业依然具有较强的竞争优势和创新优势。马歇尔、威廉姆森、伊萨德、保罗克鲁格曼、迈克尔波特、佩鲁等学者对产业集群的优势进行了广泛研究,并提出了外部经济、新制度经济学、区域经济动态、新经济地理、国家竞争优势、增长极等理论,为企业对外直接投资的产业集群研究奠定了基础(如表2)。

表2　　　　　　　产业集群经典理论及代表人物

类别	外部经济理论	新制度经济学理论	区域经济动态理论	新经济地理学理论	国家竞争优势理论	增长极理论
代表人物	马歇尔	威廉姆森	伊萨德	保罗克鲁格曼	迈克尔波特	佩鲁
产业集群优势	外部经济;专业化分工;市场共享	柔性专业化;灵活生产;网络本地化	技术扩散;创新学习能力增强	规模报酬递增;成本降低	钻石模型;集群竞争优势	倡导政府干预以推动核心产业发展

资料来源:根据产业集群理论归纳整理而得。

外部经济理论。外部经济理论以外部性为切入口,分析产业集

---

① 赵建华:《浙江企业集群式"走出去"现状和对策研究》,《对外经贸实务》2011年第8期。

群内企业的专业分工及资源共享，而且根本逻辑在于技术等资源具有很强的正外部性。在纵向的产业集群中，中间部门的经济技术外溢会对下游部门产生很强的技术外溢效应，从而提升整个产业链的附加价值。在横向的产业集群中，技术将在企业之间、产业之间进行有效溢出，提升整个产业集群的技术进步速度和水平。

新制度经济学理论。新制度经济学以制度为切入口，从产业集群的制度层面对其优势进行了分析。一方面，产业集群具有柔性专业化等特征，能够形成较为灵活的生产网；另一方面，产业集群是以区域为载体形成的，产业集群往往是扎根某个区域，更加了解地方经济发展，能够形成本地的生产营销网络。

区域经济动态理论。产业集群内部的企业在技术创新过程中，无法真正限制住技术的外溢效应，技术等仍旧能够在产业集群内的企业之间充分流动形成外溢，以此来提高企业的创新学习能力，带动产业集群的整体技术水平上升。譬如一个员工在高技术企业进行工作，接受了高技术企业的培训，一段时间后跳槽到低技术企业，那么此时技术流动将会从高技术企业转向低技术企业，从而形成技术的流动性。

国家竞争优势理论。将产业集群放入开放型经济发展的大背景来看，认为国家产业发展不能被既有的比较优势所束缚，而是应该去积极地探索。产业竞争力的提升需要以技术进步为导向来展开，但是产业竞争力的提升已经远远超过了单个企业所能完成的范围，应该是企业集体或者产业集群需要去努力实现的。

增长极理论。区域之间平衡发展对于一个国家很难实现，而国家经济增长需要依靠一个或者多个经济"增长极"来带动，并逐步传递到其他区域。产业集群往往是在特定区域中自发形成，由某个专业化生产的多个部门集聚形成，形成良性循环，而且具有规模报酬递增、技术外溢等外部效应，而且不断演进将带动所在区域的经济转型升级，在特定区域中形成经济的增长极。

（三）泰中罗勇工业园案例

浙江民营企业当前拥有4家国家级境外经贸合作区，包括俄罗斯乌苏里斯克经贸合作区、宁波吉利工业经济贸易合作区、越南龙江工业园和泰中罗勇工业园，数量居于全国第一；3家省级境外合作经贸区，越美/尼日利亚纺织工业园、乌兹别克斯坦鹏盛工业园、博茨瓦纳经贸合作区。其中，最为典型的案例是泰中罗勇工业园区。泰中罗勇工业园开发有限公司是由中国华立集团与泰国安美德集团在泰国合作开发的面向中国投资者的现代化工业区，属中国国家级的境外经贸合作区。园区位于泰国东部海岸、靠近泰国首都曼谷和廉差邦深水港，总体规划面积12平方公里。园区优势：最优惠的政策与最好的地理位置，水陆空全方位交通，高标准配套，"一站式"服务，全中文服务等。重庆力帆集团2004年就开始摸索直接对外投资。2005年，力帆集团先期向泰国投资两亿元人民币与当地人合伙建立摩托车工厂。但当地人以各种理由拒绝履行双方签订的合同，在泰国的投资建厂业务一直都无法正常生产。整个集团公司的业绩也因该项跨国投资业务失败而受拖累。直到2009年年末，力帆集团被迫"用自己的钱买自己的东西"，从合伙人那里买回工厂。2010年年初，公司将生产基地搬入了泰中罗勇工业园，并追加投资两亿元扩大产能，年产摩托车6万余辆。在泰中罗勇工业园中方政府代表的斡旋帮助下，力帆渴望近五年的市场准入证牌照，仅在入园后半年多时间就顺利拿到了。由于进入了中国的境外工业园区，周边的相关企业拥有相同的文化背景，说着共同的语言，消除了跨国投资中的文化差异，避免了矛盾的源头。

泰中罗勇工业园的成功案例印证了浙江民营企业海外投资集群共生有其优越性，为新时代中国企业对外投资提供了经验借鉴。发挥产业集群优势，建设境外合作经贸区。以产业集群为基础建立的境外合作经贸区具有信息优势、成本优势、品牌优势等诸多有利条件，所以在企业对外直接投资过程中，政府应当积极建设境外合作经贸区。尤其是投资东南亚等发展中国家，由于制度不完善、交易不健全等风险较高，更要建设境外经贸合作区来降低企业投资风险、提高企业海外生存率，以此来促进中国企业对外投资的绩效。加强境外合作经贸园区的品牌打造。泰中罗勇工业园能够在短短时间内迅速发展，并且吸引近百家企业进驻，归根结底在于发挥有利条件，打造好境外合作经贸园区的品牌，以此提升园区内企业与东道国政府的谈判能力，吸引更多企业进驻。所以在建设境外合作经贸园区过程中，应当因地制宜、适时调整，着力打造境外合作经贸园区的品牌。鼓励民营企业牵头来建设境外合作经贸区。由于民营企业更具备市场活力，且民营企业海外投资抗风险能力弱，[①] 更需要集群共生来提高抗风险能力，所以民营企业在海外投资过程中会自发地抱团取暖，共享信息、共御风险，具有境外合作经贸区的先发优势。应当鼓励民营企业牵头来建设境外合作经贸区，泰中罗勇工业园便是由浙江民营企业华立集团牵头成立。

六 理论贡献与未来展望

纵观浙江对外开放的研究，不论是对外开放还是贸易与投资、民营企业还是国有企业等问题的研究，最终落脚点在于浙江对外开放的比较优势来源于获得性要素，即内源渐次开放。同时，获得性要素的比较优势也决定了浙江对外开放的路径与轨迹、出口贸易的模式与主体、对外投资的动机与区位。获得性比较优势的形成来源

---

① 程惠芳：《加入 WTO 与浙江开放经济发展的若干思考》，《浙江社会科学》2000 年第 6 期。

于浙江经济发展的轨迹。浙江发展主要依靠体制机制创新,尤其是习近平总书记主政浙江期间,明确提出鼓励民营企业发展,为民营企业快速成长营造了良好的氛围,形成了浙江内源渐次对外开放的路径、主体与优势。

2003年习近平总书记开始主政浙江,提出了"八八战略",其中再创多种所有制经济发展新优势,发挥浙江体制机制优势、实现民营经济发展新飞跃,都促使了民营企业快速成长与发展,也使得民营企业能够成为对外开放的主体。梳理文献发现,关于内源发展与对外开放的研究多是聚焦于2002—2005年,尤其是在此期间不少文献着重探讨了民营企业逐步成为浙江对外开放的主体等问题,这与习近平总书记主政浙江、鼓励民营企业发展密切相关。

"八八战略"明确指出"提高对内对外开放水平",其中需要内源发展与对外开放、外向拓展相结合。内源发展是指一个独立经济体主要依靠内部资金、技术、人才等生产要素,围绕内部需求和内部市场发展经济。所以浙江不断完善体制机制,弥补了资源短缺问题,培育了民营经济,形成了特有的比较优势。而在对外开放中,浙江的比较优势更多的是侧重于综合比较优势,即获取型要素,最为本质的还是创新制度来发展民营经济,实现内源发展与对外开放的相结合。因为内源发展并不是封闭发展,也需要通过吸引外资、对外投资、进出口贸易等途径,保持经济的全球化水平。[①]

改革开放40周年,浙江已经成为对外开放大省,新时代浙江对外开放需要紧扣制度创新这一核心,继续沿着内源渐次开放的路径,提速增效将浙江建设成为开放强省。重点包括"一带一路"背景下浙江拓宽对外开放空间,全面接轨上海,推进长三角一体化,打造环杭州湾湾区,成为拉动中国经济发展的新增长极;高水平建

---

① 习近平:《干在实处 走在前列》,中央党校出版社2006年版。

设舟山自贸区,搭建对外开放的优势平台,探索自由贸易港建设的路径,提高浙江对外开放水平;"互联网+"下高质量发展跨境电子商务和数字贸易,将浙江打造成为数字经济发展高地;深化体制机制创新,加快民营企业转型升级,发挥获得性要素的比较优势,加快生产分工国际化,推动浙江产业迈向全球价值链的中上端。

专业市场发展与电子商务融合的浙江经验和理论贡献

胡 赛[*]

改革开放走过40年，电子商务的形成与发展在与浙江小商品贸易的碰撞中，加快了当地专业市场跟电子商务的结合步伐，提升了区域的整体竞争力。本文从专业市场跟电子商务结合发展的层面出发，回看浙江区域市场跟产业融合发展模式，并总结专业市场和产业集群互动发展较为复杂的表现形式；对比资本主义国家"专业市场消亡论"的论调，进而论文衍生出专业市场在中国不萎缩这一特殊现象的理论解释；随着电子商务的介入，专业市场上出现了对应的B2B电子商务网络，同时电子商务体系同样要建立在当地有形市场的物流系统前提下，电子商务发展跟专业市场的齐头并进是保障专业市场获得长远发展的关键保障和重要机会。梳理改革开放以来理论界对浙江发展的经验及其理论贡献，为专业市场和电子商务的共同发展提供更多帮助和借鉴。

---

[*] 胡赛，浙江大学国际贸易与经济专业博士，现任中共浙江省委党校浙江行政学院经济学教研部讲师。

一 研究背景与问题提出

改革开放40年以来，零售行业发生了天翻地覆的变化，由于电子商务的形成与发展有效刺激了内需，成为新的经济增长点。根据官方机构2017年给出的统计数据，该年度网络市场的交易数目，在整体社会消费品总数目中占据的比例是19.6%，跟前一年的14.9%相比，提升了4.7%。同时，基于《中国电子商务发展指数报告》所建立的四个指标体系：一是规模指数，反映一个省市或地区电子商务发展的规模大小；二是成长指数，反映一个地区电子商务的增长态势或者增长率；三是渗透指数，主要评价该地区电子商务发展在工业、农业、服务业以及社会服务领域的渗透程度；四是支撑指数，主要反应电子商务物流、支付、信用、网络的环境。自该指标2014年建立以来，浙江省稳居综合排名前三位，其中与电商影响力最为相关的渗透指数连续三年排名首位。

在民营经济发达、小商品贸易发展程度高的浙江，电子商务已经成为近年来浙江经济快速发展的新动力。省内一批发达的专业市场，比如义乌国际小商品城、海宁皮革城等，正不断从以往的销售平台向服务业融合、注重交易信息传输，借助博览会等不同平台和途径向综合性多方向发展和演变。在发展的过程中，网络化、信息化、升级化、全面化等新特征的专业市场正在不断成型。另外，随着网络零售技术革新、服务升级，产品品类不断细分，农村电商发力，依托淘宝网创业就业逐渐呈现出集聚化的趋势，浙江义乌的青岩刘村成为"中国淘宝第一村"。淘宝、支付宝均在浙江诞生，移动支付的整体数目跟平均每人支付数目在全国位居次席，电子商务的先进发展县镇以及淘宝行政村的数目在全国首屈一指，2017年浙江省行政村淘宝的市场交易数目超过47

亿美元。浙江的中小企业在专业市场、专业村中与阿里巴巴等电子交易平台相遇，碰撞出的火花降低了交易成本，促进了浙江经济的飞速前进。

二 专业市场与产业集聚的互动关系

专业市场这一概念由来已久，最早关于其界定和阐释，能够回望到《新帕尔格莱夫经济学辞典》中，在这一著作中，伊—特韦尔借助英国皇家经销部门以及税收机构在《终止报告》（1891）中关于集贸市场的阐释，认为其概念为"获得行政部门许可的，产品买方跟卖方在约定时间中碰头，并且在一定程度上会受到一定的制约和限制，表现出公共场所的性质"。郑勇军等[1]为首的研究人员在梳理该领域人员学术成果的基础上，对于专业市场的概念和属性进行了深入剖析。认为"这一概念指的是注重现存货物的批发和销售，大规模交易某一种商品或者更多种具备一定互补性等特征产品的一类场所，其根本属性是一种集聚交易形式下的市场制度设计"。而这一阐释获得了该领域众多研究人员的认可。

伴随中国农村经济改革步伐的不断加快，以及农村区域工业进程的深入，专业市场为典型的市场制度逐渐在中国出现，并获得了显著的发展。同时在整体经济体系发展中扮演了重要的角色，促进了区域经济系统的完善性。从20世纪90年代开始，专业市场取得了长足的进步，不管从数目还是规模的角度来分析，都取得了明显的进步和发展。具体而言，浙江、江苏、山东、广东等省份的专业市场更为成熟，代表性更突出。不过发展到如今，专业市场在全国不同区域广泛存在，不同专业市场之间的竞争呈现出白热化的趋

---

[1] 郑勇军、袁亚春、林承亮：《解读"市场大省"——浙江专业市场现象研究》，浙江大学出版社2003年版。

势。随着当代流通网络的成熟和发展，比如连锁超市等，无形中持续减小了专业市场给周边区域带来的辐射影响力。伴随全球化的持续深入发展，中国在全球经济体系中扮演着关键角色，经济交流更为频繁，海外很多大规模的商贸公司涌入中国市场，展开了激烈而持久的竞争和争夺，而这给中国专业市场的进一步发展带来了深远的影响。

关于浙江专业市场的研究开始于20世纪80年代后期，专业市场在允许农民从事第二、第三产业的一系列制度变革中迅速崛起，对重构农村经济的结构、流程和微观基础起到了重要作用，其发展改变了中国农村经济和城市经济现有的格局。郑勇军、金祥荣[1]分析了专业市场逐渐发展的动力、变化过程以及大致趋势，中国农村经济发生的重大变革减少了农民在非农领域进行工作所面临的风险，进而让农民群体收获了更多进行改革和创新的动力以及勇气，这在另一个层面加快了专业市场的形成。伴随农村区域第二次重大调整改革拉开序幕，经济结构取得了明显的调整和改善。一个角度而言，社会经济对专业市场的制度安排形成了更为强劲的需求动力；另一个角度而言，行政机构的主动性制度调整和变革，加快了专业市场演变。这两个层面的合力形成了累加效果，进而促进了该阶段中专业市场的飞速发展。

与此同时，浙江区域的经济发展表现出新的特征，逐渐表现出古典经济结构为典型特征的发展模式，同时形成固定的渠道，区域内的企业多为中小型公司，整体竞争力不强，素质不高，生产的产品为附加值较少的、档次较低的产品，仅仅能够满足较低层次的市场要求。这种低水平不健康的平衡陷阱，显然不利于浙江经济的长远稳定发展。要想打破这种传统模式的桎梏，必须积

---

[1] 郑勇军、金祥荣：《农村制度变迁中的专业市场》，《经济学家》1995年第1期。

极调动和打开全新的产业优势,为专业市场的发展注入更多新的动力。当经典的第一代专业市场跟省内的粗放经济发展模式以及古典市场经济框架相吻合的时候,专业市场利用自身的调整和升级,创建和不断发展专业市场的信息分享以及市场制度,当代市场的功能不断凸显,进而加快了浙江经济的模式转变,进入现代经济的发展模式。[1]

金祥荣在著作中提出,专业市场可以被认为是一类共有产权的组织模式,为一个区域甚至一个国家的交易演变以及专业分工带来了深刻的影响,进而关系到地区经济的长远发展;罗卫东在研究中提出,专业市场有利于加快经济不发达地区在工业化早期的蜕变,实现组织创新,迅速完成经济的快速发展;郑勇军等人在研究中结合区域的经济发展,划定分析案例,结合专业市场的定义、功能、后续演变等展开了全面深入的比较,同时提出创新和转型发展是专业市场此后的必经之路。

对于产业集聚而言,马歇尔认为集聚是因为中间投入品的综合性、多样性,知识外溢的扩散性等而形成,这给此后研究人员打开了新的研究思路。20世纪80年代后,克鲁格曼等[2]学者在运输经费投入、规模经济发展跟产业的互相关联等层面更深入地进行阐释,人们对于产业集聚问题形成了更加全面的思考。在外国研究学者地理角度研究的影响下,中国学者朱英明等在全面梳理的基础上,对关系到产业集聚的多种因素进行扩充和深入探讨,同时综合中国的实际情况进行分析,当然其理论研究同样属于新经济地理学的范畴。范剑勇[3]、陆铭和陈钊等学者在分析中,对于产业集聚问

---

[1] 金祥荣:《"浙江模式"的转换与市场创新》,《浙江学刊》1998年第1期。
[2] Fujita M., P. Krugman and A. Venables, *The Spatial Economy*, MIT, 1999.
[3] 范剑勇、杨丙见:《美国早期制造业集中的转变及其对中国西部开发的启示》,《经济研究》2002年第8期;范剑勇:《产业集聚与地区间劳动生产率差异》,《经济研究》2006年第11期。

题结合地区发展差异进行考虑，进而认为产业空间分布的失衡是造成现状的关键原因。

伴随浙江本土研究人员关于专业市场和集群理论的不断深入分析，总结梳理得到了实际情形中专业市场和产业集聚共同发展复杂综合的表现模式：一个大规模的专业市场很大程度和附近区域的不同产业集群具备关联；而一个大型化的产业集聚，推出的产品很大概率存在于附近区域不同专业市场的流通体系中（陆立军等）。假如同一个地区中具备很多大规模的专业市场，其内部可能呈现出竞争和合作的复杂关联。不过，无论双方互动关系具体如何变化，其根本属性都体现为产销关系，而这种关联因为双方在空间上达到了规模化集聚进而更加明显。大量文献通过对部分地区的案例进行研究，例如：蔡江静等学者围绕对浙江台州的专业市场研究，观察到跟一般的消费品市场发展较为缓慢，停滞不前的现象进行比较，基于产业群发展的专业市场依然表现出积极的发展活力。所以，在产业群依然处在上升阶段的形势中，借助其具备的集群效应以及市场内部的互动效果，专业市场在未来的一定时间内依然会发挥出足够的积极性功能。陆立军等[1]结合浙江绍兴地区诸多纺织企业进行的一万多份问卷调查，通过定量研究观察到，运输成本、集群规模以及技术发展等给专业市场发展带来的影响性最为显著；区域内物流效率的改善以及行业组织功能的发挥，都能够强化专业市场和产业集群之间的关联程序，同时加快企业拓展市场渠道，获得更理想业绩。陆立军、郑小碧[2]初步创建了专业市场跟产业集群之间理论的多维度研究结构以及简化形式，同时结合计算机模拟技术，论述了跟产业集群之间的互相内部关联。运用此理论分析框架与模型分析

---

[1] 陆立军、俞航东：《基于共享型市场的集群企业绩效评价——以浙江省绍兴、义乌万家企业为例》，《研究与发展管理》2011年第3期。

[2] 陆立军、郑小碧：《基于演化动力学的专业市场与产业集群互动机理的理论与应用研究——以"义乌商圈"为例》，《南开管理评论》2011年第3期。

了"义乌商圈"的历史演进过程,并据此提出了推进其转型提升的若干逻辑要点。

三 专业市场"走向消亡"还是"改头换面"?

实际而言,发达资本主义国家中关于"专业市场消亡论"的论调一直存在,人们提出专业市场在工业化的开始阶段中,扮演着关键性的角色,不过当市场企业顺利创建品牌以及探索到自身的销售途径后,其具备的功能就会被弱化,并且会最终走向消亡[①]。这种思想也给国内的众多研究人员带来影响作用,不过国内很多人员站在历史发展的角度来考虑,提出尽管专业市场会被取代,不过其在中国的发展路径具有特殊性和阶段性。

改革开放40年来,正是中国零售业发展乃至整个商品流通体系变革的重要时期。陈志昂根据其对西方商品流通体系的分析标准,发现中国的商品流通体系具有多元化的特点,即传统与现代商品流通体系并存。一方面,中国目前的流通体系已经实现以市场调节为主要配置方式;流通渠道多样化,有形无形市场并存;流通组织化程度提高,内部分工细化;以及维护市场竞争和市场主体利益的法律体系和宏观调控逐步完善。另一方面,以专业市场为代表的以批发为主要功能的商品交易市场长期存在并持续发展,并没有像西方工业革命初期的专业市场那样退出历史舞台。

21世纪初期,浙江从一个农业大省逐渐成为中国影响力重大的制造业基地,整体经济实力从改革开放初期的全国第十二位上升到全国第四位,这种经济进步跟专业市场的突破性发展联系紧密。

---

① Braudel F., *Capitalism and Material Life 1400–1800*, New York: Harper and Row, 1975; Britnell R. and B. Campbell, *A Commercializing Economy: England 1086 to 1300*, Manchester: Manchester University Press, 1994.

根据马斌、徐越倩①的研究，到 2004 年年底浙江省内一共存在商品交易市场超过 4000 个，交易额接近 6400 亿元。该年度交易额突破亿元大关的交易市场有 497 个，交易额实现了 5457 亿元，在该省份的总体商品交易中的比例为 85%，而义乌以及绍兴两大商品城在该年度的交易额各自实现了 266 亿元和 258 亿元，稳居全国同类市场中交易数额榜首。在浙江开始阶段的工业化发展中，专业化市场不仅发挥了加快产品销售以及升级发展的关键性载体功能，同时大幅度改善了农村商业化、城镇化的现状，地方财政更为富足，群众收入增加。在专业市场早期逐渐发展的阶段中，专业市场跟特色产业的融合和互相影响成为该省份的重要经济发展特色，不管是永嘉纽扣业、义乌日用品业，还是乐清风生水起的电器行业等，都遵循着产业与市场互相依托，互相促进的轨迹。

理论界对于商品交易市场在中国不萎缩的特殊现象有以下几种理论解释。

第一，交易成本理论：在市场上的企业仍以中小规模企业为主时，借助商品交易市场所具备的共享性特征，努力控制成交费用，改善交易效率。至今浙江省内以民营企业为主，民营企业又以中小型企业为主，所以短期内不会有大批企业投资建立独享式的销售渠道。

第二，外部规模经济理论②：商品交易市场，尤其是专业市场随着市场规模扩大，分工细化的结果，销售和生产环节的分离带来了生产和销售的规模经济，同时，当市场交易和生产形成区域集聚时，劳动力会聚、中间品供应、技术溢出等外部规模经济也会促使交易和市场进一步地集聚，甚至形成路径依赖。这种路径依赖可能

---

① 马斌、徐越倩：《论专业市场与电子商务的互动发展——以浙江省为例》，《商业经济与管理》2005 年第 3 期。

② 郑勇军、袁亚春、林承亮：《解读"市场大省"——浙江专业市场现象研究》，浙江大学出版社 2003 年版。

要通过外部冲击（如西方工业革命、温州苍南腈纶市场的技术突破等）加以解除，也可能会因为市场因不能适应现代流通、商业环境，引起外部规模经济利益的衰减而破除路径依赖。

第三，政府扶持①：义乌小商品市场的诞生除了历史传统等因素外，还得益于当时政府的默许态度，随着市场开放程度提高，政府不仅积极参与了市场的规划和建设，还持续扮演着引导和监督的角色。从部分盲目扩建市场的现象看，商品交易市场不仅可以为政府提供税收收益，还成为政治绩效的一部分，所以政府的干预也一定程度上延缓了此类市场的演替。

第四，电子商务的介入②：随着现代技术的发展和市场结构的改进，商品交易市场上不同程度地出现了对应的 B2B 电子商务网络，这对于过去市场是一个强有力的补充。另外，电商网络也需要依托有形市场的物流发展体系，借助市场的品牌效应保障和提升电商平台的稳定性以及安全性。换句话说，电子商务网络与商品交易市场的融合可能是有形市场寿命延长的机遇。但是，随着电子商务网络的成熟和品牌的完善，其对有形市场的依赖程度可能降低，替代程度反而上升。

四 电子商务与实体市场的竞争与融合

伴随着电子商务的扩张，其发展模式也在不断变迁。其本质在于电子商务与实体零售之间竞争与融合关系的处理。目前，零售市场上大致出现了三种"竞争融合"关系。在电子商务发展初期，凭借互联网便利的搜索方式和低廉的价格优势，电商与实体市场展开

---

① 白小虎：《专业市场集群的范围经济与规模经济》，《财贸经济》2004 年第 12 期。
② 陆立军、于斌斌：《论电子商务与专业市场的转型、提升——基于义乌小商品市场的实地调查与问卷分析》，《情报杂志》2009 年第 7 期。

激烈的竞争，快速吸引大量对传统渠道具有较低黏性的消费者，从而蚕食实体市场原有的份额，享受由互联网行业带来的巨大红利，这被称为"竞食模式"（Cannibalization Model）。这一模式下，电子商务与实体市场作为独立的主体以自身利润或市场份额最大化为目的，分别制定价格策略。

电子商务店家获取新需求以及运营的成本随着网络零售的普及和规范化程度不断提高，由互联网带来的红利递减。面对信息不对称所导致的逆向选择和越来越激烈的价格竞争，电子商务企业意识到市场扩张和持续盈利的瓶颈，甚至被迫退出市场。而一些品牌商在原有的实体销售渠道中进行补充，开始新建或并购网店，称为"合并模式"（Joint Model）。这一模式下，厂商同时采用网店和实体店两种零售渠道，品牌商在天猫商城的官方旗舰店和实体店同时销售产品即为这一模式的典型。

近年来，居民的消费升级促使其对体验式消费的需求不断增强，这又进一步限制了网络零售在零售市场中的扩张。电商企业开始创新零售技术，建立实体门店与网店同步销售并向消费者提供产品的体验服务，实现从线上走向线下。近年来提出的"新零售"概念，认为其本质在于零售渠道的协同，而孤立的电子商务将不复存在。在这一背景下，合并模式中的厂商开始进一步弱化电子商务与实体市场间的替代关系，推进线上的搜索便利与数据反馈优势，线下的服务体验及配送便利优势，融合二者的优势，以此缩小甚至消除价格差异。这一模式称为"协同模式"（Synergy Model），品牌商将实体店"体验化"，实现线上线下同款同价、数据互通、服务互补以及品牌共享等。

电子商务发展放缓基本可归因于电子商务优势的减弱和劣势的增强，而电子商务发展模式的变迁是为了抑制这一趋势的恶化。根据已有文献，电商优势主要在于便捷、节约、商品种类多样化以及自由度和可控制性高等特点，而劣势主要在于交易风险（金融风险、商品风险和心理风险等）和渠道壁垒（互联网技能和硬件设备）。金祥荣、陈文轩[①]将电商或网购的优势归纳为消费者搜寻零售商和零售商搜寻消费者的成本的下降，即"搜索经济"，将劣势归纳为网络交易风险和渠道壁垒所引起的转移成本，即"渠道黏性"。随着电商发展速度放缓，越来越多研究者相信"多渠道零售"将是市场的未来，即厂商或零售商建立对应的信息网站或交易网站作为实体店的补充，或建立实体零售店以补充网络渠道，以提高企业的消费者规模、购物频率、每次购物数量以及所购物品价格，并认为不同零售渠道除了竞争（蚕食）关系外，也有信息、品牌等外部性，从而形成互利（协同）的关系。Levin等考虑到"研究购物"和"橱窗购物"等消费行为的存在，认为厂商的网络渠道可能令实体店盈利，或者实体店搜索令网店盈利。

关于"多渠道零售"的实证研究中，早期研究发现增加网络渠道对厂商原渠道销售额影响有正有负，但通常是不显著的。而Weltevreden发现增加网络渠道短期内对城市购物几乎无影响，但在长期会有负面影响。Van Nierop et al. 以及 Pauwels et al. 也发现网络渠道的开放会减少消费者前往实体店的次数，从而降低购物频率和订单规模。Cao & Li 利用随机效应模型对71家美国零售企业的面板数据进行回归，发现多渠道协同对于企业的营业额增长率有显著且积极的影响，但是企业原有的网络渠道（电子商务）的经验或实体渠道（实体店）的规模会弱化这种积极的影响。然而，现有文献鲜有对零售模式转变的内在机理的剖析。浙江学者金祥荣、陈文轩[②]通过建立理论模型分析了"单渠道零售"（"竞食模式"）和

[①] 金祥荣、陈文轩：《从"竞食"到"协同"：中国电商发展模式变迁的动力分析》，《浙江社会科学》2018年第3期。

[②] 同上。

"多渠道零售"("合并模式""协同模式")下网店与实体店的定价能力和市场份额的相互关系以及电商优劣势("搜索经济"与"渠道黏性")对两者的影响,并发现了不同模式对电商发展可能产生的促进或抑制效应,从而梳理出"竞食模式→合并模式→协同模式"的发展路径的逻辑链条,拓展了国内电子商务研究的理论。同时,利用浙江省各地市的消费数据对理论研究结果进行实证分析,不仅发现了中国电子商务行业目前主要采用的发展模式,还验证了中国电子商务发展路径与理论分析结果的一致性,为"多渠道零售"问题的研究补充了中国的经验证据,也为中国电子商务企业的创新思路提供了理论依据。

五 浙江专业市场与电子商务融合发展的理论贡献

浙江省专业市场在经历了开始阶段的快速发展后,不断显现出一定的内部问题。比如市场定位不明晰、重复现象突出、市场规模不大、整体档次不高、市场功能未能全面发挥等。20世纪90年代后,信息社会如潮水般势不可当,借助信息技术和网络社会的积极优势,新的零售业态和在线交易不断涌现,这带来了商品流通方面的颠覆性变革。更为深入地进行理解,专业市场的根本属性并非简单为一个一成不变的交易场所,同时更为关键的是市场所承载的信息。因为其属于一种市场交易模式,直接连通生产方跟消费人员,需要依靠信息流的模式得以完成。所以,综合浙江省专业发展的现实情况,为了补偿专业市场功能的不足,促进市场机制的完善和进一步发展,当下可行的办法即为借助信息技术和网络技术,更深入全面地推动专业市场的深层次发展。加快电子商务跟传统市场的融合发展,是未来专业市场实现长远发展的必然选择和理想出路。[①]

伴随电子商务为专业市场发展带来的更深入影响,行业网站的批发数目不断提升,很多大规模专业市场都相继创建了专门服务一定地区有形市场的对应网站,从而发挥了基本的电子商务功能。专业市场的发展离不开农贸业的主体,其对于信息的依赖程度更深,同时中国制造行业的技术革新和深入发展,需要借助更多知识经济的内涵。陆立军、于斌斌[②]等学者通过对于电子商务的全面研究,认为将电子商务融合到专业市场的发展中,给交易模式、物流体系以及市场发展趋势等都带来了深刻的影响。借助电子商务达到电子化,进而改善了交易效率,现代物流业呈现出新的发展面貌。伴随网络的深入普及,更多样化的专业市场利用电子商务的渠道,实现了线下和线上市场的融合以及转型发展。不过,专业市场并不会因此而迅速衰落,其具备的市场功能是独特而长久存在的,因此一定时间内的融合发展将会是主要表现形式。

陆立军、刘猛[③]提出与实体市场交易方式相比,电子商务交易方式使外生交易成本大幅度降低是其推动专业市场交易制度调整的关键原因。指出了电子商务影响下专业市场交易制度演化机制、路径及其条件,提出了传统专业市场交易制度向实体与电子商务相融合的新型交易制度转型升级的动态演化过程。郑小碧、刘广[④]以义乌中国小商品城为例,发现专业市场与电子商务联动发展表现为植入性调整、多样化浮动的新特征,同时市场中的交易模糊性、交易

---

① 马斌、徐越倩:《论专业市场与电子商务的互动发展——以浙江省为例》,《商业经济与管理》2005 年第 3 期。

② 陆立军、于斌斌:《论电子商务与专业市场的转型、提升——基于义乌小商品市场的实地调查与问卷分析》,《情报杂志》2009 年第 7 期。

③ 陆立军、刘猛:《电子商务诱致下专业市场交易制度的变迁:理论与模型》,《商业经济与管理》2013 年第 5 期。

④ 郑小碧、刘广:《专业市场与电子商务联动发展的演化路径研究——以义乌中国小商品城为例》,《华东经济管理》2013 年第 7 期。

频率的调整等共同构成两者演化的驱动力。

在专业市场与电子商务融合的过程中遇到了一些问题与挑战，郑红岗、郑勇军[①]提出培育市场经营户电子商务意识和能力，推动市场业态及产品结构优化调整，对市场空间进行功能性改造提升，打造线上线下O2O产业链，加快市场主体从平台服务商向综合性商贸集成服务商转变，完善市场仓储物流与配送服务体系，加快市场大数据、云计算等信息化服务功能建设等实现专业市场与电子商务深度融合发展的对策建议。

随着"互联网+村域经济"的持续深入，电商专业村得到人们的更多关注。其概念为一个村子的很多农户借助电商平台进行销售，达成交易，促进村庄的经济发展，成为村庄经济活动的主要表现形式。而淘宝网因为准入门槛低、技术简单等原因，成为农户参与电商的关键渠道。基于此，才有了"淘宝村"的称呼。淘宝村的已有研究主要是由阿里研究院组织开展，2014年12月，阿里研究院发布《中国淘宝村研究报告（2014）》，总结分析2014年中国淘宝村的发展状况，并对淘宝村的未来发展趋势进行了预测。2015年2月，由阿里研究院编写的《中国淘宝村》一书中，全面地论述了14个著名淘宝村的演变和发展，学者汪向东结合若干个典型淘宝村的案例，重点总结了沙集模式的特点、意义和演化趋势。浙江大学管理学院吴晓波与阿里研究院合作分析淘宝村发展背后的创新以及发展机制，同时梳理得到了淘宝村进步的必要条件。此外，崔丽丽等[②]将浙江丽水作为淘宝村的案例对象，在现场调查中观察到邻里带动、社交示范等不同因素的影响和促进作用，给淘宝村的发展

[①] 郑红岗、郑勇军：《网络经济背景下浙江省专业市场转型升级研究》，《浙江工商大学学报》2016年第3期。

[②] 崔丽丽、王骊静、王井泉：《社会创新因素促进"淘宝村"电子商务发展的实证分析——以浙江丽水为例》，《中国农村经济》2014年第12期。

带来直接改善作用。曾亿武等[①]从过程性的视角来揭示淘宝村的形成规律，在典型案例的基础上，将淘宝村的形成过程进行简化和提炼，并对形成过程的每个环节所蕴含的机理进行剖析，更加清楚地透视淘宝村现象。

无论是专业市场还是专业村，都因遇到挑战而与互联网支付交易平台进行融合，由此产生与电子商务融合发展的环节，进而促进专业市场、专业村的升级和调整步伐。具体过程如图1所示。

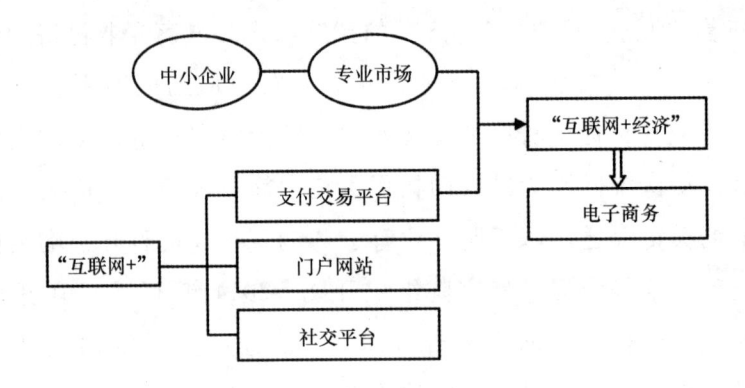

图1 专业市场与电子商务融合发展

六 结论

本文通过互联网经济在浙江的发展模式思考互联网对浙江省产业结构调整和经济转型升级的理论依据和实践研究，聚焦到专业市场发展与电子商务结合的浙江案例经验和理论贡献，对专业市场的发展脉络进行梳理，并结合"互联网+"产生电子商务平台，从而使专业市场、专业村在电子商务的融合发展中得以转型升级。在改

---

① 曾亿武、邱东茂、沈逸婷、郭红东：《淘宝村形成过程研究：以东风村和军埔村为例》，《经济地理》2015年第12期。

革开放 40 年之际，本文对该领域内浙江学者所作的理论贡献以及结合浙江经验的文献作出总结，以期为专业市场的转型升级与电商行业的创新发展提供更多理论与经验依据。

浙江创新系统治理实践及理论贡献：
基于文献共词的计量研究

徐梦周[*]

一 引言

改革开放以来，浙江经济发展走出以市场为导向，以民间诱致型制度创新为动力，以农村工业化和小城镇发展为主线，以轻、低、小集散的劳动密集型产业为主导产业的内发型区域经济发展模式。[①] "浙江模式"也由此声名鹊起，在全国范围内引起了广泛讨论。2008年金融危机后，区域经济发展时代背景与外部环境发生了重大变化，浙江作为先发地区，产业结构性的矛盾率先暴露，经过近10年的结构调整与动力重塑，经济发展逐步由投资和资源要素驱动向创新驱动的发展模式转型，目前浙江区域创新能力居全国第5位，企业技术创新能力居全国第3位，知识产权和专利综合实力均居全国第4位，区域发展呈现出不同以往的新

---

[*] 徐梦周，浙江大学博士，中共浙江省委党校浙江行政学院工商管理教研部副教授。研究方向为技术创新与新兴产业发展、网络组织、科技金融等。

[①] 罗卫东、许彬：《区域经济发展的"浙江模式"：一个总结》，《中共浙江省委党校学报》2006年第1期。

现象、新特征。

（一）浙江创新的现实观察

1. 信息经济成为核心动力。浙江是最早部署发展信息经济的省份，在2013年全省经济工作会议上提出大力发展信息经济，探索"互联网+"发展模式。2014年5月率先提出发展以互联网为核心的信息经济，制定出台全国第一个信息经济发展指导意见，明确建设"七中心一示范区"，争创国家信息经济示范区。在第三届世界互联网大会召开前夕，成为全国唯一一个国家信息经济示范区。2017年，浙江信息经济核心产业增加值4853亿元，占生产总值的9.4%，以信息经济为核心的"三新"经济增加值达1.25万亿元，对经济增长贡献率为37.1%。浙江省信息化发展指数达95.89，仅次于北京、上海，居全国第3位、省区第1位；两化融合发展指数为98.15，仅次于广东，居全国第2位。其中，杭州的信息经济增加值从2014年的1669亿元增加到2017年的3216亿元，年均增长超过24%，对全市GDP增长的贡献率超过50%。

2. 企业创新能力显著提升。全省市场主体企业从2012年的344.1万家增至593.4万家，境内上市公司从246家增至415家。截至2017年10月，新认定高新技术企业2595家，累计9474家，新培育科技型中小企业7654家，累计31584家。民营企业影响力和知名度越来越高，在中国民营企业500强中，浙江占120席，连续19年保持全国第一，形成了阿里巴巴、万向集团、吉利汽车、海康威视等一批国际知名企业。阿里巴巴入选"全球最具创新精神的十家企业"榜单，2018财年集团收入2502.66亿元，同比增长58%。阿里云成为全球云计算领军者，市场占有率位列亚洲第一、世界第三；蚂蚁金服成为全球最大的科技金融公司，市场估值达

1600亿美元。

3. 特色小镇实践形成全国示范。2016年国家级高新区综合排名中，杭州国家高新区（滨江）跃升至第三，仅次于北京中关村和上海张江，杭州高新区R&D（全社会研究与试验发展经费投入）占GDP比例始终保持13%以上，科技活动经费支出增速基本保持在20%左右。作为全国特色小镇的起源地，梦想小镇、云栖小镇以及基金小镇等一批特色小镇的发展深刻改变了浙江的经济社会发展格局。梦想小镇自2014年8月建设以来，累计引进孵化平台50余家、互联网创业项目1519个、创业人才近13900名，举办创新创业类活动1157场，参与人数近17.5万人次，成为大学生创业创新的热土。云栖小镇以阿里云为核心，集聚了全国70%以上的云计算、大数据产业工程师，成为全球云计算大数据领域人才摇篮。

4. 科技体制改革不断深化。浙江率先启动县域科技体制改革，成为全国首个全省域国家科技成果转移转化示范区。2002年10月，浙江在全国率先建立了中国浙江网上技术市场，推动互联网与技术市场的融合发展，开创了国内技术市场网上交易先河。目前已形成了由1个省级中心、11个市级市场、94个县级分市场和29个专业市场组成的统一信息发布平台，累计签约技术合同4.26万项，成交金额455亿元；实体科技大市场已建成53家，同时还在福建、新疆、西藏、海南等地建立了合作市场。

（二）相关理论基础

1. 区域创新系统内涵

为了解释战后日本经济的高速增长，Freeman首次提出国家创新系统的概念，认为在公私部门组成的创新网络中，创新主体间活动和互动促进了新技术的发明、引进、改进和扩散。区域创新系统作为国家创新系统的基础和有机组成部分，是国家创新系统在具体领域和具体地区的深化和细化。1992年，Cooke提出区域创新系统（regional innovation systems）的概念，即在特定地理或经济区域内，与创新相关的各种主体要素（开展创新活动的机构和组织）、非主体要素（创新活动所需的物质条件）以及协调各要素关系的制度、政策、文化等。学者指出区域创新系统是由支持组织围绕两类主要行动者及其相互作用组成，第一类主要行动者是域内产业集群及其支持产业的公司，第二类主要行动者是制度基础结构，包括科技机构、高等院校、技术中介机构、职业培训组织、产业协会、金融机构等，它们具有支持区域创新的重要能力。[1][2]区域创新系统研究得到重视的一个重要原因是美国硅谷的崛起。萨克森尼在对比分析硅谷与128号公路时，指出硅谷是一个区域网络化产业体系，密集的社会网络，开放的劳动力市场促进了各种新探索和创业。区域创新理论以系统的、动态演化的观点将新区域科学中的制度、文化、组织等要素和新熊彼特主义的创新研究在市场机制起主导作用的背景下结合起来，建立起区域学习、创新、地方环境和区域增长之间的有机联系，组成了一个分析区域创新和区域经济发展有效的理论框架。

2. 区域创新系统演进

与生物系统一样，区域创新系统从建立到成熟是一个发展的过程，要经历形成、成长、成熟以及创新衰退或持续等阶段。[3] 在形成阶段，主要围绕优势创新种群，关联创新种群虽开始聚集，但聚集的速度较慢，还未形成规模。在成长阶段，优势创新种群内的创

---

[1] Asheim B. T. and A. Isaksen, Location, "Agglomeration and Innovation: Towards Regional Innovation Systems in Norway", *European Planning Studies*, 1997, (5): 299 – 330.

[2] Asheim B. T. and A. Isaksen, "Regional Innovation Systems: The Integration of Local 'Sticky' and global 'Ubiquitous' Knowledge", *Journal of Technology Transfer*, 2002, 27 (1): 77 – 86.

[3] 李微微：《基于演化理论的区域创新系统研究》，天津大学出版社2006年版。

新组织大量衍生，相关联的创新种群和创新组织大量增长，这些创新种群和创新组织聚集的结果，创新群落规模不断扩大。区域创新系统中创新种群结构已基本稳定，各种配套的功能已经完善；同时，随着创新种群之间和创新种群内部各创新单元之间的横向与纵向协作关系的不断建立。在衰落与更新阶段，由于生境的持续变化，原有优势种因其基因适应性变弱，逐渐失去生存优势，依赖这一优势种的生物群落逐渐衰落。同时，新的优势种开始出现，孕育着下一个群落的形成。如果区域创新活力不断下降，创新产出不断减少，组织结构出现老化，原有的创新核心区逐渐变成产业萧条区。如果具备适宜（匹配）的内外条件，能够形成新的优势创新种群，区域创新系统在短暂振荡后利用已经改变的系统环境，联合组建新的更具创新生命力的机构。同时注意对旧机构的改造与重组，通过创新的持续产出，不断改造区域内部环境，可以在新的起点上得到持续发展。

3. 区域创新系统治理

所谓区域创新系统治理是指有效提升创新和科技的中心位置，高效联动各个创新要素，使其从物理集聚向有机互动转变。区域创新系统治理的一个重要原因是区域创新能力的地区差异日益扩大。有学者认为创新主体构成变化和企业创新能力差异是区域创新绩效差距拉大的根本原因[1]，也有学者指出区域科技研发系统与转化系统缺乏良好互动影响创新绩效[2]。全球化经济中，地方的持续竞争力来自远距离不能模仿的不断增长的地方知识、关系和动机，明智地适应新环境和利用以前的知识库存创造新的机会是区域形成动态竞争力的关键。凡是获得成功的区域都建立了适合自己的创新系

---

[1] 李习保：《中国区域创新能力变迁的实证分析：基于创新系统的观点》，《管理世界》2007年第12期。

[2] 陈凯华、寇明婷、官建成：《中国区域创新系统的功能状态检验——基于省域2007—2011年的面板数据》，《中国软科学》2013年第4期。

统。Victor W. Hwang 和 Greg Horowitt 将硅谷比作一个不断产生和进化新技术、新商业模式的雨林，硅谷的创新得益于独特生态。区域创新系统治理涉及三个方面：一是微观层面，即企业层面的创新网络，强调企业在网络当中的核心地位，通过企业战略联盟构建的创新网络可能存在于特定的地理区域或产业当中，也可能会超越区域或产业边界的约束。二是产业层面的创新网络，强调集群要素对创新网络影响，更倾向刻画创新网络的整体性特征，是一种以产业为边界的客观性创新网络。三是区域层面的创新网络，体现了产业创新的网络环境和空间形态。

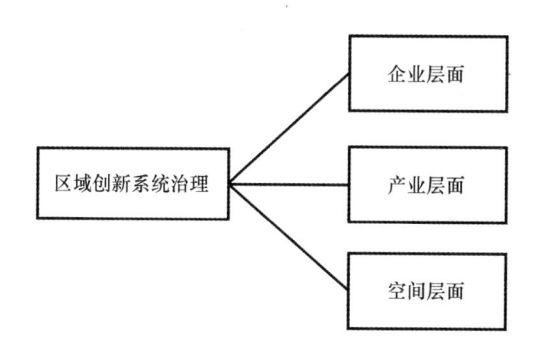

图 1　区域创新系统治理的三个层面

（三）研究问题的提出

浙江模式是区域经济的发展模式，同时也是以区域局部突破为特征的经济制度创新模式。[①] 改革开放 40 年来，浙江创新经济发展大致经历了三个阶段：第一阶段是 20 世纪 80 年代以传统特色产业为基础的块状经济，其最大特点是通过空间集聚形成规模效应，低成本导向十分明显。第二阶段是 20 世纪 90 年代开始以传统特色产

---

① 史晋川：《制度变迁与经济发展："浙江模式"研究》，《浙江社会科学》2005 年第 5 期。

业生产制造为主的块状经济发展演变为融"生产+市场"为一体的产业集群,专业市场的兴起为浙江制造供给与需求对接及整体效率优化提供了较大空间。但总体而言,在该阶段浙江多数产业产品仍处于供不应求阶段,企业创新动力不足,经济发展属于技术模仿驱动下的数量型增长。这一阶段关于产业集群的研究也成为全国性的热点。浙江以产业集群为基础的区域特色经济,不仅为充分利用当地的人文资源和产业特色提供了可能,更重要的是,通过量大面广的小企业的集聚和互动,形成了区域内生增长机制。[1] 浙江模式演变的动力机制,带有自下而上的"倒逼式"特征,个人商业才能的发挥,得益于一种渐进改善的区域制度环境,地方政府对于个人商业才能从容忍到鼓励的变化以及一系列鼓励个人或民间才能发挥的制度的形成,即"制度的基础结构"不断优化。学者将浙江经济快速发展的驱动力概括为微观经济主体自发创新、基层政权组织的主动支持和地方政府的保护性默许三种因素所组合形成的制度创新网络。[2] 21世纪以来特别是金融危机之后,传统产业的供求关系发生了根本性改变,创新成为区域发展的核心驱动力。从成效来看,浙江无论是新产业培育(信息经济、动漫产业等)、新主体培育(阿里巴巴等为代表的一批创新企业)还是创新平台建设(特色小镇、高新园区)都在全国形成了较大影响力,而从制度供给来看,无论是技术交易市场建设、企业重点研究培育还是县域科技制度改革等举措都为全国创新体系推进提供了政策样本。鉴于此,本研究把浙江实践放在区域创新系统治理的理论视野中,通过系统地梳理学术界在近10年来对浙江创新发展及创新体系治理的关注,回答浙江实践反映了怎么样的普适性和特殊性问题,给理论界带来了哪些议题,形成了哪些视角以及还存在哪些空间是研究重点。

---

[1] 盛世豪:《从产业群视野透视浙江区域特色经济》,《商业经济与管理》2002年第1期。
[2] 姚先国:《浙江经济改革中的地方政府行为评析》,《浙江社会科学》1999年第3期。

二 近十年浙江创新系统治理研究概况

1. 研究设计

本研究借助清华同方的"中国知网"平台进行专题知识挖掘,在筛选时候,在"经济与管理科学"类别选择摘要内包含"浙江""创新"两个关键词的期刊论文,在此基础上,剔除利用全国性数据分析但并不专门针对浙江的论文,并且补充不含"浙江"但包含杭州、宁波等11个地市名及"创新"的期刊论文。为了保证论文研究学术性,本研究只对CSSCI期刊(含扩展期刊来源)进行分析,不包括图书、报纸、学位论文、会议论文等。经过比对,总共收集到2008—2017年论文共767篇,其中2009年篇数最多为115篇,自2012年开始对浙江的研究逐年下降,2017年下降至44篇。在确定高频关键词的基础上,本研究利用Sati 3.2进行共词分析,并利用ucinet 6.0进行网络绘制。

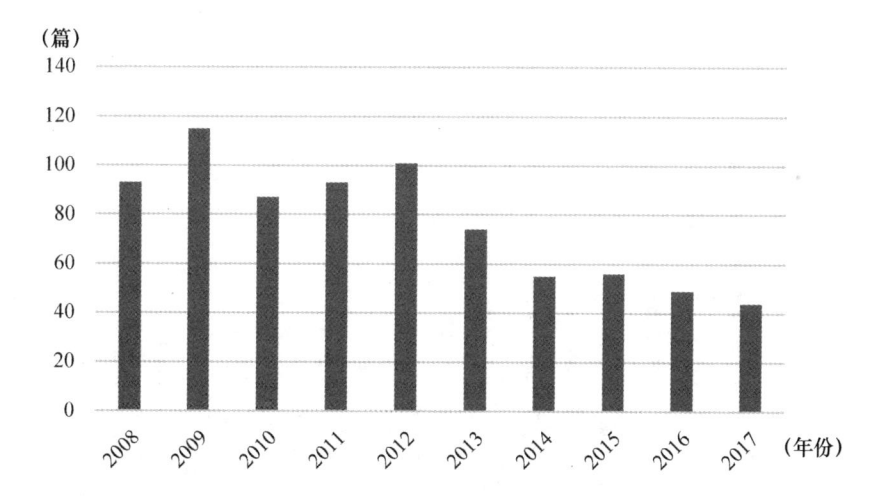

图2 2008—2017年CSSCI期刊发文年度分布

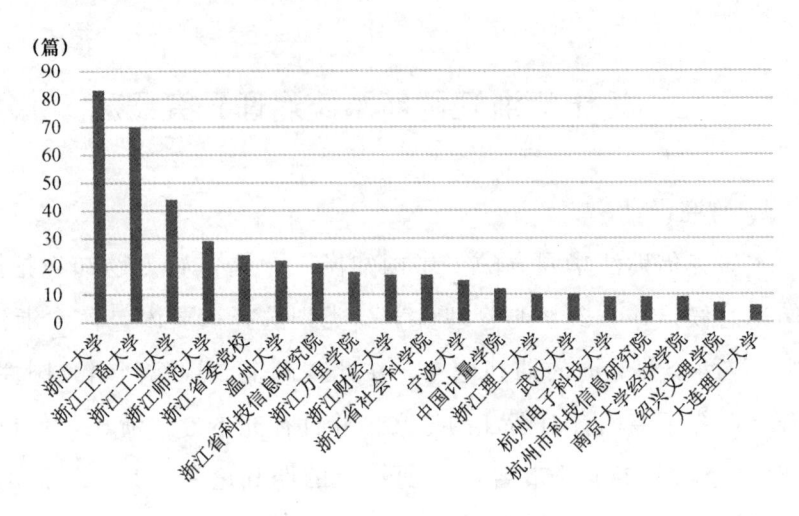

图 3　2008—2017 年 CSSCI 期刊发文机构分布

2. 研究机构及群体分布

基于频次分析，无论是研究机构还是研究群体均以省内学校及学者为主，其中浙江大学、浙江工商大学、浙江工业大学为高发文机构，陆立军、池仁勇、于斌斌、蒋天颖等为高发文作者。在发表期刊方面，《科技管理研究》《科技进步与对策》《科研管理》等为高载文期刊。

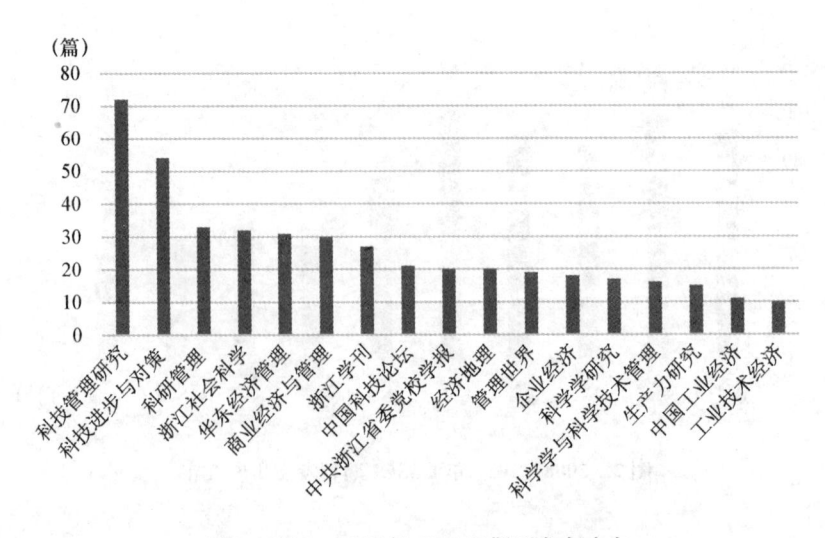

图 4　2008—2017 年 CSSCI 期刊发文分布

3. 关键词及阶段演进

关于浙江区域创新的研究主要围绕产业集群（155）、转型升级（95）、民营企业（46）、技术创新（40）、创新能力（39）、自主创新（39）等研究主题展开。在此基础上，将 10 年研究区分为 2008—2012 年以及 2013—2017 年两个阶段，发现在 2008—2012 年研究重点话题为产业集群（129）、转型升级（39）、民营企业（36）、自主创新（33）、技术创新（28），2013—2017 年研究重点话题为产业集群（26）、转型升级（26）、特色小镇（14）、创新能力（14）、技术创新（12）。从这些关键词可以看出，产业集群是浙江区域创新系统研究情景，与转型升级、竞争力、自主创新、技术创新等话题紧密关联。2008 年后对于产业集群的研究有所减少，特色小镇作为新的实践创新成为研究热点。从关键词看出，过去 10 年对于浙江信息经济创新的关注度并不高，未有形成研究热点。

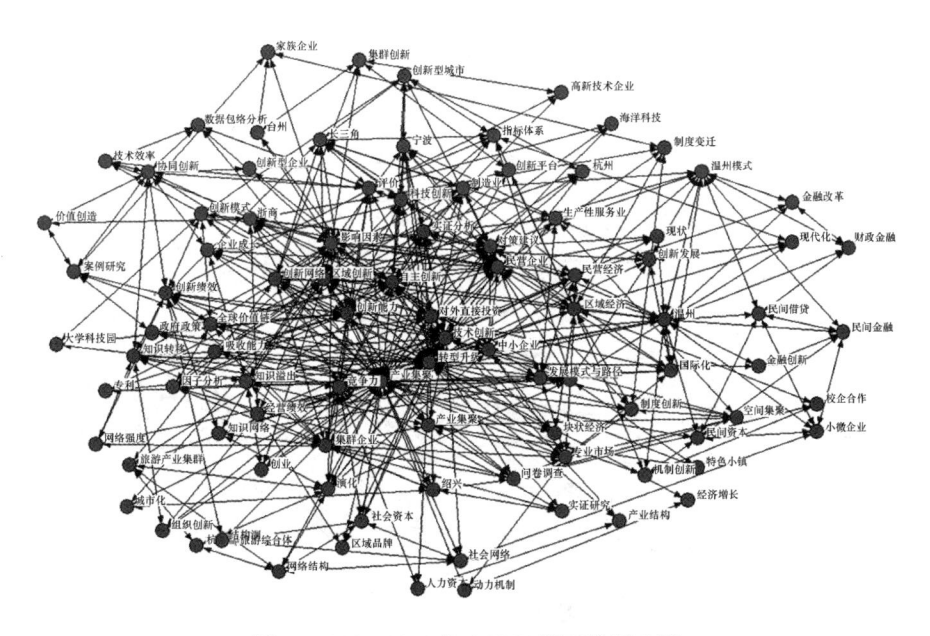

图 5　2008—2017 年 CSSCI 期刊共词分析

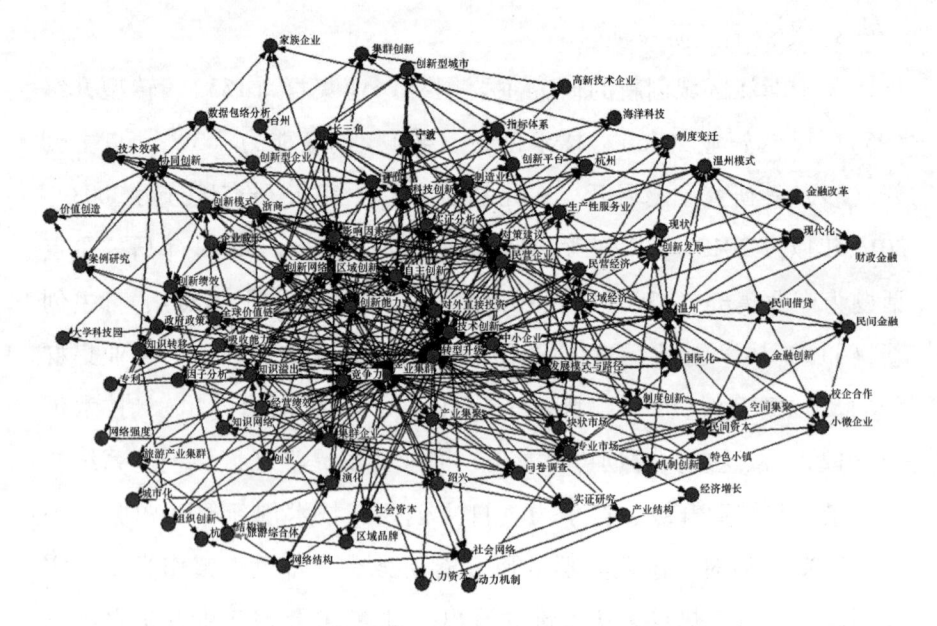

图6　2008—2012年CSSCI期刊共词分析

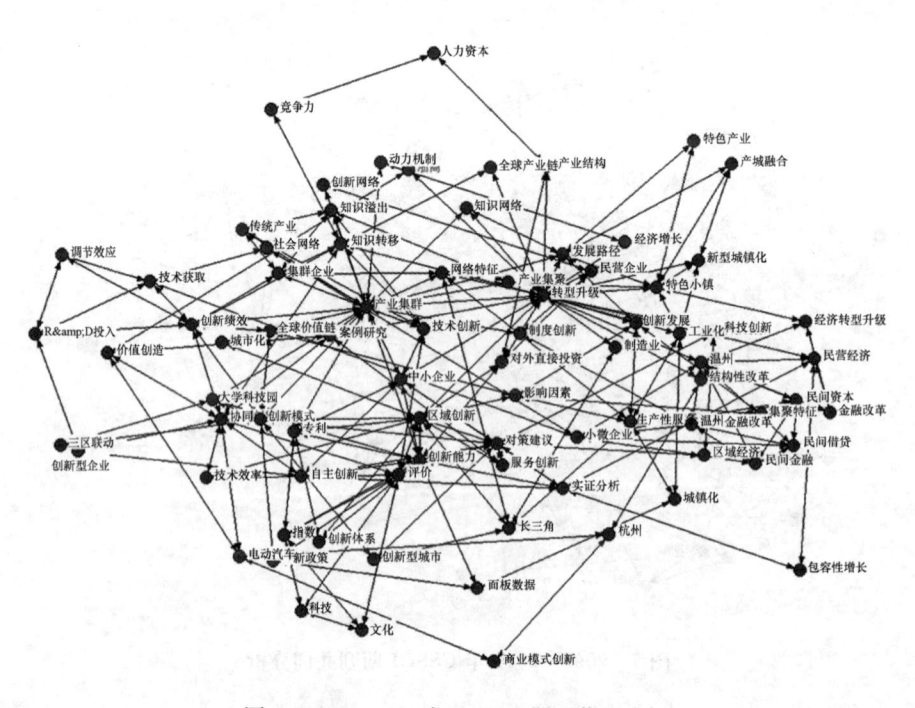

图7　2013—2017年CSSCI期刊共词分析

三 浙江创新系统治理研究的三个层面及理论贡献

分析浙江创新体系治理研究的相关文献，可以看出相关讨论沿着企业—产业—区域三个层面展开，并且在每个层面形成了结构治理、过程治理、制度治理三个视角，其中结构治理是指系统内主体及其权力结构安排，过程治理是特定结构下的系统协调过程，制度治理是指系统主体间协调所遵循的各种规则优化。

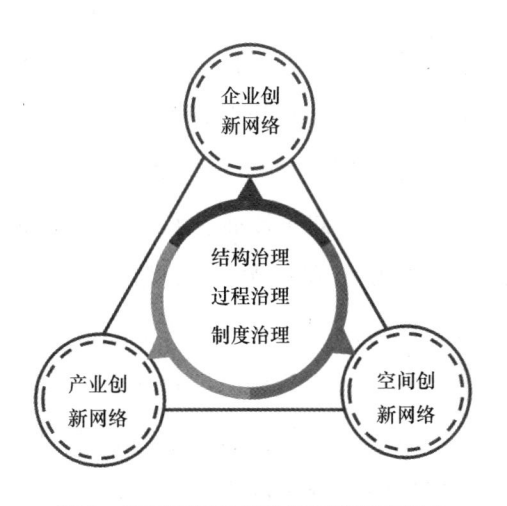

图 8 浙江创新系统治理相关研究视角

（一）企业创新网络治理

在区域创新系统中，企业是技术创新的投入主体、创新活动主体以及成果转化主体。要推进区域创新系统建设，就要增强企业创新能力。为了实现核心技术突破，企业需要构建形成开放式的创新网络，除了自身研发外，还要通过产学研合作充分利用外部创新资源形成协同效应。民营企业是浙江区域创新主体的一大特色，民营企业创新投入少、创新能力偏弱是事实。如何构筑完善的企业创新机制，从模仿创新走向自主创新实现二次飞跃，成为学者关注的重点。

1. 结构治理：企业开放创新、跨国创新治理

随着全球创新形势的变化，依靠内部研发资源，已经很难满足企业的发展要求，企业的技术创新活动走向开放。Chesbrough 提出的开放式创新模式，为企业走出创新的两难境地，维持竞争提供了全新理念和发展模式。创新资源和要素在世界范围内充分流动，对于民营企业如何把握机遇、提高创新能力是一道难题。

（1）企业开放创新：开放式创新强调外部创意和外部市场化渠道的重要性，强调技术合作的重要性。学者纷纷采用了案例跟踪的方式，提出企业要在内部研发基础上，通过有效的创新管理和内外创新资源整合提升自主创新能力。[1] 企业创新网络形成经历结网、成长和成熟三个阶段，在不同阶段企业应采用不同的战略战术以在不断拓展的网络中获取知识和资源。[2] 民营企业的开放式创新要注重技术要素与市场要素的协同机制，学者提出了技术要素与市场要素 CFI 协同层次金字塔模型及其动态演进过程。[3] 外部协同过程中，产学研是重要模式，通过技术创新合作、创新管理合作、人才培养合作以及人才嵌入实现内外资源的有效互动与整合。也有学者将开放创新的场景拓展到产业间[4]，提出制造业企业"服务平台"战略与生产性服务业发展之间的"跨层面协同"模式，认为通过该模式

---

[1] 陈钰芬：《开放式创新：提升中国企业自主创新能力》，《科学学与科学技术管理》2009年第4期。

[2] 孙林杰、丁瑞文、王佳梅、梁铄：《基于创新网络的民营企业创新能力提升路径研究》，《科学学研究》2017年第10期。

[3] 郑刚、陈骁骅：《企业技术与市场要素协同创新研究——基于浙江大华技术股份有限公司的案例分析》，《科技进步与对策》2015年第15期。

[4] 吴义爽、徐梦周：《制造企业"服务平台"战略、跨层面协同与产业间互动发展》，《中国工业经济》2011年第11期。

不仅获取了源于服务产业的新利润增长点和竞争优势,为自身发展"产业间"级奠定了坚实基础,也在产业层面上催化了生产性服务业的集聚与分工深化。

(2) 跨国创新治理:民营企业自主创新面临着传统资源要素缺乏、高端创新要素稀缺、内生技术能力不足等制约,在开放创新发展中,国际化、跨国经营成为重要途径。基于浙江企业的案例调查,学者提炼出中国本土企业在全球化背景下突破资源约束的5种典型自主创新路径:基于全球价值链的集群创新、基于资源配置全球化的跨区域合作创新、基于全球利益市场的拓展式创新、基于外源技术高效利用的创新、依托高校及科研院所的产学研联合创新。[1] 虽然民企凭借所有制优势迅速成为海外并购的主力军,但海外并购还处于探索阶段,企业并购经验和整合能力不足。通过对卧龙和均胜近两年的跟踪调查,学者构建了民营企业跨国并购整合的模型,指出企业应从价值链上的关键环节着手,互补优势,共享资源以实现价值链的再造和资源的最佳配置,揭示了民营企业通过跨国并购整合创造价值的过程。[2]

2. 过程治理:企业家认知升级、技术学习

面对日益激烈的国际竞争,后发企业的创新追赶加速,基于地理边界、组织边界、知识边界的研发网络构建对于企业创新至关重要。[3] 但是网络建构面临较大难度,企业家能力以及技术学习等内生动力发挥着重要作用。

(1) 企业家认知升级:金融危机爆发以来,浙商遭受了较大冲

---

[1] 谢小凤、吴可嘉、许艳艳:《全球化背景下中国本土企业自主创新路径——基于浙江的实证研究》,《工业技术经济》2010年第5期。
[2] 谢洪明、王悦悦、张光曦、程宣梅:《基于全球价值链再造的民营企业跨国并购整合研究——以卧龙和均胜为例》,《软科学》2015年第3期。
[3] 刘洋、魏江、江诗松:《后发企业如何进行创新追赶?——研发网络边界拓展的视角》,《管理世界》2013年第3期。

击，对于其中原因学者指出企业家能力和组织资源的衰竭是根本原因。重商的人文传统、敢于行动的行为倾向、低成本创业机遇以及集群式创业氛围是大量浙商涌现及成长的内在逻辑。但创新驱动的新环境下，浙商的先天和先发优势逐步下降，企业家能力无论是信息处理能力、文化能力和改造组织（团队）能力的滞后都在很大程度上影响了企业创新发展。[①] 对于影响自主创新的企业能力，有学者基于浙江121家民营企业的问卷调查，提出战略制定能力、战略执行能力和战略变革能力的提升至关重要。[②] 对于认知升级的实现，有学者基于浙江案例的研究，建立了高层管理者认知影响企业双元能力构建与转型成效的理论框架，指出为了有效平衡与应对转型变革中的多重矛盾目标，企业高层管理者可通过推动认知任务的区分与整合、发展特定的集体共享认知模式以及培育个体认知性双元能力来帮助企业分别构建结构型、情境型及领导型三种双元能力。[③]

（2）技术学习：对于发展中国家的企业来说，技术能力的提高主要是基于技术学习过程来实现。按照企业研发力量的参与程度，技术获取模式从低到高分为外部购买、合作研发和内部研发三种类型，技术能力按照演化维度可分为技术仿制、系统整合以及自主创新三个阶段，技术获取方式要随之不断地与技术能力相匹配才能取得最佳的学习效果。[④] 以浙江省的162家中小企业作为实证对象，证实组织学习对技术创新有显著的正向影响。[⑤] 对于技术学习的模

[①] 杨轶清：《企业家能力与公司生命周期匹配——基于金融危机以来倒闭浙商的实证分析》，《商业经济与管理》2010年第11期。

[②] 项国鹏、王进领：《企业家战略能力构成的实证分析：以浙江民营企业为例》，《科学学与科学技术管理》2009年第10期。

[③] 邓少军、芮明杰：《高层管理者认知与企业双元能力构建——基于浙江金信公司战略转型的案例研究》，《中国工业经济》2013年第13期。

[④] 彭新敏、吴晓波、卫冬苇：《基于技术能力增长的企业技术获取模式研究》，《科研管理》2008年第3期。

[⑤] 郑文山、胡扬成：《市场导向与技术创新的关系：组织学习的中介作用——基于浙江中小企业的实证研究》，《科学管理研究》2010年第1期。

式，分析了研发团队对国外先进技术保持紧密联系的跟踪模仿创新模式，和对国外同类技术保持广泛联系的组合创新和国内市场领先的模式[1]，也有学者提出包含竞争广度和深度、合作广度和深度、业外广度和深度等六种战略，其中竞争广度与合作深度、业外深度三种搜寻战略有助于产品创新，竞争广度和合作深度两种搜寻战略有助于市场创新。[2]

3. 制度治理：政策环境及地域文化

企业创新意愿和政策环境及地域文化有着较大关联，通过政策环境、社会环境优化激励企业创新意愿是企业创新网络制度治理方面的重要内容。

（1）政策环境：在创新政策环境方面，有学者重点关注了专利保护制度，基于浙江企业的大样本调研，提出专利保护的加强提高了企业的专利意识，在超前专利制度条件下，调整专利审批时间、加强保护力度以及形成专利联盟等具体策略有利于促进企业创新及其专利行为。[3] 政府的R&D资助对企业R&D投入存在"诱导效应"，对企业创新效率存在较为显著的正向影响，但创新推进潜力还有待进一步开发，为发挥财政资金的最佳杠杆效应，政府要适当提高财政研发投入，并更多地向高新产业倾斜，为了防止企业将创新补贴资金挪作他用，可以加大政府"创新券"的发放力度。[4] 也有学者从政府规制角度，

---

[1] 陈学光、俞红、樊利钧：《研发团队海外嵌入特征、知识搜索与创新绩效——基于浙江高新技术企业的实证研究》，《科学学研究》2010年第10期。

[2] 邬爱其、李生校：《从"到哪里学习"转向"向谁学习"——专业知识搜寻战略对新创集群企业创新绩效的影响》，《科学学研究》2010年第1期。

[3] 徐明华：《企业专利行为及其影响因素——基于浙江的分析》，《科学学研究》2008年2月；陈锦其、徐明华：《专利制度超前背景下的企业专利行为研究》，《科学学与科学技术管理》2013年5月。

[4] 叶海景：《政府R&D资助对企业创新效率的影响——基于温州规上工业企业面板数据的随机前沿分析》，《中共浙江省委党校学报》2017年第6期。

区分对不同企业的激励性，根据企业面对外部规制的战略差异区分为"主动型"和"防御型"，认为在环境管制趋于加强的趋势下，"主动型"企业较"防御型"企业更倾向于改进或创新。①

（2）地域文化：金融危机后，浙商家族企业正经历"父业子承"的交接班关键时刻，家族企业制度安排成为企业创新制度治理的重要视角。学者分别基于浙江实践从企业家族的独特性、家族企业治理模式、家族企业内隐性知识传承等方面进行了讨论。②学者认为社会和文化的根植性是企业构筑核心能力的基石，企业应根植于区域生产网络、创新网络和社会网络以获得战略性资源实现可持续成长。③ 在分析企业家能力来源及其生成机制时，学者同样指出地方性知识传统、地域文化价值观对创新行为有促进作用。④

（二）产业创新网络治理

在新的环境下，传统产业集群发展中产业层次低下、环境承载压力大、创新能力不强、规划引导缺失、平台支撑力不足和转型升级缓慢等问题逐渐显现，产业集群转型升级成为产业创新网络治理的主要研究重点。

---

① 王俊豪、李云雁：《民营企业应对环境管制的战略导向与创新行为——基于浙江纺织行业调查的实证分析》，《中国工业经济》2009年第9期。
② 应丽芬、周立、张鹏：《企业家族和家族企业成长——中春眼镜有限公司案例分析》，《科研管理》2008年第S2期；余向前：《家族企业代际传承方式及其路径：152个样本》，《改革》2008年第3期；胡玮玮：《浙商家族企业隐性知识代际传承矩阵：基于多案例的探索性研究》，《商业经济与管理》2014年第1期。
③ 陈伟鸿：《浙江民营企业跨区域迁移的"根植性"策略》，《商业经济与管理》2008年第8期。
④ 杨轶清：《企业家能力来源及其生成机制——基于浙商"低学历高效率"创业现象的实证分析》，《浙江社会科学》2009年第11期。

1. 结构治理：全球价值链嵌入、公共创新平台

产业集群创新网络的知识属性及其结构特征、关系特征对集群创新的影响引起了众多学者关注，是网络治理研究的热点。学者认为集群中知识的流动具有选择性和不对称性特征，集群企业并不能均等地共享"产业空气"带来的溢出效应，进而形成企业间创新绩效的差异。[1] 集群企业若要切实提升关系绩效，必须重视企业所在社会网络对于企业间关系动态平衡的影响，构建适合企业自身发展合作关系模式[2]，对于产业集群整体的转型升级发展中国家产业集群升级可以综合采纳嵌入全球价值链和建设创新平台的战略[3]。

（1）全球价值链嵌入：基于产业集群的企业竞争，已不仅是集群产品（服务）层面的竞争，而是进入到了依托"产业集群创新网络"的全新产业链的竞争。[4] 以民营企业为基础的产业集群是浙江的重要特色和优势，随着国际国内经济形势的变化，浙江"内源型"产业集群矛盾和问题不断显现，合理利用外资是推动浙江产业集群升级的有效途径[5]，全球价值网为产业集群转型和战略升级提供强劲动力[6]，浙江产业集群呈现出跨区域扩张的趋势。学者基于浙江绍兴纺织集群企业的实证研究表明，全球价值链嵌入不仅直接作用于企业的功能升级，还通过促使制造能力提高来间接带动企业

---

[1] 王晓娟：《知识网络与集群企业创新绩效——浙江黄岩模具产业集群的实证研究》，《科学学研究》2008年4月。

[2] 程聪、谢洪明：《集群企业社会网络嵌入与关系绩效研究：基于关系张力的视角》，《南开管理评论》2012年第4期。

[3] 龚丽敏、江诗松、魏江：《产业集群创新平台的治理模式与战略定位：基于浙江两个产业集群的比较案例研究》，《南开管理评论》2012年第2期。

[4] 王会龙、池仁勇：《江产业集群创新网络跨区域重构研究》，《工业技术经济》2012年第1期。

[5] 肖武岭：《促进浙江传统产业集群升级的对策分析》，《中国科技论坛》2008年第10期。

[6] 孙华平、谢子远、孙莹：《基于全球价值网的产业集群升级研究——以绍兴纺织业集群为例》，《华东经济管理》2012年第5期。

的功能升级。① 也有学者将海外产业集群的发展纳入研究视角，以意大利佛罗伦萨温州商人皮具产业集群为例，阐述了佛罗伦萨温州商人社会网络的形成与发展对当地产业集群形成的作用。②

（2）公共创新平台：产业集群的创新从群内创新走向开放式的群外创新，不仅要整合群内的优势资源，更要注重集群与集群之间、集群与全球产业价值链之间的互动。公共创新平台是产业集群创新网络节点，能够或有助于发挥集聚国内外创新要素、激活创新资源、促进知识流动、技术扩散以及科技成果转化等创新功能。学者通过对中国绍兴纺织产业集群案例研究，指出将产业集群的创新网络平台化，搭建一个以促进集群内企业创新能力为宗旨，以构建产业集群创新网络为行动纲要的产业创新平台具有重大的现实意义。③ 具体到产业创新平台内容，学者指出测试平台、金融服务平台、公共信息平台、知识产权保护及管理平台等大平台的建设与完善对于集群发展具有重要作用。④ 也有学者指出，政府主导型"官产学研"联盟是产业集群共性技术创新的最佳模式⑤。

2. 过程治理：焦点企业作用、组织学习

产业集群创新网络演进是产业集群转型升级的重要内涵，集群竞争优势的累积过程是一个基于企业网络动态能力发展的过程，产

---

① 吴波、李生校：《全球价值链嵌入是否阻碍了发展中国家集群企业的功能升级？——基于绍兴纺织产业集群的实证研究》，《科学学与科学技术管理》2010 年第 8 期。

② 周欢怀、张一力：《海外华人产业集群形成机理分析——以佛罗伦萨温商皮具产业集群为例》，《华侨华人历史研究》2012 年第 4 期。

③ 潘威伟、金雪军：《产业创新平台：集群创新的新模式——以绍兴纺织产业为例》，《开发研究》2009 年第 5 期。

④ 史征、李文兴：《不同层面文化产业集群发展的差异化轨迹与特征——以浙江为例》，《北京交通大学学报》（社会科学版）2011 年第 3 期。

⑤ 郑小碧、陆立军：《产业集群转型升级视阈下的区域创新平台研究》，《科学学与科学技术管理》2011 年第 8 期；陆立军、赵永刚：《基于产业共性技术创新视阈的产业集群升级研究》，《科技进步与对策》2012 年第 11 期；陆立军、于斌斌：《基于共享性资源的专业市场与集群企业竞争力：网络、信息与制度——基于浙江省绍兴市》，《经济地理》2011 年第 2 期。

业集群技术创新的演化主要沿着制造网络的升级、研发网络的拓展、研发网络的升级、制造网络的拓展等路径展开。[①]

（1）焦点企业作用：随着核心企业在集群中的成长，以其为中心形成的内外部网络逐渐成为影响集群升级的关键力量。[②] 学者通过对绍兴县纺织业集群 30 年发展历程的纵向案例研究，提出企业适应性行为与网络化的交互影响是集群发展的推动力量。[③] 集群龙头企业在起步、调整和扩张的不同阶段，价值主张、价值创造和价值系统整合三个维度都发生了显著变化，且与集群发展情况相适应。[④] 如何发挥焦点企业带动作用，学者认为战略创业是重要方式，在集群发展中依托龙头企业战略创业的"行动跳板"来搭建跨国混合网络的"结构跳板"，可以从高端直接嵌入全球价值链，海外机构聚焦于吸收新知识的战略职能，而本土企业母公司或总部则聚焦于新知识与本土知识的整合与创新，集群中越是技术上处于领先地位的企业，越适合充当搭建"结构跳板"的行为主体。[⑤] 也有学者指出，焦点企业是否充分发挥带动作用，是影响集群整体品牌创建与中小企业个体品牌创建的关键因素。[⑥]

（2）组织学习："学习机制"的重构被视为集群转型的核心内容，集群技术范式的变迁要求集群学习机制的变化，集群技术范式

[①] 吴结兵、徐梦周：《网络密度与集群竞争优势：集聚经济与集体学习的中介作用——2001—2004 年浙江纺织业集群的实证分析》，《管理世界》2008 年第 8 期；吴结兵、孙晶：《中国产业集群技术创新的网络机制与演化路径》，《管理工程学报》2010 第 S1 期。

[②] 项枫：《基于核心企业网络构建的产业集群升级研究》，《浙江学刊》2012 年第 5 期。

[③] 吴结兵、郭斌：《企业适应性行为、网络化与产业集群的共同演化——绍兴县纺织业集群发展的纵向案例研究》，《管理世界》2010 年第 2 期。

[④] 龚丽敏、江诗松：《产业集群龙头企业的成长演化：商业模式视角》，《科研管理》2012 年第 7 期。

[⑤] 吴义爽、蔡宁：《中国集群跨越式升级的"跳板"战略研究》，《中国工业经济》2010 年第 10 期。

[⑥] 徐利新、王胜杰、张文锁：《产业集群品牌影响嵌入品牌的机理——基于协同演化的视角》，《华东经济管理》2012 年第 12 期。

的变化需要集群内企业同外部知识来源进行主动链接和转化。集群中领军企业的吸收能力对于集群的创新能力演变有着至关重要的影响。[1] 学者提出组织学习在本地商业网络和知识网络与产业集群能力提升中发挥了中介关系[2]，融入跨国企业网络获取学习和知识溢出十分重要。[3] 也有学者分析了集体学习的不同方式以及对集群企业竞争优势的影响，并总结了影响集体学习效果的要素[4][5]，指出异地同产业学习、异地跨产业学习和本地跨产业学习模式对激发和促进企业转型的重要意义[6]。

3. 制度治理：集体行动、政策环境

（1）集体行动：在产业集群创新网络建设中，集体信任的形成十分重要[7]。根据产生诱因，学者将集群集体行动划分为内生型集体行动和外生型集体行动，提出拥有良好的声誉机制有利于集体行动实现[8]，社会道德规范导向的社会资本对产业集群的促进作用更为明显[9]。基于对温州产业集群企业合作中自发组建的商会进行的分析，

---

[1] 王钦：《技术范式、学习机制与集群创新能力——来自浙江玉环水暖阀门产业集群的证据》，《中国工业经济》2011年第10期。

[2] 刘霞、陈建军：《网络联结、组织间学习与产业集群能力增进——基于浙江的实证研究》，《科学学研究》2011年第11期。

[3] 赖红波、吴泗宗、王建玲：《产业集群的自我否定与跨网络学习——以浙江温州低压电器产业集群为例》，《华东经济管理》2011年第2期。

[4] 江青虎：《集群企业的竞争优势研究：以组织内学习和环境动态性为调节变量》，《中国科技论坛》2010年第9期。

[5] 江青虎、余红剑：《产业集群的集体学习及影响要素分析》，《工业技术经济》2010年第3期。

[6] 邬爱其：《超集群学习与集群企业转型成长——基于浙江卡森的案例研究》，《管理世界》2009年第8期。

[7] 范如国、叶菁、李星：《产业集群复杂网络中的信任机制研究——以浙江永康星月集团与双健集团合作创新为例》，《学习与实践》2012年第2期；郑健壮、靳雨涵：《网络强度、知识属性对知识传导效果的影响：基于师徒企业网络情景下的研究》，《情报理论与实践》2017年第12期。

[8] 易明、杨树旺：《产业集群治理的集体行动：影响因素及实现条件——以温州打火机产业集群集体诉讼为例》，《宏观经济研究》2010年第8期。

[9] 钱水土、翁磊：《社会资本、非正规金融与产业集群发展——浙江经验研究》，《金融研究》2009年第11期。

学者发现该组织为交易企业提供一个合作框架，有效地监督了潜在交易企业的不诚实行为，实现了集群内的企业走向制度化合作。[①] 正是注意到了产业集群内部存在的机会主义行为，核心企业对配套企业扩散的知识不仅是有限制的更是有选择的，核心企业仅会对其认可的且与其具有协作关系的较小范围内的部分配套企业扩散知识。[②] 也有学者指出重大危机往往会引发地方政府和企业家的集体行动，合适的行动会促进产业集群质量的升级。[③]

(2) 政策环境：对于产业集群创新网络的形成与演进，学者指出存在正式制度和非正式制度两种影响，其中正式制度是产业集群发展的显性调节机制，非正式制度是产业集群发展的隐性调节机制，正式制度对集群创新网络形成与演进的作用主要是通过影响经济理性动因中的创新合作利益来实现，非正式制度主要是通过影响企业家精神和企业家认知来实现，指出浙江产业集群要实现可持续发展，需要进行制度创新，形成与产业集群发展相兼容的制度结构。[④] 在对正式制度研究中，学者指出要强化集群企业知识资产的保护模式和机制[⑤]，要出台相关政策保护集群内部企业创新成果，提高企业创新的积极性，行业协会也要对集群内的企业进行引导。[⑥] 产业集群发展经历数量扩张期、质量提升期

[①] 赵庚科、郭立宏：《区域产业集群多企业间合作性交易的激励》，《经济管理》2008年第Z2期。

[②] 项后军、许磊、于洋：《核心企业知识扩散范围及其分歧问题的重新研究》，《科学学研究》2011年第10期。

[③] 阮建青、张晓波、卫龙宝：《危机与制造业产业集群的质量升级——基于浙江产业集群的研究》，《管理世界》2010年第2期。

[④] 郑小勇：《集群创新网络形成与演进的动因及其作用机制——以绍兴纺织产业集群为例的质性研究》，《技术经济》2014年第8期；郑耀群：《浙江省产业集群发展的制度阐释》，《经济体制改革》2017年第3期。

[⑤] 魏江、孔小磊、周泯非、李红：《基于集群治理的产业集群内企业知识资产保护模式研究》，《科学学研究》2010年第9期。

[⑥] 张小蒂、赵榄、林怡：《产业集群创新力提升机制研究——以桐庐制笔为例》，《管理评论》2011年第4期。

和研发与品牌创新期,在三个不同阶段,学者认为需要地方政府提供具有集群外部性的公共产品。[①] 通过余姚和安吉两地案例研究发现,学者指出对于发展新兴产业集群,"人才招商"和"由外而内"的制度工作设计能够有效解决政府招商问题上的制度"因牢",对于传统产业集群转型升级,"行业导向"和"由内而外"的制度工作设计能够有效解决政府政策制定上的制度"囚牢",构建宏观话语推动企业创新。政府辅助性制度工作可以重塑集群内外的产业结构和所处环境的话语成分,政府角色应该从"制度企业家"向"常规协调者"转变。[②]

(三) 区域创新网络治理

与民营经济、产业集群相匹配的是浙江发达的县域经济。而随着社会发展,在创新经济发展中,县域经济资源整合能力有限、行政分割造成资源浪费严重等局限性愈发显现,甚至在一定程度上削弱了区域竞争力。"十二五"期间,浙江以县域经济为主体的空间结构向以都市圈经济为主体的空间结构转型,这构成了浙江区域层面创新网络治理的重要背景。

1. 结构治理:空间形态、特色小镇

(1) 空间形态:基于新经济地理学的研究框架,学者对浙江区域创新的空间形态进行了研究,指出浙江省县域的企业创新能力持续增强,出现了显著的冷点和热点集聚区,热点区域主要集中在杭甬连线和台温连线两大区域内,冷点区域的空间结构为浙西南区域

[①] 阮建青、石琦、张晓波:《产业集群动态演化规律与地方政府政策》,《管理世界》2014年第12期。

[②] 黄纯、龙海波:《政府辅助性制度工作、制度逻辑与集群升级——基于余姚和安吉两地集群演化的案例研究》,《管理世界》2016年第6期。

的县市，空间范围上略有压缩。① 也有学者以浙江 11 个地级市作为研究对象，对其创新能力进行分析对比，探讨适合其特点的城市创新模式，提出构筑具有浙江区域特色的创新型城市群的对策建议。② 对于工业经济创新格局，学者认为存在 4 个城市子群，子群内部城市联系强度从浙北的第一子群往浙南呈明显梯级递减趋势，子群辐射能力也呈梯级递减趋势。③ 而知识密集型服务业同样存在显著的空间集聚现象，基于浙江省 69 个县市 2004—2013 年相关经济发展数据学者指出浙江省知识密集型服务业形成了以杭州、宁波为集聚中心的空间发展格局。④

（2）特色小镇：作为一种新空间形态，特色小镇成为区域层面创新网络治理的重要议题。学者借助中心地模型结合产业的区位选择提出特色小镇作为都市圈优势区位上的综合发展平台，产业与空间相匹配，内部叠加多元化功能，能集聚、锁定高端要素，发挥出特色小镇的生产力优势⑤，在建设过程中应探索推进"小城镇大发展、小区域大平台、小空间大集聚、小载体大创新"的城市新空间发展思路⑥。也有学者通过梳理杭州特色小镇的现状概况，并从空间、产业以及规划三个方面总结发展特征，并指出特色小镇群与城

---

① 徐维祥、齐昕、刘程军、唐根年：《企业创新的空间差异及影响因素研究——以浙江为例》，《经济地理》2015 年第 12 期；徐维祥、刘程军、江为赛、张凌燕、唐根年：《产业集群创新的时空分异特征及其动力演化——以浙江省为例》，《经济地理》2016 年第 9 期。

② 张洁音、王镓利：《浙江省创新型城市建设模式研究——以浙江省 11 个地级市为例》，《科技管理研究》2013 年第 21 期。

③ 王庆喜、李建成：《城市工业经济空间网络格局分析——以浙江省为例》，《经济地理》2017 年第 1 期。

④ 郑长娟、郝新蓉、程少锋、蒋天颖：《知识密集型服务业的空间关联性及其影响因素——以浙江省 69 个县市为例》，《经济地理》2017 年第 3 期。

⑤ 白小虎、陈海盛、王松：《特色小镇与生产力空间布局》，《中共浙江省委党校学报》2016 年第 5 期。

⑥ 苏斯彬、张旭亮：《浙江特色小镇在新型城镇化中的实践模式探析》，《宏观经济管理》2016 年第 10 期。

镇空间结构、宏观产业格局的总体关系亟待审视。① 对于欠发达地区而言，特色建设是优化区域创新系统的重要途径，应依托现有小城镇彰显特色、夯实企业主体促进传统产业升级、优化县域城镇空间组织、强化科技支撑。②

2. 过程治理：产业集群与城市化协同

在对区域创新网络优化的过程治理中，现有研究主要关注了产业集群转型升级与城市化协同推进问题。学者提出区域创新网络与产业集群存在着必然的联系，具有创新能力的产业集群能提升区域创新能力，区域创新网络的成熟能促成产业集群的提升。③ 产业集群与城市化之间的互动是一种微观、中观、宏观层级相互影响、相互作用的多层级、多阶段的动态演化过程。不同互动层级的参与者在创新机制、选择机制和扩散机制的共同作用下，内生性地推动二者从萌芽起步阶段向耦合发展阶段再向创新整合阶段跃迁。④ 当前浙江省区域创新与城市化整体耦合处于颉颃阶段，协调水平仅为中度协调耦合，较良性协调仍存在较大差距；杭州、宁波的区域创新与城市化已达到高度协调耦合水平，而舟山、衢州和丽水的耦合协调发展水平较弱，耦合协调发展呈现"北高南低、东高西低"的空间格局，且其演化态势相对稳定⑤，其中沿海城市高新技术产业集群的集聚主要受多样化知识溢出驱动，浙江省内陆城市高新技术产

---

① 华芳、陆建城：《杭州特色小镇群体特征研究》，《城市规划学刊》2017年第3期。
② 郝华勇：《特色小镇的区域差异辨析及欠发达地区打造特色小镇的路径探讨》，《企业经济》2017年第10期。
③ 王巾：《产业集群和区域创新系统耦合研究——以台州为例》，《企业经济》2011年第8期。
④ 于斌斌、胡汉辉：《产业集群与城市化的共同演化机制：理论与实证》，《产业经济研究》2013年第6期。
⑤ 蒋天颖、丛海彬、王峥燕、张一青：《集群企业网络嵌入对技术创新的影响——基于知识的视角》，《科研管理》2014年第11期。

业集群的集聚主要受专业化知识溢出驱动。① 有学者以专业市场和制造业集群为基础,浙江经济空间集聚是一个从"位空间集聚"向"流空间集聚"演进并形成地理网络空间集聚的创新过程,应加强"位空间集聚"与"流空间集聚"的融合创新,推动经济从"位空间集聚"优势迈入地理网络空间集聚优势。② 也有学者针对浙江省内各地创新系统建设开展专门性研究,比如学者通过对余姚塑料产业现状的分析和"三城互动模式"的提出及阐述,分析了余姚塑料产业对周边区域经济所产生的影响③,基于专业化交易地理集中促成的总和交易费用节约指出义乌市场不仅衍生出周边产业集群,并进一步引致周边的浙中城市群走上圈层化的发展路径,构建起基于自主层级体系的城市共同体。④ 也有学者以浙江"钢琴之乡"30年城镇化演变历程为线索,尝试以"软硬"双重产业集群合力化为分析框架,对浙北以文化产业集群与条形块状经济混合共生为特征的城镇化路径及其所带来的社会影响和意义给出一个案性理论解释。⑤

3. 制度治理:政策环境

对于区域层面创新,学者运用制度经济学的理论对中国县域经济块状化发展的原因、路径进行了分析⑥,也有学者指出合理有效的区域经济政策可以推动产业集群与城市化的良性互动发展,从而

---

① 王飞绒、丁仲芳、胡祝琳、李小敏:《浙江省高新技术产业集群知识溢出的实证研究》,《技术经济》2015年第7期。
② 王君:《浙江省企业创新能力和FDI互动关系的实证分析》,《浙江学刊》2015年第5期。
③ 杨雪兰:《区域经济模式下的产业集群问题及其对策研究——以余姚塑料产业集群为例》,《科技进步与对策》2009年第9期。
④ 娄朝晖、钱晨:《专业化交易地理集中、区域市场一体化与浙中内陆城市圈层化——"义乌商圈"的空间效应分析》,《财经论丛》2012年第3期。
⑤ 李敢:《另辟蹊径的城镇化——基于浙江"钢琴之乡"双重产业集群化路径的案例研究》,《北京社会科学》2015年第9期。
⑥ 刘炜、王莉:《中国县域经济块状发展的制度经济学分析》,《社会主义研究》2008年第3期。

提高区域经济的竞争力。① 通过 2003—2013 年浙江空间面板数据的实证研究，学者发现浙江区域经济发展之间存在显著的空间溢出正效应，产业集聚度、企业制度、社会制度和基础设施对浙江区域经济增长存在积极的正效应。② 通过深入分析 2000—2010 年杭州创新政策变迁，学者从政策力度、政策目标、政策措施三方面进行政策演变分析发现政策措施主要通过激励性政策刺激城市创新动力，鼓励创新者开展创造性活动。③ 相较于杭州的发展，也有学者关注了温州等地转型升级的滞后，指出现代城市、现代金融发育滞缓制约了产业升级，而功能滞后的根源在于现代民营金融制度和现代城市制度严重供给不足及其对民营经济转型升级的制约。自发的制度变迁形成的制度收益群体缺少创新动力，地方政府在现代城市与现代金融领域面临高昂的制度创新成本，由此导致正式制度的供给严重不足。④

（四）小结：理论贡献

得益于民营企业、产业集群、县域经济、转型升级等情景，对浙江创新系统治理的研究对于现有理论深化形成了以下几方面的理论贡献：（1）基于经典概念对话国外理论界：比如开放创新、技术学习、公司战略创业等是全球性话题，但在后发国家及后发区域历史禀赋、制度环境约束下存有差异化机制，形成对经典模型有力补充。比如后发国家技术学习问题，现有文献主要关注构建必要知识

---

① 陆根尧、符翔云、朱省娥：《基于典型相关分析的产业集群与城市化互动发展研究：以浙江省为例》，《中国软科学》2011 年第 12 期。
② 刘斯敖、陈元林：《空间集聚、制度创新与浙江区域经济增长研究——基于 2003—2013 年空间面板数据分析》，《华东经济管理》2016 年第 2 期。
③ 李靖华、吕艳薇、常晓然：《杭州创新型城市建设政策演变分析》，《中国科技论坛》2012 年第 8 期。
④ 白小虎：《民营经济转型升级的制度障碍与破解对策——以浙江温州为例》，《中共浙江省委党校学报》2015 年第 1 期。

阶段，忽视了转型阶段和建构战略能力，但实际上在该阶段需要更多的精力和挑战。[①] 经过多年的发展，在某些领域浙江企业已经形成了技术赶超的成功实践，对这些案例的跟踪以及理论建构将有效丰富和深化新兴国家技术追赶的文献。比如公司战略创业问题，不少学者提出焦点企业战略创业不仅影响自身，而且是驱动产业集群整体认识升级以及创新发展的重要力量，这在很大程度上丰富了战略创业的研究情景，也在企业创新网络与产业创新网络之间建立起了新的关联机制。（2）基于浙江情景的研究为全国范围内理论研究深化提供了较好基础：作为先发地区，浙江的诸多创新实践都走在全国前列。对浙江现象观察以及理论研究自然而然成为国内研究的前沿，不少领域中比如区域品牌、集群网络、知识网络，网络演进等引用率最高的文章都为浙江学者的研究。（3）基于浙江情景的独特实践在全国范围内引起了广泛讨论，比如专业市场、特色小镇、集群公共创新平台建设等，形成了较多新的研究话题同时也为各地实践优化提供了重要理论指导。

表1　　　　　　　　浙江创新体系治理研究层次及视角

研究层次	浙江情景	结构治理	过程治理	制度治理
企业创新网络治理	民营企业	开放创新、跨国创新治理	认知升级、技术学习	政策环境、社会文化
产业创新网络治理	产业集群	全球价值链嵌入、创新平台、	焦点企业、组织学习	集体行动、政策环境
区域创新网络治理	县域经济	空间形态、特色小镇	产业集群与城市化协同	政策环境

---

① 刘洋、魏江、江诗松：《后发企业如何进行创新追赶？——研发网络边界拓展的视角》，《管理世界》2013年第3期。

四 浙江创新系统治理研究的潜在空间

在新的历史时期中,区域内制度变迁和经济发展互动进入新的阶段,呈现出新的机制。结合近 10 年浙江实践创新,本研究认为基于浙江情景的创新体系治理研究还存在以下几个方面的潜在空间:

1. 三个层面网络治理的内在契合:正如学者所指出的,区域转型包含市场化、工业化、城市化、开放化等多重转型[1],区域创新系统的形成是一个整体,从现有研究看,企业创新网络治理和产业创新网络治理有着共同性,比如在结构治理方面都强调了开放性以及全球价值链嵌入,在过程治理方面都分别强调了主体认知和学习的重要性。相对而言,在空间层面,对于区域创新网络的研究是滞后的,仍然停留在形态描述,对于区域近邻效益、区域间学习、中心城市带动效益的研究缺乏。实际上,近 10 年为适应创新经济发展,浙江城市化以及城市国际化进程在不断加快。与此同时,在空间这个层面更多体现政府的主导性,理解了区域创新网络构建的内在机理更能够深化"中国特色"的理解。

2. 信息经济启动条件与演变动力:现有对于产业创新网络治理的研究是相对泛化的,针对的是集群这一形态,并不区分产业属性。实际上,近 10 年浙江增长的主要动力在于信息经济,并且在这方面发展形成了国际影响力,部分技术还形成了全球引领力量。特定的自然禀赋和历史禀赋是启动浙江区域制度变迁与经济发展的两个非常重要的因素,那么信息经济发展中的启动条件为何?同样

---

[1] 赵伟:《浙江模式:一个区域经济多重转型范式——多视野的三十年转型》,《浙江社会科学》1999 年第 3 期。

地，在以往研究中专业市场的发展和专业化产业区的发展以及两者间的互动被认为是剖析演变进程的一条重要主线，那么在工业经济走向信息经济的过程中演变动力是否发生了变化？这些问题都还需要进一步深化。

3. 地方政府的制度创新：地方政府的发展战略选择对于区域体制变迁和经济发展有着极其重要的引导和促进作用。2014年浙江省率先在全国进行县级科技体制改革与创新，2016年率先成为全国首个全省域国家科技成果转移转化示范区，2017年又首次在《浙江省促进科技成果转化条例》地方立法中明确职务科技成果权属奖励制度。现有三个层面都涉及政策环境，但是十分零散，可围绕工业经济向信息经济迈进过程中，地方政府在三个层面行为、制度创新以及内在契合性作进一步探讨。